蔡志栋　著

从"天理"到"真理"

先秦诸子与中国现代认识自由论

上海古籍出版社

图书在版编目(CIP)数据

从"天理"到"真理"：先秦诸子与中国现代认识
自由论 / 蔡志栋著. —上海：上海古籍出版社，
2018.6
　ISBN 978-7-5325-8760-5

　Ⅰ.①从… Ⅱ.①蔡… Ⅲ.①先秦哲学－研究②认识
论－思想史－中国－现代　Ⅳ.①B220.5②B017-092

　中国版本图书馆 CIP 数据核字(2018)第 042912 号

从"天理"到"真理"

——先秦诸子与中国现代认识自由论

上海古籍出版社出版、发行

(上海瑞金二路 272 号　邮政编码 200020)

(1) 网址：www.guji.com.cn

(2) E-mail：guji1@guji.com.cn

(3) 易文网网址：www.ewen.co

上海惠敦印务科技有限公司印刷

开本 890×1240　1/32　印张 8.25　插页 2　字数 204,000

2018 年 6 月第 1 版　2018 年 6 月第 1 次印刷

印数：1—2,100

ISBN 978-7-5325-8760-5

B·1047　定价：48.00 元

如有质量问题,请与承印公司联系

目　录

导　　论①

何谓自由？何谓认识自由？至少，笔者是如何理解自由和认识自由的？在中国现代自由及认识自由产生的过程中，先秦诸子发挥了什么作用？他们的思想如何从某种程度上塑造了现代认识自由的基本形态和具体内容？其生命力何在？其局限性又何在？这就是本书试图解决的问题。

一、何谓"自由"？——"两个改变"及其辅助

（一）"自由"的重要性

本书的重点在论述认识自由，但我们的讨论从对自由的阐释开始。

"自由"在人类历史尤其是现代史上处于什么地位？这是一个庞大的问题。但按照马克思和恩格斯在《共产党宣言》里所说的"代替那存在着阶级和阶级对立的资产阶级旧社会的，将是这样一

①　必须说明的是，导论部分与我的专著《"圣人"的退场——先秦诸子与中国现代自由人格论》（上海三联书店，2016 年）一书的导论有很多地方是相同的。之所以如此，因为这个导论其实是我"先秦诸子与中国现代自由研究"课题的总导论，该课题分为认识自由、政治自由和人格自由三大部分，每部分各约 20 万字，可独立成篇。这个导论是适合于每一个部分的。在出版安排上，当然也可以三部分连在一起出，作为一整本书。但一来篇幅过大，二来在出版资助上也会出现问题。

个联合体,在那里,每个人的自由发展是一切人的自由发展的条件",①自由如果不是在历史上已然成为不争的事实,至少,从某种角度看,人类的历史就是一部追求自由的历史。当然,何谓自由本身也是一个复杂的问题。

这种对于自由的重要性的认识绝非马克思等少数人的梦想,似乎具有很强的意识形态的色彩。当代学人伊曼纽尔·沃勒斯坦(Immanuel Wallerstein)也指出,现代世界本质上只有一种意识形态,那就是自由主义,而激进主义(马克思主义)和保守主义分别是自由主义的左倾和右倾。② 不必多说的是,从启蒙运动时期起,"自由""平等""博爱"就是进步的人士高举的旗帜。

回顾中国现代史,我们也会发现自由处于十分重要的地位。随着对康有为的著作的逐步挖掘,我们蓦然惊觉原来号称保皇党领袖的康有为也对自由情有独钟。在2007年首发的十二集本的《康有为全集》中,"自由"一词四处可见。其弟子梁启超虽然三番五次地借罗兰夫人的口说:"呜呼自由! 天下几多之罪恶,假汝之名而行。"③但是,这句话反过来理解就是,"自由"十分重要,所以具有成为冠冕的价值。在其论述中国政治思想史的名著《先秦政治思想史》中,事实上,梁启超有意无意地以自由、平等作为衡量先秦诸子的标准。他说:

> 春秋战国间学派繁苴,秦汉后,或概括称为百家语,或从学说内容分析区为六家为九流。其实卓然自树壁垒者,儒墨

---

① [德]马克思、恩格斯著,中央编译局译:《共产党宣言》,中央编译出版社,2005年,第46页。

② [美]沃勒斯坦:《三种还是一种意识形态? ——关于现代性的虚假争论》,《现代性基本读本》(上册),汪民安,陈永国,张云鹏主编,2005年。

③ 梁启超:《服从释义》,《饮冰室文集点校》(第二集),吴松等点校,云南教育出版社,2001年,第711页。

道法四家而已。……惟欲令学者先得一概念以为研究之准备，故先以极简单之辞句叙说如下。

一、道家。信自然力万能而且至善，以为一涉人工便损自然之朴。故其政治论，建设于绝对的自由理想之上，极力排斥干涉，结果谓并政府而不必要。吾名之曰"无治主义"。

二、儒家。谓社会由人类同情心所结合，而同情心以各人本身最近之环圈为出发点，顺等差以渐推及远。故欲建设伦理的政治，以各人分内的互让及协作，使同情心于可能的范围内尽量发展，求相对的自由与相对的平等之实现及调和。又以为良好的政治，须建设于良好的民众基础之上，而民众之本质，要从物质精神两方面不断的保育，方能向上。故结果殆将政治与教育同视，而于经济上之分配亦甚注意。吾名之"人治主义"或"德治主义"或"礼治主义"。

三、墨家。其注重同情心与儒家同，惟不认远近差等。其意欲使人人各撤去自身的立脚点，同归依于一超越的最高主宰者（天）。其政治论建设于绝对的平等理想之上，而自由则绝不承认，结果成为教会政治。吾名之曰"新天治主义"。（对三代前之旧天治主义而言）

四、法家。其思想以"唯物观"为出发点，常注意当时此地之环境，又深信政府万能，而不承认人类个性之神圣。其政怡论主张严格的干涉，但干涉须以客观的"物准"为工具，而不容主治者以心为高下。人民惟于法律允许之范围内，得有自由与平等。吾名之曰"物治主义"或"法治主义"。①

当然，这里梁启超所说的主要是政治自由，属于本书所要讨论的自由的一个部分；但他对自由的重视可见一斑。

① 梁启超：《先秦政治思想史》，东方出版社，1996年，第77—78页。

　　严复虽然主张将"自由"改为"自繇",因为前者容易给人恣意妄为的印象。但这种对语词进行改变而不是全然舍弃的做法本身就显示了自由作为现代观念的不可抗拒,只是严复提醒我们要注意语词和含义之间的某种联系,而且,要注意清理自由的负面因素。由于我们讨论的是作为范畴(论题)和观念的自由,所以这种语词上的区分暂不考虑。换言之,"自由"也罢,"自繇"也罢,在我们看来,都是在说自由。

　　在思想史上紧随其后的辛亥革命时期诸思想家、革命家如章太炎、孙中山等人也高度重视自由。章太炎在其自诩为"一字千金"的《齐物论释》中着力阐发的就是绝对的自由和平等。这种自由已经超越了现实生活,不再纠缠于调整人际关系。从这个角度看,它是形上的自由,而不是政治自由,至多可以和精神自由相关。孙中山的革命事业可以看作追求自由的实践。他屡次在不同场合对作为其思想代表的"三民主义"作出解释。可以看出,他不断地将"三民主义"和西方资产阶级革命时期的"自由"、"平等"、"博爱"诸观念相等同。虽然有时候他会以"平等"来指称"三民主义",即,民族主义意味着民族的平等,民权主义意味着人民的平等,民生主义意味着社会经济的平等,但是,有时候他也以"自由"来指称"三民主义"。[①]

　　五四新文化运动揭开了中国现代思想史更加复杂的场景。如果我们将此间及其后的主要社会思潮分为中国化的马克思主义、自由主义和文化保守主义(以现代新儒家为代表)三家,那么就会发现至少在自由的问题上他们有共同的话题,虽然有不同的答案。具体到认识自由,其间的丰富性正是本书讨论的重要内容,在此不展开。这里要说的是,自由主义当然以自由为核心,不过,中国化的马克思主义也绝非拒斥自由,而是有着自己的说法。事实上,中

---

　　① 具体参见本书中讨论孙中山政治自由思想的有关章节。

国马克思主义的早期代表人物陈独秀在其著作中屡次提及自由概念。新版的《陈独秀著作选编》①如果需要冠以若干个关键词，其中一个是"马克思主义"，还有一个是"自由"。另一位代表人物李大钊明确指出："西谚有云：'不自由毋宁死。'夫人莫不恶死而贪生，今为自由故，不惜牺牲其生命以为代价而购求之，是必自由之价值与生命有同一之贵重，甚或远在生命以上。人之于世，不自由而不生存可也，生存而不自由不能忍也。试观人类生活史上之一切努力，罔不为求得自由而始然者。他且莫论，即以吾国历次革命而言，先民之努力乃至断头流血而亦有所不辞者，亦曰为求自由而已矣。"②中国现代马克思主义的代表毛泽东也表达了对自由的渴望和艰苦卓绝的追求。其诗句"万类霜天竞自由"虽然不会进入本书讨论的范围，但是，其间所透露的肯定个体性、多样性，主张百花齐放的精神还是扑面而来，鼓舞人心。1937年，毛泽东写作了名文《反对自由主义》，直接地看当然是在批评自由。但这种批评针对的是散漫无羁、不讲纪律意义上的自由。事实上，类似的批评我们在康有为、严复那里就可以发现了。因此，《反对自由主义》并不能成为毛泽东否定自由的证据。我们必须说，毛泽东呈现的是不同于自由主义的自由。其后，通行的马克思主义哲学原理教科书明确将"在认识世界的基础上改造世界"作为"自由"的经典教义。对此我们自然记忆犹新。虽然这已经是老生常谈，但是，从思想史的角度看，这个现象表明中国化的马克思主义自有其自由观，而且这个自由观相当明确。更不必说，在学术研究领域，晚近以创造了"智慧说"体系闻名的冯契的一部代表作即题为《人的自由与真善美》；在官方意识形态领域，进入21世纪，中国共产党明确提出建

---

① 任建树主编：《陈独秀著作选编》（全六卷），上海人民出版社，2009年。

② 李大钊：《宪法与思想自由》，《李大钊全集》（第一卷），人民出版社，2006年，第228页。

设社会主义核心价值体系,2012 年又将自由作为社会主义核心价值观之一:"倡导富强、民主、文明、和谐,倡导自由、平等、公正、法治,倡导爱国、敬业、诚信、友善,积极培育和践行社会主义核心价值观。"[1]至于以现代新儒家为代表的文化保守主义,回顾梁漱溟、熊十力、贺麟、冯友兰等人,自由也是其念兹在兹的话题。徐复观则有着比较接近自由主义的气质,他将自由作为思想探索的重要内容。

不妨如此总结:"自由"是中国现代思想史上的重要观念。它为主流思潮所肯定。虽然也有人从某种角度对它表示质疑、否定,[2]但也必须正视它的存在而予以认真对待。

(二) 作为"两个改变"的自由

然则,何谓自由?

这的确是一个十分令人头疼的问题。古今中外,有多少思潮就有多少种对自由的理解。我们无意于介入这些争论。我们的态度是,与其争论,不如自己推出关于自由的理解。当然,我们对自由的理解也不是一劳永逸、权威至上、不容置疑。我们所提出的自由观是本书的一个背景性的研究框架,是为了方便本书的展开;之所以说这个研究框架是背景性的,因为本书并不全面地展开这个框架的方方面面,而只是论述其认识论的一翼,此即"认识自由";同时,之所以如此界定自由,我们也有自己的道理。必须强调,中国现代思想史上的自由观是多元的,这点从上文的简短介绍中就可以看出,这就意味着中国现代认识自由论也是多元的,必须强调,这是本书的一个重要观点。

---

① 胡锦涛:《坚定不移沿着中国特色社会主义道路前进,为全面建成小康社会而奋斗——在中国共产党第十八次全国代表大会上的报告(2012 年 11 月 8 日)》,载于《人民日报》,2012 年 11 月 8 日。

② 比如贺麟就提醒我们自由会杀人:"自由平等等观念何尝不吃人?"(《近代唯心论简释》,上海人民出版社,2009 年,第 204 页。)

　　但同样重要的是将这些多元的自由观以某种有机的方式统一起来。这种统一当然有削足适履的危险,可是,本书并无兴趣全面地论述中国现代思想史上的自由观,因此,如若有所舍弃,那也是无奈之举。何况本书还有一个限定词:先秦诸子。即,必须考虑到中国现代自由观和先秦诸子的关系。一种自由观如果没有涉及先秦诸子之学,则本书往往不作讨论,除非它非常重要。

　　更加重要的是,我们自己有着对自由的理解。所谓自由,就是主体在改变世界的过程中改变自己(下文为了方便,简称为"两个改变")。在这个过程中,世界和主体(人)都从本然的状态改变、发展为应然的状态,也就是自由的状态。这是我们所说的自由的主线。

　　为了成功地做到"两个改变",需要两个辅助:其一为认识论、方法论的辅助。中国化马克思主义所说的"自由就是认识世界、改变世界"已经包含了这个意思。显而易见,正确的认识对于成功的改变世界性命攸关。在错误的认识基础之上去改变世界往往导致碰壁、头破血流,在这种状况下,现实依然强硬,主体的愿望也没有得到实现,请问主体如何感受到自由?当然,自由绝非自由感所能代替,但毋庸置疑,自由感是自由的重要构成。对于认识自由的阐释正是本书的主要内容。其二为政治哲学的辅助。简而言之,在正确的认识世界,获得真理之后,并非可以直接按照真理的指导来成功地实现"两个改变"。改变世界需要群体的力量,而群体如何形成统一体,而不是互相掣肘,甚至内在分裂,这是需要妥善解决的问题。事实上,对于政治哲学在"两个改变"过程中的重要性,早在荀子那里就有清晰的认识。荀子说:

　　　　水火有气而无生,草木有生而无知,禽兽有知而无义,人有生有气有知亦且有义,故最为天下贵也。力不若牛,走不若马,而牛马为用。何也?曰:人能群,彼不能群也。人何以能群?曰:分。分何以能行?曰:义。故义以分则和,和则一,

一则多力,多力则强,强则胜物。(《荀子·王制》)

所谓"胜物"用现在的话来说就是改变世界。荀子认为,人因为能够"明分使群",所以能够改变世界;否则,就会如禽兽一般处于为世界所压制的地位。

当然,也许有人说凭借他一个人的力量也能够改变世界。而且,在现代社会据说人沦为了原子式的个人,每一个人都是一座孤岛。在现实经验中,躲进小楼不仅能够自成一统,而且似乎也能吞吐宇宙。至于琐碎地改变世界的做法那更是不一而足(比如,凭一己之力撕掉一张纸)。但是,个体之所以能够这么做,是以群体为前提的。躲进小楼之所以也能成一统,因为事实上他已经使用到了群体的事物,比如思想资料(书籍)、工具(计算机、网络)……更加明显的是,个体不必因为生存而担心。但为什么个体能够在小楼内生存下去,这不是他一个人能够解决的问题。而为什么他人的劳动成果比如粮食能够为小楼之内的人享用,这就涉及权利义务的设计了。讨论至此,我们发现也许只要引入社会分工论,就能逐渐论证出政治哲学对于"两个改变"的重要性。这个问题本身需要更多的篇幅加以展开,但其基本原理是十分明显的。

二、为什么是先秦诸子?

上文主要阐释了我们的自由观之基本框架,也一定程度上涉及了先秦诸子在其中的作用。不过,毋庸置疑,对于这种新自由观可以有很多种研究方式加以探讨。比如,直接讨论,深入阐发其内在的各个环节和相互之间的关系。也可以采取间接讨论的方式,比如它和西方自由观的关系,从古到今各个思想家、思潮、派别对于这种自由观的认识和贡献,等等。从这个角度看,选取先秦诸子和中国现代自由观的关系作为研究对象具有某种偶然性。但这种偶然性并不能抹杀其重要性。

第一，之所以选择先秦诸子，因为我们意在具体地讨论传统与现代的关系问题。

按照熊十力的说法，现代中国是一个新故交替的时代，"凡新故替代之际，新者必一面检过去之短而舍弃之，一面又必因过去之长而发挥光大之。新者利用过去之长而凭藉自厚，力量益大，过去之长经新生力融化，其质与量皆不同以往，自不待言。"①请注意熊十力的措辞。他认为在这种时期，新者并非完全摒弃旧者而得发展，而是必与过去处于连续性和断裂性的纠葛之中。

从某种角度看，本书所论"先秦诸子与中国现代自由观"当然涉及传统与现代的关系问题。这是一个老生常谈但历久弥新的话题。然而，何谓传统？何谓现代？讨论至今，这些基本的范畴突然成为了问题。显然，它们不仅仅是一对时间范畴，而且也涉及内在的基本性质之规定。问题的严峻性在于，说现代是起源于现代的某个时间点，并不意味着否定传统在其中所发挥的各种作用，由此，传统和现代便"剪不断，理还乱"。

我们无意于在此抽象地讨论这个问题。事实上，抽象地判定传统具有某种特色，比如说它是"静"的，而现代是动的，②这样的做法越发值得怀疑。这倒不仅仅是说我们在现代思想家里，发现了大量的将传统诠释为动的之类的言论，而是说，就其直接表达而言，当代不少人将"静"也作为重要的精神来加以主张。比如正当笔者撰写此导论时，2013年8月28日《文汇报》上有文题为《蛙眼

———

　　①　《论六经》，《熊十力全集》（第五卷），湖北教育出版社，2001年，第773页。
　　②　比如，李大钊认为："东方文明之特质，全为静的；西方文明之特质，全为动的。"（李大钊：《动的生活与静的生活》，《李大钊全集》（第二卷），第96页。）虽然东西之别并非就是古今之别，但是，李大钊在某种意义上认为，东方的传统就是静的，西方的传统是否为动的尚不可知，不过，他认为进入现代之后，西方文明突入东方文明，所以也要建立动的文明。从这个角度看，他认为东方之现代"应该"是动的。

阅世》,内说:

> 当代人普遍地失"闲"少"静",缺的就是一双"静观自得"的蛙眼。倘以蛙眼阅世,少些盲动,少些浮躁,这个世界定会安静得多。如今传媒过剩,搅得周天烦躁,上百频道争抢一双眼球,媒体人要想在喧嚣嘈杂中"搏出位",就得"搞怪"、"尖叫"、"浪骂"、"大声说"。为了"收视率"甚至不惜在形象上恶搞自己,要么亮个大光头一"丝"不挂,要么一头乱发染成个红黄蓝绿的凤头鹦鹉,要么制造点绯闻故意耸动视听。更有胆大如斗之徒,深谙"窃钩者诛,窃国者侯"之秘籍:你若是抄袭一篇小文,被人逮着必是声讨一片;干脆你大张旗鼓地抄莎士比亚,抄得满城风雨,抄得家喻户晓——把莎翁的一只"大蚊子",涂上中国特色,丹麦国王改扮成中国皇帝,再加点庸俗佐料,换个华文剧名,开动一切宣传机器狂轰滥炸,大肆炒作——必定赚得盆满钵满,外加骂声一片。其实骂也是"福"。"骂",繁体为"駡",四马也。春秋时代四马牵一车谓之一"乘"("百乘之家"即为卿大夫),如今君得"四马"已有一乘,正好载金装银。
>
> 一个静不下来的民族是没有希望的![1]

虽然这仅仅是报纸上一篇散文,似乎很难进入严肃的哲学探讨的视野,[2]但是,报刊文章某种意义上具有思想史的意义,反映着时代中某些更具一般性的特征。作者严肃地写道:"一个静不下来的民族是没有希望的!"让我们似乎看到了历史的吊诡。因为就在刚

---

[1] 詹克明:《蛙眼阅世》,载于《文汇报》,2013 年 8 月 28 日。

[2] 不过,报刊文章为何不能是哲学研究的材料?这当中或许存在着根深蒂固的偏见。我们以为,平凡的资料也可以是哲学研究的好材料。这是另外的问题了,不展开。

刚过去的 20 世纪,我们民族的主流还在呼吁:"一个动不起来的民族是没有希望的!"

　　还比如,新世纪以来在民间反响颇大的于丹所写《论语心得》,主张现代人"在圣贤的光芒下学习成长"。① 然而,众所周知,"圣贤"这一古典理想人格在五四新文化运动之后其实饱受批判,现代所提倡的是平民化的理想人格。② 然而,这些说法不能一律化,其间难免有某些特例。事实上,毛泽东也曾以未必全然是揶揄的口吻说:"要说是圣人嘛,圣人就多得很;要说不是圣人嘛,我看圣人也就一个没有。"③他还认为鲁迅"是现代中国的圣人"。④ 而且,在广义的思想史的视野中,于丹对"圣贤"的提倡也是一个具有思想史意义的话题:它表明,对传统的模仿、复制也是一种现代现象。

　　这些琐碎的事例意在表明抽象地讨论传统和现代之间的关系是不可靠的。正是为了避免其间所蕴含的危险,我们不采取将传统和现代断为两截的方式加以讨论,而是以古今之"变"作为研究对象。也就是说,以生活在现代中国的思想家的涉及传统的言论作为考察对象。这些言论,正是反映了置身古今之"变"的思想家们自我认识的维度。⑤

　　不过,这里要说的重点是,传统内部也是分成多个时间段的。有先秦时期的传统,也有秦汉时期的传统,还有唐宋元明清时期的传统。我们所选择的是先秦时期的传统与现代的关系。这是具体化的一个含义。

---

　　① 于丹:《论语心得》,中华书局,2006 年,扉页。对于于丹的批评参见陈卫平:《宽容、批评、反思——我读于丹〈论语心得〉》,载《上海市社会科学界第五届学术年会文集(2007 年度)》(哲学·历史·人文学科卷),上海人民出版社,2007 年。
　　② 冯契:《中国近代哲学的革命进程》,上海人民出版社,1989 年,第 580 页。
　　③ 毛泽东:《关于辛亥革命的评价》,《毛泽东文集》(第六卷),中共中央文献研究室编,人民出版社,1993 年,第 346 页。
　　④ 毛泽东:《论鲁迅》,《毛泽东文集》(第二卷),第 43 页。
　　⑤ 下文还会涉及这个问题。

　　第二,先秦诸子具有极端的重要性。

　　之所以选择这个阶段,自然因为先秦时期具有极端的重要性。雅斯贝尔斯(Karl Theodor Jaspers)将这个时期列为"轴心时代",已经从某个角度为我们做出了论证。本书从其他角度再略作述说。

　　这种重要性首先表现在现代思想家们的自我认识之上。梁启超认为,清代学术思想史是前此二千多年的学术史的"倒影而缫演之"。他将清代学术史分为四个时期:第一期(顺治康熙年间),复兴的是程朱陆王问题;第二期(雍正、乾隆、嘉庆年间),复兴的是汉宋问题;第三期(道光、咸丰、同治年间),复兴的是今古文问题;第四期(光绪年间),复兴的而是孟荀、孔老墨等问题。[1] 他又说:"综观二百余年之学史,其影响及于全思想界者,一言蔽之,曰'以复古为解放'。第一步,复宋之古,对于王学而得解放。第二步,复汉唐之古,对于程朱而得解放。第三步,复西汉之古,对于许郑而得解放。第四步,复先秦之古,对于一切传注而得解放。夫既已复先秦之古,则非至对于孔孟而得解放焉不止矣。"[2]

　　这种描述当然如梁启超本人所说的那样是"勉分时代",不可"划若鸿沟"。[3] 而且,也不能因此而推论晚清之后,进入民国时期,中国学术思想史就完全是先秦思想史的翻版,并且越追越远。然而,梁启超所揭示的晚清以来先秦诸子学的复兴则是一个不争的事实。从这角度看,先秦诸子之所以重要,因为它们在现代中国得到了复兴。这构成了我们进行讨论的历史基础:正是因为有大量的思想家大量地涉及先秦诸子,我们以之为研究对象才是可能的。

---

①　梁启超:《论中国学术思想变迁之大势》,《饮冰室文集点校》(第一集),第282页。
②　梁启超:《清代学术概论》,上海古籍出版社,1998年,第7页。
③　梁启超:《论中国学术思想变迁之大势》,《饮冰室文集点校》(第一集),第282页。

其次,先秦诸子的重要性还表现在中国要复兴离不开先秦诸子之思。对此有清晰认识的还是梁启超。他说:"欲通中学者,必导源于三代古籍、周秦诸子也。"①他指出:

> 我中国于周、秦之间,诸子并起,实为东洋思想之渊海,视西方之希腊,有过之无不及,政治上之思想,社会上之思想,艺术上之思想,皆有亭毒六合、包罗万象之观。中世以还,国势统一,无外国之比较,加以历代君相,以愚民为术,阻思想之自由,故学风顿衰息,诚有如欧洲之所谓黑暗时代者。夫欧洲所以有今日之文明者,因十字军以后,外之则赍来埃及、印度、远东之学术,内之则发明希腊固有之学术,古学复兴,新学继起,因蒸蒸而日上耳。中国今日之时局,正有类于是,外之则受欧洲输入之种种新学,内之则因国民所固有历史所习惯的周、秦古学,而更加发明。②

梁启超认为,先秦时期"思想极自由活泼,孔子、老子、墨子、庄子、孟子、荀子、韩非子等大思想家相继出生,实为古代思想界最有光辉的时代"。③他指出,"经唐、虞、三代以来一千多年文化的蓄积,根柢已很深厚,到这时候尽情发泄,加以传播思想的工具日益利便,国民交换智识的机会甚多,言论又极自由。合以上种种原因,所以,当时思想界异常活泼,异常灿烂。不惟政治,各方面都是如此。"④

同样,被徐复观、牟宗三、唐君毅等人奉为宗师的熊十力指出现代中国需要文艺复兴,其起点则是先秦诸子:

① 梁启超:《变法通议》,《饮冰室文集点校》(第一集),第64页。
② 梁启超:《论中国人种之将来》,《饮冰室文集点校》(第二集),第707—708页。
③ 梁启超:《明清之交中国思想界及其代表人物》,《饮冰室文集点校》(第五集),第3105页。
④ 梁启超:《先秦政治思想》,《饮冰室文集点校》(第五集),第3086页。

　　　　余以为辛亥光复,帝制告终,中国早应有一番文艺复兴之
绩,唯所谓复兴者,决非于旧学不辨短长,一切重演之谓。惟
当秉毛公评判接受之明示,先从孔子六经清理本源,次则晚周
诸子犹未绝者,如老庄孟荀管墨之类。或残篇仅存,如《公孙龙子》
之类。及有片言碎义见于他籍者,皆当详其本义,而后平章
得失。①

在这段论述中我们还能发现毛泽东的思想的影子。毛泽东便说过,
"从孔夫子到孙中山,我们应当给以总结,承继这一份珍贵的遗产。"②
　　而且,熊十力甚至认为中国先秦时代本来已有科学和民主思
想,但进入秦汉专制时期之后,这个传统却被抹杀了。这个思想他
在《原儒》一书中反复加以申发,我们也将在本书的相关部分看到
若干端倪。从这个角度看,回到先秦诸子也就是回到中国固有的
科学和民主的传统,而按照本书的规范来说,科学和民主分别与自
由的认识论维度以及政治自由的实现方式密切相关。
　　以马克思主义立场创造了"智慧说"的冯契先生也指出:

　　　　近代思想家大多向往着先秦儒、道、墨诸子蜂起,百家并
作的局面。先秦是民族文化的"童年时代",它揭开了中国哲
学史的光辉灿烂的一页,近代中国人又一次回顾了这个具有
"永久的魅力"的时代,从中吸取了丰富的营养。③

可见,先秦诸子作为思想资源在中国现代思想史上的存在及其重
要性这既是一个事实,又为众多不同派别的思想家所认识到。

　　① 《论六经》,《熊十力全集》(第五卷),第763页。
　　② 《中国共产党在民族战争中的地位》,《毛泽东选集》(第二卷),人民出版社,
1991年,第534页。
　　③ 冯契:《中国近代哲学的革命进程》,上海人民出版社,1989年,第8页。

最后，先秦诸子的重要性表现在他们和现代人一样，面对着的是社会的永恒问题。这个观点来自中国思想史研究名家本杰明·史华慈（Benjamin I.Schwartz）的启发。他说：

> 让人感兴趣的是，明治初期的日本与20世纪初期的中国，在经常引用孟子与卢梭方面呈现出许多类似之处。在18世纪政治哲学家和中国古代圣贤之间作意味深长的比较，事实上是可能的吗？大多数主流历史学家和社会科学理论将对这种可能性持排斥态度。但在我看来，对这二者进行比较是可能的。探讨这种比较为什么是可能的，将会把我们带入更为深远的领域。附带说一句，古代周朝的思想家与18世纪的哲学家竟从同一个视角面对着人类的处境，这足以让人感到惊奇。这是政治家们对于作为一个整体的社会所做的多角度描述。①

这段话意蕴丰厚。它至少指出了孟子在现代中国的复活。不过这里重要的是，将文中所说"18世纪的哲学家"置换为"19世纪末、20世纪初以来的中国思想家"，以上话语照样成立。根本原因在于，先秦诸子和中国现代思想家面对的是人类的永恒处境。当然，下文我们会指出，从某种角度看，本书所研究的是从自由观的角度切入的中国现代思想家对先秦诸子如何处理人类处境的认识。

第三，它是对近年来传统文化复兴思潮的一个回应和纠偏。

无疑，在现代新儒家那里，传统与现代之间的关系一直得到高度的关注和肯定。从他们发表于1950年代的《为中国文化敬告世界人士宣言——我们对中国学术研究及中国文化与世界文化前途之共同认识》来看，他们构想的中国文化复兴涉及传统和现代的各

---

① ［美］史华慈著，陈玮译：《中国的共产主义与毛泽东的崛起》，人民大学出版社，2006年，第203页。

个方面,对于我们所说的认识自由、政治自由和人格自由也是再三致意。不过显然,他们是以儒学为主加以展开。

既然他们自称现代新儒家,那么这种做法无可厚非。然而,在学术界一时出现某种值得讨论的现象,即将中国传统文化缩减为儒家文化。21世纪前十年,我们见证了一场"国学热"的兴起。不过,如果我们现在回顾这场文化热之起初,那么可以发现,在相当一部分研究者那里,"国学"和儒学竟然是等同的。[①] 虽然关于"国学"之概念是否能够成立尚处于争论之中,不过,如果我们将国学看作传统文化的代名词,那么,这种将之等同于儒学的做法显然有待商榷。

本书之计划写作始于2009年底,真正动笔则是2010年。2012年10月份,华东师范大学中文系方勇教授明确提出了"新子学"的构想。其要点是:

> 子学产生于文明勃兴的"轴心时代",是以老子、孔子等为代表的诸子百家汲取王官之学精华,结合时代新因素创造出来的新学术。自诞生以来,子学便如同鲜活的生命体,在与社会现实的不断交互中自我发展。当下,它正再一次与社会现实强力交融,呈现出全新的生命形态——"新子学"。"新子学"是子学自身发展的必然产物,也是我们在把握其发展规律与时机后,对其做的进一步开掘。它将坚实地扎根于传统文化的沃土,建立起属于自己的概念与学术体系,以更加

---

① 参刘泽华:《关于倡导国学几个问题的质疑》,载《历史教学(高教版)》,2009年第5期。值得注意的是,刘泽华先生在本文中指出国学有时候被某些研究者理解为儒学,但同时,刘先生在措辞中也出现过"如果国学、儒学指的是传统之学……"这样的表述,其间的顿号富有深意。它表明,某种意义上刘先生也接受了将国学和儒学等同起来的说法,因为顿号具有并列的含义。当然,从全文看,刘先生认为国学在广义上指的是"古代的学问"。

独立的姿态坦然面对西学。同时,它也将成为促进"国学"进一步发展的主导力量,加快传统思想资源的创造性转化,实现民族文化的新变革、新发展,为中国之崛起贡献出应有的力量。①

从历史实际来看,儒学在其诞生之初也只是诸子百家之一。而在新时代,复兴传统文化当然不能仅仅复兴儒学。从这个角度看,"新子学"的提法比"新儒学"似乎更具包容性:虽然在现实的展开中,现代新儒学由于源远流长,旗帜鲜明,发展近百年来,已经产生了不可忽视的影响。相对而言,"新子学"内部所包含的"新道家"、"新法家"、"新墨家"之类,影响微小,不成气候。② 但这并不影响先秦诸子之为百家的事实,并不影响现代思想家吞吐先秦诸子,而开出新局面的事实。简而言之,先秦思想并非只有儒家一脉,还有诸子存在。

当然,本书并无意忝列于"新子学"的构想之中。我们有着自己的研究重心和学术关怀。以上所说,目的在于揭示以往对传统文化理解上的某些偏差。而我们的研究正和思想界的新动态不期然相耦合。从历史的角度看,或许这就是所谓时代的"风气"?

章学诚说:"君子之学,贵辟风气,而不贵趋风气也。"他同时又提醒我们:"天下事凡风气所趋,虽善必有其弊。"③正如上文所言,现代新儒家所形成的学术风气一时使得人们错以为儒家就是先秦以来传统文化的全部。"新子学"所蕴含的学术生命力是否也会使

①　方勇:《新子学构想》,载于《光明日报》,2012 年 10 月 22 日。

②　注意,"新子学"的明确提出也许可以归功于方勇教授的那篇文章,不过,"新道家"、"新法家"、"新墨家"之类说法的提出在时间上要早很多。(参周山主编:"近现代的先秦诸子研究"丛书,辽宁教育出版社,1997 年。)所以,从自觉性上讲,"新子学"与它们并非前后相继关系,而只能看作是学术思想上某种比较一致的倾向。

③　章学诚:《淮南子洪保辨》,《章学诚遗书》,文物出版社,1985 年,第 62 页。

人一叶障目？不过，目前，从先秦诸子着眼，阐发其与现代思想之间的关系，尚是一个有待展开的课题。

三、全书的研究方法与基本格局

下面对本书所采取的基本研究方法、主要研究对象以及某些问题做出进一步说明。

（一）关于研究方法

在研究方法上，本书所采取的研究方法可谓对多种研究手段的"综合创新"。简而言之，它以问题、论题、论域为基本分类标准，以思潮、宗派为讨论对象，而在思潮、宗派内部，又以历史发展为基本线索，综合而成。

这种方法在某种意义上正是对梁启超所说的思想史研究方法的综合和改进。

梁启超在《先秦政治思想史》中清醒地提出了思想史研究方法的问题，将之分为三种：

> 研究法有三种：第一，问题的研究法。先将所欲研究之事项划出范围，拟定若干题目，每个题目，皆上下古今以观其变迁。其总问题，例如"国家起源"、"政府组织"……等等，其分问题例如"土地宜公有抑私有"、"封建为利为弊"、"刑罚宜取惩报主义抑取感化主义"……等等。研究某时代对于本问题之趋势何如，某学者对于本问题之态度何如，以类相次，一题毕乃及他题。此法长处，能令吾侪对于各种重要问题，得有致密正确的知识，而且最适于实地应用。其短处，在时代隔断，不易看出思想变化之总因间因，且各问题相互之关系，亦不明了。
>
> 第二，时代的研究法。此法按时代先后顺序研究，例如先

三代,次春秋,次战国,次秦汉……等。在同一时代中,又以思想家出生之早晚为次。例如春秋战国间,先老子,次孔子,次墨子,次商君、庄子、孟子、荀子、韩非……等。此法长处,能使思想进化之迹历历明白,又可以将各时代之背景——即政治实况及社会实况——委细说明,以观思想发生之动机。其短处,则同一时代中或资料太多,对于各问题难于详细叙述,若勉强叙述之,则异时所述,与前犯复,令读者生厌。又一派之学说先辈与后辈年代隔离,例如孔子与孟子、孟子与荀卿,令读者迷其脉络所在。

第三,宗派的研究法。此法将各种思想抽出其特色,分为若干派。例如儒家思想,自孔子起,继以七十子后学者,继以孟子、荀卿、董仲舒……等等。法家思想,自管仲、子产起,次至商鞅、韩非……乃至末流之晁错、诸葛亮等等,以类论次。此法长处,对于一学派之思想渊源——其互相发明递为蜕变及大派中所含支派应时分化之迹,易于说明。各派对于具体问题所主张,亦易于比较。其短处,在时代隔断。例如先述儒家,次述道家,则与孔子时代相次之老子,须于荀卿、董仲舒……诸人叙毕乃能论及,对于思想进化次第,难以说明。又每派末流相互影响甚多而势力较微者归类难以正确。又数大派之外,其有独立思想容易漏略。

以上三法,各有短长,好学深思之士,任取一法为研究标准,皆可以成一有价值之名著也。①

自然,古往今来思想史的研究方法不限于这三种。就 20 世纪中国哲学史的研究而言,就至少还有"社会史还原法",此由郭沫若开其端,"侯外庐学派"承其绪,在 20 世纪中国哲学史研究领域大放光

---

① 梁启超:《先秦政治思想史》,东方出版社,1996 年,第 12—14 页。

彩,同时也产生了某些流弊,比如机械化的"两军对垒"模式;有"逻辑发展法",以冯契的《中国古代哲学的逻辑发展》为代表;有"文化心理结构法",此以李泽厚的中国思想史研究三部曲①为代表。就梁启超所说的三种研究方法而言,"时代法"和"宗派法"较为常用;"以问题为中心法"则在张岱年的《中国哲学大纲》中得到鲜明而显著的体现。

本书当然首先以问题为中心将研究对象进行区分,主要分为认识自由、政治自由和人格自由三大块。② 在每一问题域内部,又按照思潮进行分类。众所周知,中国现代思想史上存在着三大基本社会思潮:自由主义、文化保守主义(以现代新儒家为核心代表)和中国化的马克思主义。它们未必各自形成某种严格的宗派,但在基本的立场、认识论研究、政治哲学关注以及价值关怀等方面具有高度的相似性,所以可以并为同种社会思潮。从这个角度看,以思潮为门类是对梁启超的"宗派法"的改进。在每一种思潮内部,又按照时间之先后,讨论不同的人物和现象。而现象又往往以人物作为思想的表达。所以本书总体上又体现为对每一思潮内部不同人物的认识自由观的研究。

需要说明的是,以上三大社会思潮严格地说以五四运动为起点,虽然在这之前也定然会有某些思想前导,比如严复之于自由主义;康、梁之于现代新儒家;③马克思主义作为激进主义的一种,在现代中国也不乏前人。戊戌时期和辛亥革命时期也是中国现代思

① 分别为《中国古代思想史》、《中国近代思想史》和《中国现代思想史》,版本众多。

② 需要强调的是,这些问题之间存在着内在的联系,对此,我们通过阐述自由的主线及其两个辅助做出了一定的说明。为什么是三大块?具体阐释见下文。

③ 有的研究者认为,在广义上康、梁也是现代新儒家。比如黄克武就认为梁启超和现代新儒家之间具有连续性,见氏撰《梁启超与康德》,《中研院近代史研究所集刊》第三十期,第108页,注释8。这种说法可以进一步讨论,可是,至少可以说康、梁是文化保守主义者。

想史的重要组成部分,不过它们很难归入上述三种社会思潮。本书也将对这两个时期出现的代表性思想家、实践家做出认真考察。如果把这部分也考虑进去,那么全书就呈现为某种综合的格局:它以问题为中心,然后在此框架内首先以历史顺序加以展开,表现为戊戌时期、辛亥革命时期以及五四运动时期及以后更加广阔的时代变迁;而从五四运动时期之后,又以社会思潮作为分类标准。全书某种程度上便表现为梁启超所说的三种研究方法的综合。

(二)关于研究对象

显然,在对研究方法的陈述中,我们也对本书的主要研究对象有所刻画。

按照我们一开始所论述的以"两个改变"作为主要内容的自由观的提示,存在着四种自由:认识自由、政治自由以及世界的自由和人格的自由。不过,我们认为,世界的自由可以分为两个部分,一部分姑且称之为自然世界的自由问题,一部分则可以称之为社会世界的自由问题。虽然其实在任何领域都有认识论的问题,但是,似乎自然世界较多和认识自由相关,而社会世界则较多和政治自由相关。因此,世界自由问题可以划归为政治自由或者认识自由。原来的四个问题就可以转变为三个问题:认识自由、政治自由和人格自由。① 本书的重点就是研究认识自由和先秦诸子的关系,而将政治自由和人格自由的研究任务留给其他专著。

但是,认识自由又是指的什么? 当然,这是本书需要解决的核

---

① 当然,既然我们把自由的主要线索理解为"两个改变",那么,首当其冲的是要说清楚何谓"改变"。我们所理解的改变主要指的是感性实践。无疑在这个问题上也存在着从传统到现代的转换问题,即,实践观念有着传统和现代的区别。众所周知,一般认为传统儒家把实践主要理解为道德实践,孔子对于"稼穑"之类在现代得到肯定的劳动并不首肯。但是,现代实践至少在毛泽东那里被界定为生产斗争、阶级斗争和科学实验三项。这期间转折如何发生,也是一个有趣的问题。这是我们在将来的研究中试图展开的话题,这里只能暂时从略。

心问题。在此需要对论述的策略做出一定的说明。

在一般性的研究观念、概念、范畴的著述中,主要研究对象显然就是这个观念、概念、范畴。这自然没错。然而,如果我们承认观念本身不是单纯的,它不仅和其他观念处于复杂的联系之中,而且,其内部也是纵横交错、曲径通幽,那么,我们就也许不得不同时承认,对于观念、概念、范畴的研究可以转化为对于问题的研究,或者说,对于次一级的概念和组成环节的研究。因此,"认识自由是什么"的问题可以理解为"我们如何获得认识的自由"甚至"我们如何获得真理"。在认识论领域,真理和自由具有可置换性。两者的含义几乎一致。于是我们可以看到,在本书的展开过程中,我们并不在乎那些思想家们是否明确地使用到了"认识自由"这样的字样,只要他们在讨论认识论问题,而且涉及了先秦诸子,那就是我们的讨论材料。因此,当我们讨论先秦诸子与认识自由的关系时,我们讨论的是那些现代思想家如何借助先秦诸子表达他们的真理观、阐述其达到真理的内在机制、知与行(理论与实践)等问题。

在研究对象上,还有一点需要指出,在戊戌、辛亥时期以及三大思潮内部,人物众多,事实上,每一阶段、每一思潮本身就值得以"先秦诸子与中国现代自由"为主题写一本专著。更多的是由于研究时间的限制,以及出于篇幅的考虑,本书只选择了若干具有代表性的人物进行阐述,而没有讨论这些思潮内部所有的重要人物。比如,在现代新儒家那里,张君劢、牟宗三、唐君毅、方东美等人便割爱了;在自由主义内部,蔡元培、张东荪、张佛泉、顾准等人也未做论述;至于中国化的马克思主义那里,我们更是挂一漏万。这个遗憾,或许在鼓励我们写作续集。

(三) 对"与"字的说明

在明确了主要研究方法、研究对象和基本研究策略之后,有必要对本书的题目"先秦诸子与中国现代认识自由论"做一点说明。这个说明主要聚焦在"与"字上。

这个题目至少有三种研究方法：

第一种，分别研究先秦诸子的认识自由观和中国现代的认识自由观，对两者做出比较。

第二种是规范性的研究，即判定中国现代认识自由应该是什么形态的，然后从先秦诸子的思想中寻找相关资源，试图做出转换。[①]

第三种是我们的做法。我们以中国现代思想史上那些重要的思想家、实践家论述到先秦诸子与中国现代认识自由的言论为主要研究对象。这些言论在那些思想家那里很可能是规范性的，这就是我们的研究对象。从这个角度看，上文提及的那种规范性的研究不是我们采取的研究方法，但却是我们关注的研究对象。当然，对于相当重要的若干言论，即便思想家本人没有明确涉及先秦诸子，我们还是会采取第一种研究方法做出一定的比较论述，以显出某一时代、某一派别、某一人物的自由观的特色之所在。这个方法偶一为之。

这种研究方法可能会受到某些批评和误解。因为，试问进入了现代思想家论域中的先秦诸子还是先秦诸子本身吗？我们无意于争论这个问题，这问题涉及非常复杂的诠释学学理，在诠释学内部，研究对象本身的真实性问题一直处于争论之中。在此我们要说明的是，当中国现代思想家在阐述认识自由思想时涉及先秦诸子时，一般情况下他们认为自己所阐述的就是先秦诸子本身的思想。当然，深受诠释学原理熏陶的我们现在已经知道，这只是一厢情愿。从他们笔下所写出的先秦诸子的思想早已是经过他们诠释

---

① 时下炙手可热的"儒家宪政主义"之类的提法，基本上采取的就是这种研究方法。他们认为中国现代自由就是宪政、民主，而先秦的儒家那里（比如孟子的"仁政"）就有相关的思想资源可以为其所用。比如当下大陆新儒家知识分子秋风等人便采取这种路径。当然，他们说的自由主要是政治自由，和我们所说的认识自由存在区别，但在思维方式上则是一致的。

的,严格地说,是"这个思想家"的先秦诸子。本书较多地关注的恰恰是这种意义上的先秦诸子。因为正是在这种诠释活动中,深深地反映出时代思想的变迁,尤其是传统(在此是先秦)和现代之间的曲折勾连。先秦诸子既是一种客观的历史存在,同时又是历代思想家笔下的存在。以现代思想家笔下的先秦诸子为研究对象,一方面会反映出先秦诸子本身所具有的丰富的诠释向度,另一方面也从一个角度折射出现代思想家自身的思想特色;更加重要而有趣的是,在这样的对话中,往往会显示先秦诸子以及现代思想家各自的特色和局限性,从而激发思想的进一步发展和创造。

(四) 全书基本观点

在此导论中不可能也没必要将全书的所有重要而有益的观点一一列举。但是,有一个基本观点还是需要强调,此即中国现代自由观是多元化、多层次的。

所谓多元化指的是:自由不是自由主义的专利,它也为其他思潮所尊重、提倡;同时,各个思潮之间,对自由的理解存在着一定程度的差异。简而言之,文化保守主义也有自己的自由观。梁漱溟便明确说过:"对于自由另有一种新讲法。"①熊十力将大同世界解释为真正的自由世界。这些在正文中可以读到更丰富的内容。

中国化马克思主义也有自己的自由观。西方学者 Charles T. Sprading 在其所作 *Liberty and the Great Libertarians* 一书的序言中指出,有些自称是社会主义者的人物也对自由贡献了精湛的理解。② 换而言之,诠释自由从来不是自由主义的专利。中国共产党早期领导人李大钊在其名文《Bolshevism 的胜利》中的一段话可以从一个侧面说明这个问题。他认为俄国十月革命的胜利意味

---

① 梁漱溟:《乡村建设大意》,《梁漱溟全集》(第一册),山东人民出版社,第701页。

② Charles T. Sprading: *Liberty and the Great Libertarians*. Golden Press. 1913. PP.5-6.

着:"人道的警钟响了! 自由的曙光现了! 试看将来的环球,必是赤旗的世界!"①值得注意的是,在此之前他认为法国大革命呼唤的也是"自由平等博爱",何以一百多年后十月革命才预示着"自由的曙光初现了"? 原因就在于此时的李大钊转变为了一个马克思主义者,他认为马克思主义论域中的自由才是真正的自由。

在某种意义上,自由成为了韩愈所说之道、德:

> 博爱之谓仁,行而宜之之谓义,由是而之焉之谓道,足乎己而无待于外之谓德。仁与义为定名,道与德为虚位。故道有君子小人,而德有凶有吉。老子之小仁义,非毁之也,其见者小也。坐井而观天,曰天小者,非天小也。彼以煦煦为仁,孑孑为义,其小之也则宜。其所谓道,道其所道,非吾所谓道也。其所谓德,德其所德,非吾所谓德也。凡吾所谓道德云者,合仁与义言之也,天下之公言也。老子之所谓道德云者,去仁与义言之也,一人之私言也。(《原道》)

韩愈站在儒家的立场上批判老子之道与德,从某种角度看反而显出了这是他的"一人之私言","其见者小也"。更加宽容的说法是,儒家和道家均有各自的"道"、"德"。在中国现代思想史上,"自由"便类似于古典世界中的"道"和"德",其名为虚位,其实则为各种思潮所填充。当然,从20世纪中国历史的发展来看,中国化的马克思主义自由观最终扬弃了自由主义和文化保守主义,成为了主流。

自由之多层次指的是我们应该从不同论域中来讨论自由。早就有很多学者注意到,当大家对自由莫衷一是之际,其实彼此所讨论的自由并非同一个对象。比如,虽然我们要强调各个学科之间的交叉和隐秘联系,但是,审美自由和政治自由所指并非一回事,

---

① 李大钊:《Bolshevism 的胜利》,《李大钊全集》(第二卷),第 263 页。

前者指的是某种精神状态,后者首先指的是社会权利。当然,我们也不否认有的思想者会将精神性的内在自由等同于政治自由。从我们的研究规范来说,这是一种混淆,它只具有思想史的意义:表明在那个思想家乃至其所代表的思潮那里,政治自由实际所指为何,显示了其思想的特征和限度。对此,冯契先生在其"智慧说"之一翼《人的自由与真善美》中有一段话可为这种多层次的自由做背书:

> 本篇主要从哲学上探讨人的自由和真、善、美这三者的关系。"自由"既是一个政治概念,也是一个哲学范畴。严复用"自由"这个词来翻译"Liberty",也用它来翻译"freedom"。所以,从严复以来,中国人所用的"自由"一词,既是指"自由、平等、博爱"中的自由,又是指和必然、必要相对的那种自由。当然,这两者是密切联系的。中国近代思想家就是因为十分关心民主自由、关心政治上的自由解放等问题,而特别热衷于探讨哲学上的自由问题的。但哲学范畴和政治概念既有联系,又有区别。①

当代自由主义思想家罗尔斯(John Rawls)也对自由的多层次性作了某种提示。在《政治自由主义》中,他说:

> 个人凭借其两种道德能力(正义感和善观念的能力)和理性能力(判断能力、思想能力以及与这些能力相联系的推论能力)而成为自由的。②

冯契先生区分了政治自由和哲学性的自由,后者包括了真善美的

---

① 冯契:《人的自由和真善美》,华东师范大学出版社,1996年,第1页。
② [美]罗尔斯著,万俊人译:《政治自由主义》,译林出版社,2002年,第19页。

统一。如前所说，广义上真善美都可以作为精神性的自由也即人格自由的内涵，不过我们将"真"单独列出，作为认识自由的问题加以研究，如此，哲学性的自由中就包含了认识自由和人格自由（狭义）两项。可见，自由是多层次的。这些层次之间以我所说的"两个改变"及其辅助形成比较统一的整体。

至于罗尔斯，他所说的道德能力是广义的，包含了政治能力（正义感）和狭义的道德能力（善观念的能力），理性能力无疑涉及认识论问题。显然，罗尔斯是在从能力的角度讨论人如何才能获得自由。如果我们承认能力必须有对应物或曰外在化，那么，这些自由能力就可以分别对应政治自由、道德自由和认识自由。一定程度上也和我们对自由的区分相似。

当然，需要再次强调的是，本书主要研究的是认识自由。

第一章 戊戌与辛亥的开拓

所谓认识自由,我们指的是人们如何正确认识世界,其中涉及主客关系、知行关系、认识的内在环节和机制、认识能力以及真理如何获得等问题。这些问题表面上看似与自由离开较远,但是,我们认为它们正是将认识自由问题细化之后的产物。我们将探讨中国现代思想家在讨论认识自由的过程中,如何援引、批评先秦诸子来表达其思想,从一个角度显示先秦诸子对中国现代认识自由的塑造作用。我们先研究戊戌和辛亥时期思想家的观点,然后再按照自由主义、文化保守主义和中国化马克思主义三大思潮鼎立的格局来进一步展开。需要指出的,本书所说的戊戌与辛亥时期的思想家,指的是在这个时期登上思想舞台的思想家。他们的思想当然也会延续到五四之后,但就其出场而言,则属于这些时期。在文本的选择上,我们也会将凡是属于他们的文献都纳入考察的范围,而不管这些材料是否是在这两个时期内出现。①

第一节 康有为:在"圣人"与公理之间

处于新旧之交的康有为一方面以孔子之学说为基本圭臬,另

---

① 毕竟,我们是在研究中国现代思想史,目前的这个结构是为了研究的展开,而不是束缚它。

一方面又试图引进近代西方的认识论、方法论成果，发展中国传统思想，后者尤以公理化方法为主，但又不限于此。于是，在康有为身上，我们看到在追求认识自由的过程中，传统和现代交织在一起的复杂而色彩斑斓的面貌。

一、知行关系论

知行关系是认识论中的一个基本关系，一定意义上构成了探索认识自由的逻辑起点。

康有为有一部分著作是以编辑历史文本的方式形成的。在这种编辑的过程中，虽然他使用了已有的文本，但是，这些文本也可以从某种角度反映其思想。在《春秋董氏学》中，康有为引用了董仲舒的著作，不过其中表达的思想却是自己的。从这个角度看，他的引用表明自身对董仲舒观点的认同。董仲舒无疑是汉代的人物，不过，康有为认为董氏是充分阐发了孔子思想的人物，从这个角度看，他对董氏的认同本质上是对孔子的认同。这就赋予我们在讨论康有为的思想和先秦思想之间关系的时候引入董仲舒的资料以合法性。

康有为通过对董仲舒《春秋》学的解析，表达了他的认识论思想。他认为理性、规范可以指导行动，使得行动获得成功。他说："凡人欲舍行为，皆以其知先规而后为之。其规是者，其所为得，其所事当，其行遂，其名荣，其身故利而无患，福及子孙，德加万民，汤、武是也。"[1] 反之，忽视了理性、规范的指导则会导致行动的失败："其规非者，其所为不得其事，其事不当，其行不遂，其名辱，害及其身，绝世无复，残类灭宗，亡国是也。"[2] 康有为提出了"道必先

---

[1]　《春秋董氏学》，第 392 页。
[2]　同上书，第 392—393 页。

知而后行"的主张。① 他说:"盖道必先知而后行,事必先谋议而后有举措,筑室、裁衣必先绘定图样,而后鸠工庀材。未有无议论而有政事者,则是夜行无烛,瞎马临池,必致倾覆而后已。"②

康有为的"智"(知)不仅仅是指导行动的理论或理性认识,某种意义上,它就是认识自由的代名词。他说:"见祸福远,知利害早,见始知终,立之无废,智之条理最博而深矣。"③他还说:"知者,见祸福远,其知利害蚤,物动而知其化,事兴而知其归,见始而知其终,言之无敢哗,立之而不可废,取之而不可舍,前后不相悖,终始有类,思之而有复,及之而不可厌。其言寡而足,约而喻,简而达,省而具,少而不可益,多而不可损。其动中伦,其言当务。如是者,谓之知。"④显然,这些话中的"智"(知)便包含着认识达到自由之境的意思。

值得注意的是,康有为认为,根据先秦儒家的观点,真理是有条件的,即所谓"时"。他指出,"且天下之理,固不可以一端概知。兹饥而当食,寒而当衣,尤为公理而不可易者也。然当病热者,则不许食;当浴体者,则不可衣。夫以衣食之切身,然犹有可用之时焉,而况其他乎?人之饮水冷暖当自知,人之为食饥饱当自适。"⑤这种条件性无疑成为其论证君主立宪的认识论根据。根本上,"可用之时"的说法又表明康有为的认识论思想深受传统之中"时"的观点的影响。他明确说:"与时俱变而各有宜。"⑥而这也是《中庸》所主张的:"《中庸》曰'溥博渊泉,以时出之',反其时则为累矣。"⑦

---

① 《日本变政考》,《康有为全集》(第四集),第114页。

② 同上。

③ 《春秋董氏学》,《康有为全集》(第二集),第393页。

④ 同上。

⑤ 《告同胞印事书后》,《康有为全集》(第六集),第368页。

⑥ 同上。

⑦ 《泰西以竞争为进化让义几废》,《康有为全集》(第六集),第372页。

同时，康有为又主张以效果论作为评判真理的某种标准。他说："惟是非善恶皆由人生，公理亦由人出，我仪图之，凡有害于人者则为非，无害于人者则为是。"①"公理亦由人出"的另一版本是"公理亦由时定"。② 这就解决了公理的来源和标准问题。在康有为那里，公理和真理具有相关性。他明确表示，真理也由时定。从这个角度看，公理是真理的形上化。而评判真理、公理的标准是效果论："凡有害于人者则为非，无害于人者则为是。"③

将以上观点综合起来，我们可以发现在康有为那里，知行关系具有一定的良性互动的特征。一方面他主张实践当以理性或理论为指导，另一方面，他也指出实践的后果是判断真理、公理的正确性的一大标准。由此，他也认为真理、公理是有条件的。

二、"圣人之师，万物也"

由以上论述可知，虽然康有为明确说过"士以智为先"④，而且他也在《实理公法全书》中主张公理化的方法，但这并不能说明他是先验主义。⑤ 事实上，几乎和严复同时，康有为主张认识外在世界，抛弃传统的以古典文本和内在世界为研究对象的路向。

与庄子对"成心"的揭示、批评和无奈一样，康有为也反对"成心"。他说："人之愚蔽也，皆由其心成之。神怯于鬼也，夜行见树影而以鬼者，则得狂疾，终日东指西画以为鬼也，遂以狂死。"⑥这种对于心在认识过程中的重要作用的认识是正确的；但问题的另

---

① 《大同书》，《康有为全集》（第七集），第181页。
② 同上书，第181页，注释五。
③ 《大同书》，《康有为全集》（第七集），第181页。
④ 《春秋董氏学》，《康有为全集》（第二集），第393页。
⑤ 参冯契：《中国近代哲学的革命进程》，上海人民出版社，1989年，第103页。
⑥ 《救亡论》，《康有为全集》（第九集），第227页。

一面是,当康有为认为人之愚蔽"皆自其心成之"的时候,他和庄子犯了同样的错误:对于外物在认识过程中的地位认识不够。

但这并不意味着康有为又陷入了传统的"师心自用"的泥沼之中。事实上,他对传统的认识论在认识对象上的批评,其中之一就是以心为师,另一个则是以旧为师。所谓旧,就是故纸堆。

康有为认为,以外物为认识对象,正是西方强盛的原因之所在:"泰西近日翻陈出新,皆从物理出。"①他指出,在孔子那里就主张以外在世界为认识对象:"孔子辨防风之骨、商羊之舞,子产以博物名。至教小子多识鸟兽、草木,岂非三古所贵耶?"②但是,秦汉之后的思想却发生了转折:"后儒不知天人之故,言义理则自隘其国土,言名物则虚考其文字,于是天下皆为愚,而无用之人甚或足己自尊矣。"③"我中国虽四部之书浩如烟海,而士人钻研故纸,只能蹈袭陈说,即欲著书等身矣。是故洛阳市肆汗牛充栋,大半皆无益于时,徒灾梨枣之物,可谓宣没。"④至此,康有为明确提出"夫人之智从万物出者大,从人出者小。圣人之师,万物也。"⑤

从以上观点出发,康有为对"思不出位"作出新解,主张士人当以认识天下为己任:"曾子曰'君子思不出其位',此《艮卦》之《象辞》也,曾子盖尝称之。位者,职守之名,各有权限,不能出权限之外。故政如农功,日夜思之,思其始而究其终,责任所在,务以尽职,则所思者以不越职为宜。如兵者专司兵事,农官专司农事,不得及它,乃能致精也。若士人无位,则天地之大,万物之夥,皆宜穷极其理。故好学深思,无所不思,思用其极。程子曰:'能思所以

① 《日本书目志》,《康有为全集》(第三集),中国人民大学出版社,2007年,第287页。
② 同上。
③ 同上。
④ 《日本变政考》,《康有为全集》(第四集),第184—185页。
⑤ 《日本书目志》,《康有为全集》(第三集),第287页。

然,是天下第一等学人。'盖学人与有位者正相反,学者慎勿误会。"①众所周知,"思不出位"是儒家的一个经典教义,它往往具有消极的含义。一方面它诚如康有为所说,主张有职守者在自己的本职领域兢兢业业、心无旁骛;另一方面,却又包含着对一般士人试图超越自己本分职守对社会、政治进行反思而做出的批评。从这个角度看,康有为的解释颇富新意。他认为,正是因为一般的士人没有权位,所以反而应该扩大视野,不局限于具体领域。这种对于一般士人"思出其位"和有职守者"思不出位"的积极解读,都包含了以外在世界为研究对象的诉求。

三、关于认识的内在环节

康有为对于认识的内在环节本身虽无专题化的论述,然而其思想中涉及这方面的内容则不在少数。他不愧为和严复同时代的对于认识方法具有深刻认识的思想大家。

(一)他提出了各种认识方法,但比较模糊

在《实理公法全书》中,康有为讨论了三种"实",其实涉及多种认识方法。

第一种:"实测之实,格致家所考明之实理是也"。② 这里涉及我们现在所说的科学真理的获得方法。显然,康有为在此使用"实测"一词,其实相当笼统。就"实测"之直接含义而言,它比较接近实验、试验。当康有为使用"实测"这个词语时,他所指的更多的是实验。但是,科学真理之获得绝非仅实验一法,它依靠多种认识方法的综合运用,因此,当他讨论到格致家研究而得的实理时,其中隐约已经包含多种方法,但康有为自己并没有意识到。

---

① 《论语注》,《康有为全集》(第六集),第 495 页。
② 《实理公法全书》,《康有为全集》(第一集),第 147 页。

第二种:"有实论之实,如古时某教如何教人,则人之受教者如何;某国如何立法,则人之受治者如何。其功效高下,皆可列为表,而实考之。惟此实论之法,愈今则愈妙,因今之惟恐其不今者。如今日地球上某教士用某法教人,则人乐从,且可获益若何;某国新用某法,则某等案件每年少若干,民间获益若何;因其功效可以定其法之得失,而等第之。"①这里主要涉及的实用效果("功效")的方式考察真理之成立与否,本质上仍然是效果论。与第一种的区别是,它适用于社会科学领域。

第三种则比较明确地涉及演绎法,此即"几何公理之法":"有虚实之实。如出自几何公理之法,则其理较实;出自人立之法,则其理较虚。又几何公理所出之法,称为必然之实,亦称为永远之实。人立之法,称为两可之实。"②

(二) 公理化的方法

由上可知,康有为认为公理化的方法("公理之法")具有必然性。因此在《实理公法全书》中他运用这个方法确立了自主、平等等现代原则。③

从思维模式的角度看,一方面康有为有意识地采纳公理化的方法来克服老大帝国的陈旧观念;另一方面,这种方法的本质是演绎。而康有为在思想上以孔子所创制之"公羊三世说"为纲,对君

---

①　《实理公法全书》,《康有为全集》(第一集),中国人民大学出版社,2007 年,第147 页。

②　同上。

③　对此,冯契先生早就予以了指出。他说,举例来说,在该书《总论人类门》一节,康有为以"人各分天地原质以为人"和"人各具一魂,故有知识"为两条"实理",由此推论出"人有自主之权",为"几何公理所出之法,最有益于人道"。还可推论出"人类平等是几何公理",因此:"以平等之意,用人立之法",也是可取的。而在某些制度(如封建制度)下,"人不尽有自主之权"。"以差等之意,用人立之法"(即根据等级制来立法),那就不合或违背几何公理,一定会产生弊端,造成祸害。参冯契:《中国近代哲学的革命进程》,上海人民出版社,1989 年,第104 页。

主立宪、大同说等的合法性进行论证,本质上并未突破演绎法。从这个角度看,康有为所明确标示出来的"公理法"内在地与中国传统存在着千丝万缕的联系。

事实上,虽然康有为肯定"实测"方法能够获得科学真理,但是,他同时也指出此法所具有的弊病,此即真理会因外在条件之变化而发生改变。他说:"欧美人之议论,多从实验,此固倍根最得意之学派也。往者欧美人之论养生,多谓食麦者强而智,食稻人弱而愚。今因日本人一战而胜俄,于是美国之实验学者又谓食稻更强,纷纷倡导食稻之说,近且议令兵士皆多食米,其可笑若此。然美人之能按实穷理,舍己从人,变化极速,固有其当然。而中国之万种事物,彼人多求实验,则欧美人之所谓实验精确者,安知其不又为日本之米也。"①此中对实验法(实测法)之嘲笑显而易见。从这个角度看,康有为一定程度上认识到实验法所得的结果是有条件的真理。因此,他更加倾向于公理法。

但是,正如上文指出的,康有为在别处又认为公理本身也是有条件的。从具体的公理出发所作的演绎,其有效性如何也值得怀疑。我们必须承认康有为对于演绎法的认识前后有不一致之处。综合起来,可以说康有为其实涉及了演绎法在某个系统内部的有效性,但在这个系统之外,对演绎的前提之来源的合法性如何,康有为借助"时"的观点进行了一定程度的质疑。其后梁启超借助墨子,明确指出获得真理需要演绎法和归纳法的有机结合。

(三)康有为重视分析,并且联系先秦名家加以说明

他说:"韩信将兵多多益善,朱子谓其善用分数。一尺之捶削之而无尽,点线之体析之而无穷,分析是为治之要道哉!"②"一尺

---

①　《英国监布烈住大学华文总教习斋路士会见记》,《康有为全集》(第八集),第29页。

②　《日本书目志》,《康有为全集》(第二集),第284页。

之捶削之而无尽",以《庄子·天下》所记载之名家的说法最著名:"一尺之捶,日取其半,万世不竭。"不过,就此而言,康有为所说的分析似乎更多的是物理意义上的,而非逻辑意义上的。当然,康有为已意识到有逻辑意义上的分析,他指出,须"分明考辨"用以解疑。① 但是,作为方法论的环节,"分析"的说法无疑比较基本,而且也比较晦涩,难以和严复的方法论相提并论。

(四) 理性的讨论

康有为认为理性的讨论是认识真理、获得自由的重要环节。他指出,日本和西方之所以强盛,一大原因就在于将国家大事赋予全国人民讨论,博采众长,集思广益。"租税,驿递,货币,权量,结约,通商,拓疆,宣战,讲和,招兵聚粮,定兵赋,筑城砦武库,两藩争讼,此何等大事……日本乃以此国家大政,尽付之天下之庶人贤士,而不以一大官干预其间,岂不异哉? 泰西各国略如此,然而皆强矣。"②相反,中国人则将国家大事集中于少数几位位高权重的人物决定,其他人不得参与:"吾中国皆一二枢译大臣谋之者,余公卿无得与闻焉。"③结果却是"吾一二人谋之至重至密,然而割地失权,岌岌恐亡矣"。④

由此可见大范围的理性讨论的重要性。康有为认为这种讨论的精神早在先秦时期就已经得到了提倡,可惜的是秦汉之后消失殆尽。他说:"《书》云'谋及庶人',孟子称'国人皆曰',盖真吾中国经义之精也。吾自弃之,而为元、明败坏蔽之制所误耳。夫达聪明目,一人之才力闻见,与众人之才力闻见,孰短孰长,当不待辨。况当大地忽通、万法更新之际,一切新法新学,多非旧臣老耄所能知

① 《中庸注》,《康有为全集》(第五集),第382页。
② 《日本变政考》,《康有为全集》(第四集),第117页。
③ 同上。
④ 同上。

识者,而以一国之大事付之彼一二人耳目之私,其能当乎?"①

　　然而,康有为虽然认识到了理性讨论在把握真理过程中的重要地位,但是从政治实践的角度看,他同时主张光绪皇帝能够成为握有最终裁断权的权威。他说:"中国风气未开,内外大小,多未通达中外之故,惟有乾纲独断,以君权雷厉风行,自无不变者。但当妙选通才,以备顾问。若各省贡士,聊广见闻而通下情,其用人议政,仍操之自上,则两得之矣。"②这种观点的提出当然和康有为的政治立场相关,不过,似乎从中也反映出某种法家认识论的痕迹。韩非便也主张类似的观点。他提出君王要让臣下发言,出谋划策,所谓"故议于大庭而后言则立,权议之士知之矣"。(《韩非子·解老》)但最终的决定权仍然掌握在君王自己手里,讨论的结果要按照"循名责实"的原则来加以检查:"术者,因任而授官,循名而责实,操生杀之柄,课群臣之能者也,此人主之所执也。"(《韩非子·定法》)从这个角度看,康有为的观点与之有点相像。但是,韩非的这种主张背后包含的更多的是君王的统治策略,康有为则较多地将重点放在理性的讨论上,皇帝的最终裁断更多的是为了让无休止的讨论有一个结果,也是为了实践的方便。

　　君王的权威性不仅体现在他是真理的最终裁断上者,而且也表现为他是开民智的主体,康有为引用先秦儒家的观点加以证明。他说:"自古君民之间,有相亲爱之道,无可疑忌之理。《书》曰:'民可近,不可下。'《记》曰:'在亲民。'凡先王所以勤勤恳恳,为亲民之政者,非独养其生也,盖亦有以开其智焉。其民智愈开者,则其国势愈强,英、美诸国是矣。民智之始何基乎? 基于学校。民智之成何验乎? 验于议会。夫学校与议会,相联络、相终始者也。……夫君者民之父母,其爱民也如子女。夫父母之爱其子女,而欲开其智

① 《日本变政考》,《康有为全集》(第四集),第117页。
② 同上。

也,必为之延师入塾焉,则学校之说也;及其学之成也,必自能作书焉,自能任事焉,则议会之说也。"①然而,在此却产生一个疑问:尚未开启的民智如何进行有效的理性讨论? 换而言之,君王的存在虽然在政治上是不得已的事实,但在认识自由的获得上似乎已然成为某种障碍。

从另一个角度看,这中间的紧张也可以获得解决。众所周知,康有为认同"公羊三世说",对此,我们将在讨论其政治自由思想时加以展开。这里要说的是,康有为依据"公羊三世说",不仅在政治哲学领域认为不同的时代("世")具有不同的政治原则,而且,与之相应,他也一定程度上主张不同的时代具有不同的认识论原则。

康有为指出,在据乱世、升平世,"理难定美恶,是非随时而易义"。② 而且,这个观点是先秦儒家思想所具有的:"昔孔子既作《春秋》以明三统,又作《易》以言变通,黑白子丑相反而皆可行,进退消息变通而后可久,所以法后王而为圣师也。不穷经义而酌古今……是刻舟求剑之愚,非阖辟乾坤之治也。"③

康有为认为,在太平世,"理"成为了判断真理的标准。在《实理公法全书》这本可谓表达了康有为"大同说"思想之雏形的简明著作中,他明确提出,"圣不秉权,权归于众。古今言论以理为衡,不以圣贤为主,但视其言论何如,不得计其为何人之言论。……大道之权,归之于众则正,是几何公理所出之法,且最有益人道。"④这个思想是值得高度重视的。他明确反对了古往今来以圣贤言论为大前提进行判断的做法,并且主张真理的确定应"以理为衡"。不能否认,康有为所说之"理"为天地所生,他说:"天地……生

---

① 《日本变政考》,《康有为全集》(第四集),第202—203页。
② 《上清帝第四书》,《康有为全集》(第二集),第81页。
③ 同上。
④ 康有为:《实理公法全书》,《康有为全集》(第一集),第152页。

理。"①这个意义上的"理"是形而上的理性，但是，同样需要承认的是，某种程度上康有为也认同民众的理性，所以他说"大道之权，归之于众则正，是几何公理所出之法"。换而言之，在大同时代，民众的理性是判断真理的最终标准。

可见，康有为认为，只有在大同时代，认识自由才得以完全实现。

第二节　梁启超：先秦诸子亦有"教智之言"

在梁启超晚年所作《科学精神与东西文化》的演讲中，他指出，"科学精神之有无，只能用来横断新旧文化，不能用来纵断东西文化。若说欧、美人是天生成科学的国民，中国人是天生成非科学的国民，我们可绝对的不能承认。拿我们战国时代和欧洲希腊时代比较，彼此都不能说是有现代这种崭新的科学精神，彼此却也没有反科学的精神。"②这段话明确地点出了梁启超评判先秦科学思想的基本立场。

他还认为，墨学充分地讨论了认识论的诸多问题：

在吾国古籍中，欲求与今世所谓科学精神相悬契者，《墨经》而已矣，《墨经》而已矣。《墨子》之所以教者，曰爱与智。《天志》、《尚同》、《兼爱》诸篇，墨子言之而弟子述之者，什九皆教爱之言也。《经上》、《下》两篇，半出墨子自著，南北墨者俱诵之，或述所闻，或参己意以为《经说》，则教智之言也。《经》文不逾六千言，为条百七十有九。其于智识之本质，智识之渊源，智识之所以浚发运用，若何而得真，若何而堕谬，皆析之极

---

①　康有为：《实理公法全书》，《康有为全集》（第一集），第 152 页。
②　梁启超：《科学精神与东西文化》，《饮冰室文集点校》（第六集），第 3300 页。

精,而出之极显,于是持之以辨名实,御事理,故每标一义训,
其观念皆颖异而刻人,与二千年来俗儒之理解迥殊别,而与今
世西方学者所发明,往往相印,旁及数学、形学、光学、力学,亦
间启其肩秘焉。盖尝论之,《墨经》殆世界最古名学书之
一也。①

然而,这并不意味着先秦思想在认识论上毫无瑕疵。梁启超
指出,先秦思想缺乏逻辑思想:"中国虽有邓析、惠施、公孙龙等名
家之言,然不过播弄诡辩,非能持之有故,言之成理,而其后亦无
继者。"②

这一切均构成了我们讨论梁启超认识自由思想与先秦诸子之
关系的基本背景。

一、主客、知行与有限的真理

认识自由的获得,离不开对认识过程和认识环节的探讨。在
这个意义上,讨论认识过程和认识环节就是在讨论认识自由。

对于整个认识过程,梁启超首先将认识对象区分为自然世界
和人类世界。他认为,自然界存在着必然性或者说规律,可以通过
实践获得知识。这个观点是以事理统一为本体论前提的,所谓"有
物有则"。梁启超认为先秦时代的《诗经》表达了这个思想。他说:
"《诗经》说:'天生烝民,有物有则。''物'是事物,'则'便是理。(以
秉持为经常曰则,以各如其区分曰理。)'则'存于'物'中,舍事物而
言理,便非圣贤所谓理了。"③

---

① 梁启超:《〈墨经〉校释》,《饮冰室文集点校》(第五集),第3100页。
② 梁启超:《论中国学术思想变迁之大势》,《饮冰室文集点校》(第一集),第236页。
③ 梁启超:《戴东原哲学》,《饮冰室文集点校》(第五集),第3146页。

不过,这是梁启超比较笼统的说法。在"有物有则"的论述中,严格地说,"何谓物"这个问题没有得到有效的阐释。"物"既可以是自然界之物,也可以是人类世界之物(梁启超分别称之为"自然系"和"文化系"①),后者往往表现为历史和文化。事实上,梁启超认为人类历史之中并无"则"(规律、必然性)的存在。他说:

> 因果是什么?"有甲必有乙,必有甲才能有乙,于是命甲为乙之因,命乙为甲之果。"所以因果律也叫做"必然的法则"。(科学上还有所谓"盖然的法则",不过"必然性"稍弱耳,本质仍相同。)"必然"与"自由"是两极端,既必然,便没有自由,既自由,便没有必然。我们既承认历史为人类自由意志的创造品,当然不能又认他受因果必然法则的支配。其理甚明。②

虽然我们可以说历史既是人类自由意志创造的,又受着必然性的支配,两者之间并无矛盾,因为所谓自由意志并不是对必然性的违背,而是严格的遵守。这段话反而反映出梁启超在自由意志和历史必然性之间非此即彼的僵化思路;但是,就其本身而言,这段话还透露了一个信息:要区分自然界和人类世界,两者所适用的规律是不同的。(因此,所适用的认识方法也不同。这点下文会展开。)

从这个基本区分出发,梁启超批评了先秦法家在历史观上的态度。他认为,法家的最大目的,在"不随适然之善而行必然之道"。这是错误地将自然界的法则运用到人类世界之中。因为所谓的"必然"指的是有一成不变的因果律存在,它可以协助我们预测未来。其情形就像一加一必为二,氢氧化合必为水也。梁启超

---

① 梁启超:《研究文化史的几个重要问题》,《饮冰室文集点校》(第六集),第3356页。
② 同上书,第3354页。

的批评理由还是将必然性和自由作出严格区分:"夫有必然则无自由,有自由则无必然。两者不并立也。物理为必然法则之领土,人生为自由意志之领土,求必然于人生,盖不可得,得之则栽人生亦甚矣。"①

如果换一个角度看以上言论,梁启超似乎在否定作为对必然性之认识的自由,因为他明确认为必然性和自由是对立的。虽然他说的是人类世界如此,可是如果将此观点扩展出去,其意思似乎也是在说,"自然系"存在必然性,但没有自由;"文化系"存在自由,但没有必然性:因此,我们即便讨论自由,也和必然性无关。从这个角度看,本文对于梁启超自由观的讨论值得质疑。不过,这种指向本文合法性的批评未必成立。因为梁启超在此所说的自由主要指的是自由意志,而非我们作为一种规范性研究框架的认识自由。

梁启超认为,这种认识自由的起点还是实践。他高度赞赏清代颜李学派的"因行得知"论。②

《大学》里面说:"致知在格物,物格而后知至。"梁启超认为,这句话解决了"人的知识从那里来呢"、"我们用什么方法才能得着知识呢"这些问题。③ 相比于历史上宋明理学等思潮的解释,梁启超认同颜李学派的解释。颜习斋的解释如下:

> 李植秀问"格物致知"。予曰:知无体,以物为体,犹之目无体,以形色为体也。故人目虽明,非视黑视白,明无由用也;人心最灵,非玩东玩西,灵无由施也。今之言致知也,不过读书、讲问、思辨已耳,不知致吾知者皆不在此也。譬如欲知礼,任读几百遍礼书,讲问几十次,思辨几十层,总不算知,直须跪

---

① 梁启超:《先秦政治思想史》,第 192 页。
② 梁启超:《颜李学派与现代教育思潮》,《饮冰室文集点校》(第五集),第 3116 页。
③ 同上书,第 3114 页。

拜周旋,亲下手一番,方知礼是如此。譬如欲知乐,任读乐谱几百遍,讲问思辨几十层,总不能知,直须搏扮击吹,口歌身舞,亲下手一番,方知乐是如此。是谓"物格而后知至"。……格即"手格猛兽"之格。……且如这冠,虽三代圣人,不知何朝之冠也,虽从闻见而知为某种之冠,亦不知皮之如何暖也。必手取而加诸首,乃知如此取暖。如这蔽蔬,虽上智老圃,不知为可食之物也,虽从形色料为可食之物,亦不知味之如何辛也。必著取而纳之口,乃知如此味辛。故曰,手格其物而后知至。(《四书正误》卷一)①

梁启超认为,颜习斋的解释,将"致"字当作《左传》里"致师"的"致"字来解,当作《孙子兵法》里"致人而不致于人"的"致"字来解。引致知识到我跟前,叫做"致知"。知识来到了跟前,叫做"知至"。这段话的要点在于肯定"知识的来源,除了实习实行外是再没有的"。② 他否定了先天知识的存在:"习斋以为,书本上说这件事物如何如何,我把这段书彻头彻尾看通了,这种知识靠得住吗? 靠不住。别人说这件事物如何如何,说得很明白,我也听得很明白。这种知识靠得住吗? 靠不住。凭我自己的聪明,把这件事物揣摩料量,这种智识靠得住吗? 靠不住。要想知识来到跟前(知至),须经过一定程序,即'亲下手一番'(手格其物)便是。换而言之,无所谓先天的知识,凡知识皆得自经验。"③

　　这里的曲折在于,梁启超通过肯定颜李学派对《大学》"格物致知"论的解释,表达了他对认识起点甚或知识的检验标准的认识,这个起点或者标准就是行(实践)。不过,具有才子气味的梁启超

---

① 梁启超:《颜李学派与现代教育思潮》,《饮冰室文集点校》(第五集),第3114页。
② 同上书,第3115页。
③ 同上。

在用语上并非十分严格。今日我们会说,经验也区分为直接经验和间接经验。梁启超所说的读书以及听他人传授指的是间接经验,而自身的揣度则类似于内省。所以,严格地说,梁启超是在主张知识都来自直接经验。但是,仔细的区分之下我们会发现,实践和直接经验还是具有某些差别。在某种意义上,内省经验也可以是直接经验,虽然在此梁启超力图否定内省的重要性,但就直接经验本身而言,它显然包括内省经验。从这个角度看,梁启超的措辞不够严密。但其基本意思还是比较清楚的:知识来源于实践,并且以实践作为评判标准。

认识过程以获得真理而暂告完成。和在知行关系问题上否定宋明理学,回归先秦儒学一样,在真理问题上梁启超也严厉地批评了朱熹的真理观,主张回归孔孟的真理论。

梁启超认为,真理也即认识自由的获得不以事无巨细地尽知天下之事为前提,而以认识主体自身特长之所在为转移。换而言之,即便在某一领域获得正确的认识,也可谓获得了认识自由。认识自由绝非要求你认识全天下所有事。这个思想很重要。

在论述方式上梁启超也是借助对"颜李学派"的评论来达成如上论点的。"颜李学派"是通过回归先秦的文本来阐述其思想的。当然,当梁启超引用颜习斋的观点时,已经表明他对"颜李学派"这种观点的认同。

朱熹追求的是全面的真理,要求掌握所有的知识,以为这才是真理:"上而无极太极,下而至于一草一木一昆虫之微,亦各有理。一书不读,则阙了一书道理。一事不穷,则阙了一事道理。一物不格,则阙了一物道理。须着逐一件与他理会过。"(《朱子语类》卷十五)①

对此,梁启超批评道:"朱子这种教人求知识法,实在荒唐。想

---

① 转引自梁启超:《颜李学派与现代教育思潮》,《饮冰室文集点校》(第五集),第3116页。

要无所不知,结果非闹到一无所知不可。何怪陆王派说他'支离'呢?"①他同意"颜李学派"对朱熹的批评。李恕谷说:

> 朱子一生功力志愿,皆在此数言,自以为表里精粗无不到矣。然圣贤初无如此教学之法也。《论语》曰:"中人以下,不可语上。""夫子之言性与天道,不可得闻。"《中庸》曰:"圣人有所不知不能。"《孟子》曰:"尧舜之知而不遍物。"可见初学不必讲性天,圣人不能遍知一草一木也。朱子乃如此浩大为愿,能乎?(《大学辨业》)

很清楚,李恕谷对朱熹的批评正是以回归先秦儒家的思想为表现的。他的意思是,真理并不要求遍知一草一木,而是根据自身的特性有所知即可。后者在如下言论中表现的更明显。颜习斋曾问一门人:"自度才智如何?"那人答道:"欲无不知能。"习斋说:

> 误矣。孔门诸贤,礼、乐、兵、农各精其一。唐虞五臣,水、火、农、教各司其一。后世菲资,乃思兼长,如是必流于后儒思著之学矣。盖书本上见,心头上思,可无所不及,而最易自欺欺世。究之莫道一无能,其实一无知也。②

梁启超认为,以上言论表明,"颜李对于知识问题,认为应该以有限的自甘,而且以有限的为贵"。③ 所谓"自甘"某种程度上也就可以看作是获得了真理之后的自由状态。这种状态自有其长处,主要

---

① 转引自梁启超:《颜李学派与现代教育思潮》,《饮冰室文集点校》(第五集),第3116页。
② 同上。
③ 同上。

表现为从认识主体自身的特点来考虑认识自由问题。如果完全继承朱熹的观点,虽然其精神可嘉,但不仅事实上做不到知晓天下所有之事,而且,还会严重挫伤获得真理之后的自由感。因为,按照那种全面的真理观,没有达到生命尽头、宇宙尽头那一刻,人是不可能获得认识自由的。从这个角度看,"颜李学派"有限的真理观(按照颜习斋的说法,其思想源头为孔孟)使得认识自由成为可能。

然而,"颜李学派"的这个洞见又深受其狭隘的实践观的束缚。梁启超正确地指出,"颜李学派"认为"想确实得到这点有限的知识,除了实习外,更无别法"。① 从以上引文也可以看出,颜习斋认为借由书本知识和内省知识还是可以达到朱熹的全面真理的:"盖书本上见,心头上思,可无所不及,而最易自欺欺世。"②也就是说,"颜李学派"对全面性真理观的批评具有一定的正确性,但是,其理由却站不住脚。其实,不仅直接经验不可能达到全面而无遗漏,间接经验和内省知识也不可能做到包罗万象,所谓的包罗万象很可能只是内省知识的幻象。

梁启超继承"颜李学派"而又超越之。他认为真理不仅是有限的,而且,它是经验和思辨的综合。梁启超沉痛地批评纯经验论者。他说:

> 今之论人论事者,一则曰经验,再则曰经验。夫经验诚可贵也,非经验无以广储俗识,而俗识实学识所取资也。虽然,苟无相当之学识,而惟日日驰逐于经验,则经验之能致用者有几?是故有万不可犯之原则而贸贸然犯之者,有极易遵之原则而落落然置之者,故往往用心甚善,用力甚勤,而反招恶果。

---

① 梁启超:《颜李学派与现代教育思潮》,《饮冰室文集点校》(第五集),第3116页。
② 同上。

恶果相袭,犹不省觉,甚则历受恶果之煎迫,犹不肯认为自
招也。①

虽然梁启超的这段话直接针对的是晚清民国时期"论人论事者",
但是,如果联系上文"颜李学派"的基本观点,此话显然也可以指向
他们的完全经验论。梁启超认为,仅仅依靠经验也无法实现认识
自由。反过来看,认识自由之实现,需要学识和经验的综合。梁启
超承认学识也来自经验,但是,它对经验也有反作用,此即指导经
验,达到真正致用。

梁启超对"颜李学派"知行关系论的纠偏某种程度上已经涉及
认识的内在机制了。此为下文讨论的内容。

二、认识的环节

写作了《欧游心影录》、喊出"科学万能论破产"的梁启超自然
并不迷信科学,然而,这并不妨碍他将科学知识作为知识的典
范。② 当然,正如上文所言,梁启超将世界分为"自然系"和"文化
系",梁启超认为,这两种认识对象在某些方面涉及的认识环节和
能力是不同的。如果将两者综合起来,或许可以看出梁启超所判

---

① 梁启超:《良知(俗识)与学识之调和》,《饮冰室文集点校》(第四集),第
2393页。

② 严格地说,这里所说的科学是自然科学。不过,从某种角度看,梁启超也是陷
入了某种自我矛盾。他认为"文化系"的对象不完全适用归纳法,但是,在《清代学术概
论》中,他认为清代的考证学家充分地发展了科学方法,其中的核心就是归纳法。(见下
文)但是,众所周知,考证学指向的,本质上是"文化系"的内容。如果我们执著于这个矛
盾,梁启超的认识论思想便似乎一无所是。但是,我们还是相信虽然梁启超常常"不惜
以今日之我战昨日之我",他还是贡献了关于认识论的很多洞见。本书之立论并不在于
寻找先贤的疏漏,他们的一得之见,皆会进入我们的讨论范围,哪怕这些洞见会被论主
自身否定掉。

断的认识环节和能力之大概。

科学一定意义上是认识真理的典型表现,所以从科学方法之中可以看出认识的各个环节。

梁启超在《清代学术概论》一书中论述清代朴学诸老的考证学方法时较全面地展示了他对科学方法的理解。虽然在这本著作中他没有论及先秦诸子和这些科学化了的考证学方法之间的联系,但是,由于这些资料能够展现梁启超科学方法观的概貌,构成了我们进一步讨论的基础,故予以简述。

梁启超认为,朴学诸老之所以能够在考证学上取得巨大成绩,根本原因就在于贯彻了"科学研究法",其中分为"注意"、"虚己"、"立说"、"搜证"、"断案"、"推论"六大环节。他说:

> 然则诸公曷为能有此成绩耶? 一言以蔽之曰:用科学的研究法而已。试细读王氏父子之著述,最能表现此等精神。吾尝研察其治学方法:第一曰注意。凡常人容易滑眼看过之处,彼善能注意观察,发现其应特别研究之点,所谓读书得间也。如自有天地以来,苹果落地不知凡几,惟奈端能注意及之;家家日日皆有沸水,惟瓦特能注意及之。《经义述闻》所厘正之各经文,吾辈自童时即诵习如流,惟王氏能注意及之。凡学问上能有发明者,其第一步工夫必恃此也。第二曰虚己。注意观察之后,既获有疑窦,最易以一时主观的感想,轻下判断,如此则所得之"间"行将失去。考证家决不然,先空明其心,绝不许有一毫先入之见存,惟取客观的资料,为极忠实的研究。第三曰立说。研究非散漫无纪也,先立一假定之说以为标准焉。第四曰搜证。既立一说,绝不遽信为定论,乃广集证据,务求按诸同类之事实而皆合,如动植物学家之日日搜集标本,如物理化学家之日日化验也。第五曰断案。第六曰推论。经数番归纳研究之后,则可以得正确之断案矣。既得断

案,则可以推论于同类之事项而无阂也。①

其中第三"立说"、第四"搜证"和第五"断案"其实也就是假设和验证:

> 科学家定理与假说之分也。科学之目的,在求定理,然定理必经过假设之阶级而后成。初得一义,未敢信为真也,其真之程度,或仅一二分而已,然姑假定以为近真焉,而凭藉之以为研究之点,几经试验之结果,寖假而真之程度增至五六分,七八分,卒达于十分,于是认为定理而主张之。其不能至十分者,或仍存为假说以俟后人,或遂自废弃之也。凡科学家之态度,固当如是也。②

以上所论不仅展示了清代考证学家的研究方法,而且,一定程度上也展示了科学方法论的内部环节。

不过,梁启超认为与考证学联系在一起的科学方法具有两大不足:

第一,其研究对象为历史上的文本,而不是自然界。"本朝学者,以实事求是为学鹄,颇饶有科学的精神,而更辅以分业的组织。惜乎其用不广,而仅寄诸琐琐之考据。……故曰其精神近于科学。"③只是"近于",而非"便是"。

第二,侧重于归纳法,忽视了演绎法。梁启超认为,清代考证学家的治学方法"纯用归纳法"。④ 他将归纳法的内在环节也加以展示,从而丰富了科学方法论:

---

① 梁启超:《清代学术概论》,上海古籍出版社,1998 年,第 45—46 页。
② 梁启超:《清代学术概论》,第 36—37 页。
③ 梁启超:《论中国学术思想变迁之大势》,《饮冰室文集点校》(第一集),第 273 页。
④ 梁启超:《清代学术概论》,第 62 页。

夫吾固屡言之矣,清儒之治学,纯用归纳法,纯用科学精神。此法此精神,果用何种程序始能表现耶?第一步,必先留心观察事物,觑出某点某点有应特别注意之价值;第二步,既注意于一事项,则凡与此事项同类者或相关系者,皆罗列比较以研究之;第三步,比较研究的结果,立出自己一种意见;第四步,根据此意见,更从正面旁面反面博求证据,证据备则泐为定说。遇有力之反证则弃之。凡今世一切科学之成立,皆循此步骤,而清考证家之每立一说,亦必循此步骤也。①

虽然在此梁启超在措辞上似乎将归纳法和科学精神完全等同起来了,但这并不意味着梁启超本人忽视了演绎法。事实上,他对清代朴学的研究方法有一个批评,此即忽视了演绎法:"清学正统派之精神,轻主观而重客观,贱演绎而尊归纳,虽不无矫枉过正之处,而治学之正轨存焉。"②不过,从这种措辞中,也可以看出,梁启超较多地认同归纳法,而对演绎法并不高度赞赏。

这当然和梁启超对演绎法的认识相关。一般认为,演绎法所能得到的结果是确定无疑的,但是,梁启超指出,演绎法所遵循的大前提本身是值得质疑的,因此其推论未必确实。比如以下演绎推论:"凡人皆有死,我是人,所以我也会死。"梁启超指出,"若使'凡人皆必死'之大前提有丝毫不确实,则'故我亦必死'之一断案,亦将不确实。寝假有人焉,以特别试验,而见有若干少数不死之人,则安知我不在彼少数者之内也?故倍根以为此种论法,导人于武断之途者也。"③

梁启超认为归纳法反而能够寻得真理。比如,对于"我也会

---

①　梁启超:《清代学术概论》,第 62 页。
②　同上书,第 105 页。
③　梁启超:《子墨子学说》,《饮冰室文集点校》(第一集),第 335 页。

死"这个结论,可以采用归纳法研究:"今以归纳法研究之,而见夫墨子死也,孔子死也,孟子、荀卿死也,宋牼、禽滑厘死也,亚里士多德、倍根死也,乃至往古来今之人无一不死也,于是而凡人必死之一前提,乃为铁案而不可移,而故我必死之一断案,亦可以自信。此其术之所以为进步也。"①"故演绎法只能推论其所已知之理,而归纳法专以研穷其所未知之理。"②梁启超认为,在归纳法的问题上,西方以培根为代表,中国早在先秦时期,墨子就提出了相关的观念。"倍根氏所以独荷近世文明初祖之名誉者,皆以此也。而数百年来,全世界种种学术之进步亦阁不赖之,而乌知我祖国二千年前,有专提倡此论法以自张其军者,则墨子其人也。"③

梁启超对归纳法和演绎法的认识不无商榷之处。

从创造新知识的角度看,归纳法似乎比演绎法好;然而,这并不等于演绎法不能创造新知识。以上文"凡人皆有死"的演绎推论为例,"我会死"当然包括在这个大前提之中。可是,当我们通过演绎法明确将"我会死"这个命题突出,某种意义上也是创造了新知识,即,揭示了隐含在大前提中的内涵。

从推论的必然性的角度看,无疑归纳法所得是盖然的,演绎法所得是必然的。从这个角度看,当梁启超说"而见夫墨子死也,孔子死也,孟子、荀卿死也,宋牼、禽滑厘死也,亚里士多德、倍根死也,乃至往古来今之人无一不死也,于是而凡人必死之一前提,乃为铁案而不可移",他错了。从那么多历史人物之死不能遽然推导出"凡人必死"。如今,归纳法不能得到必然性结论,这个认识已经是常识了。

不过,从梁启超自己所举的例子中可以看出,真理的获得需要

---

① 梁启超:《子墨子学说》,《饮冰室文集点校》(第一集),第 335 页。
② 同上书,第 336 页。
③ 同上。

把归纳法和演绎法这两种方法结合起来。"我会死"是以"凡人皆有死"为前提,但这个前提的获得离不开归纳。事实上,梁启超在解释墨子的"三表法"时明确认为,"三表法"说明的是演绎法和归纳法的结合才是探寻真理的途径。

梁启超综合了墨子论及"三表法"之处,认为它分为三法,其中第一法和第二法又分为甲乙两种:

> 第一法:
> 甲……考之于天鬼之志
> 乙……本之于先圣大王之事
> 第二法:
> 甲……下察诸众人耳目之情实
> 乙……又征以先王之书
> 第三法:
> 发而为刑政,以观其是否能中国家人民之利①

梁启超认为,这三法之中,第一法之甲,第二法之乙,皆属于演绎法;第一法之乙,第二法之甲,与第三法,就是归纳法。"是故墨子每树一义、明一理,终未尝凭一己之私臆以为武断也,必繁称博引,先定前提,然后下其断案。又其前提亦未始妄定,必用其所谓三表、三法者,一一研究之,而求其真理之所存。若遍举之,则全书五十七篇中,无一语非是也!"②换而言之,梁启超认为,虽然正如其前文所说,墨子已经有了和培根相媲美的归纳法思想,但是,在真正进行推理时,他贯彻的是综合了归纳法和演绎法的"三表法"。换而言之,虽然在具体的推理个案中所得的结论未必为必然,但

---

① 梁启超:《子墨子学说》,《饮冰室文集点校》(第一集),第336页。
② 同上。

是,至少梁启超认为,墨子结合演绎法和归纳法来进行推理,可以使得结论更加严密,更趋近真理。

梁启超认为,归纳法和演绎法相结合的思想不仅体现在墨子那里,而且也体现在儒家的《大学》里面。他认为,所谓"格物致知"就是在讲演绎法和归纳法的结合。他说:

> 俗识者,恃直觉与经验之两种作用而得之者也;学识者,恃概括分析与推定之二种作用而得之者也。例如磨剃刀使薄则犀利,平峻坂使纤则易登。此两事者,由俗眼观之,截然不相蒙;由学者观之,则一事而已,即物理学上锐其锲子之理也。学问之天职,在分析事物,而知其组织之成分,然后求得各种事物共通之点,概括综合之以寻出其原则,复将此原则推之凡百事物,所谓格物致知,所谓一以贯之者,于是乎在矣!①

这里,梁启超对于直觉和经验似乎有所轻视,称之为"俗识"。然而,我们可以暂且不管这个,而从下面的言语中可见,格物致知便是从分求通,然后再用此通用的原则规范其余事物。这就是归纳法和演绎法的结合。

但是,梁启超认为,相对于培根而言,虽然《大学》也涉及了归纳法和演绎法等认识环节,不过在实证这一点上比较欠缺。他说:

> 综论倍根穷理之方法,不外两途:一曰物观,以格物为一切智慧之根原,凡对于天然界至寻常至粗浅之事物,无一可以忽略;二曰心观,当有自主的精神,不可如水母目虾,倚赖前代经典传说之语,先入为主以自蔽,然后能虚心平气,以观察事物。此倍根实验派学说之大概也。自此说出,一洗从前空想

---

① 梁启超:《良知(俗识)与学识之调和》,《饮冰室文集点校》(第四集),第 2392 页。

臆测之旧习,而格致实学,乃以骤兴。如奈端因苹实坠地而悟吸力之理,瓦特因沸水蒸腾而悟汽机之理,如此类者,更仆难尽。一皆由用倍根之法,静观深思,遂能制器前民,驱役万物,使尽其用,以成今日文明辉烂之世界。倍氏之功,不亦伟乎!朱子之释《大学》也,谓必使学者即凡天下之物,莫不因其已知之理而益穷之,以求致乎其极。至于用力之久,而一旦豁然贯通焉,则众物之表里精粗无不到,而吾心之全体大用无不明矣!其论精透圆满,不让倍根。但朱子虽能略言其理,而倍根乃能详言其法。倍根自言之而自实行之;朱子则虽言之而其所下工夫仍是心性空谈,倚虚而不征诸实。此所以格致新学不兴于中国,而兴于欧西也!①

由于朱熹诠释的文本为《大学》,所以这段材料也能为我们所用。换而言之,梁启超认为《大学》的格物致知不应走向空谈心性,而应该征诸实际。

事实上,梁启超明确表示,中国先秦以来的一大弊病就是物理实学之缺失。不仅《大学》如此,诸子百家皆有此病。他指出:"中国《大学》,虽著格物一目,然有录无书;百家之言虽繁,而及此者盖寡。其间惟墨子剖析颇精,但当时传者既微,秦、汉以后,益复中绝。惟有阴阳五行之僻论,跋扈于学界,语及物性,则缘附以为辞,怪诞支离,不可穷诘。"②

当然,必须强调的是,梁启超并不认为培根代表了近代认识论思想的高峰。因为他虽重视实验,但缺乏假设的环节。而从前文可知,梁启超认为假设和验证应该是认识论的重要环节。在此,他

---

① 梁启超:《近世文明初祖二大家之学说》,《饮冰室文集点校》(第一集),第392—393页。

② 梁启超:《论中国学术思想变迁之大势》,《饮冰室文集点校》(第一集),第236—237页。

主张引进笛卡尔。他认为，朱熹在某种程度上反而表达了要重视假设的思想。他说：

> 笛卡儿尝语人曰："实验之法，倍根发之无余蕴矣。虽然，有一难焉，当其将下实验之前，苟非略窥破一线之定理，悬以为鹄，而漫然从事于实验，吾恐其劳而无功也！"此言诚当。盖人欲求得一现象之原因，不可不先悬一推测之说于胸中，而自审曰：此原因果如我之所推测，则必当有某种现象起焉。若其现象果屡起而不误，则我之所推测者是也；若其不相应，则更立他之推测以求之。朱子所谓因其已知之理而益穷之也。故实验与推测常相随，弃其一而取其一，无有是处。吾知当倍根自从事于试验之顷，固不能离悬测。但其不以此教人，则论理之缺点也。故原本数学以定物理之说，不能不有待于笛卡儿矣。①

意思甚明。

假设和实验，一方面可以看作是演绎法和归纳法的结合的另一种运用，另一方面也可以看作是认识主体自身所提出的假设扩展到群体中去得到检验。这种检验，一方面当然离不开实证，另一方面也可以是理性的辩驳和维护。正是在这个意义上，认识环节也包含了群己之辨。

早在《变法通议》中，梁启超就提出了认识过程中的群己之辨的环节。他说："群之道，群形质为下，群心智为上。"②"道莫善于群，莫不善于独。独故塞，塞故愚，愚故弱；群故通，通故智，智故

① 梁启超：《近世文明初祖二大家之学说》，《饮冰室文集点校》（第一集），第 393 页。
② 梁启超：《变法通议》，《饮冰室文集点校》（第一集），第 38 页。

强。"①这个观点一直伴随着梁启超。多年以后,他还认为"合众人之识见以为识见则必智,反是则愚"。②

众所周知,"群道"是中国素来的话题,荀子就对此做出了很好的说明。但是,梁启超是从认识论的角度来论述群道的,而荀子则是从政治哲学和伦理学的角度来加以言说。事实上,梁启超的论证也让我们看到了荀子的痕迹。梁启超说:"虎豹狮子,象驼牛马,庞大傀硕,人槛之驾之,惟不能群也。"③这不正是荀子"义论"的首句吗?④

换而言之,梁启超充分地认识到真理、认识自由的获得是以群己之辨为基础的。不过,值得注意的是,梁启超注重认识过程中的群己之辨,并非意味着他完全以人数之多寡作为判断真理的标准。他认同"颜李学派"的观点:"习斋说:'立言但论是非,不论异同。是,则一二人之见不可易也。非,则虽千万人所同,不随声也。'"⑤梁启超似乎重视是非而不论异同。这两种判定真理的标准之间的差别是,前者是包含了更多的判断真理的标准,而以符合论为主。后者则主要分为两种:一种是以前人、圣人的言论为标准,一种是以多数人的言论为标准。严格地说,这两者作为判断真理的标准都是有不足之处的。但是,梁启超对于认识机制的复杂性的认识也有不足之处。因为即便是是非论,也包含着某种异同论。无论是符合论还是效果论,都离不开多数人。

---

①　梁启超:《变法通议》,《饮冰室文集点校》(第一集),第38页。

②　梁启超:《论商业会议所之益》,《饮冰室文集点校》(第三集),第1327页。

③　梁启超:《变法通议》,《饮冰室文集点校》(第一集),第38页。

④　荀子说:"力不若牛,走不若马,而牛马为用,何也?曰:人能群,彼不能群也。人何以能群?曰:分。分何以能行?曰:义。故义以分则和,和则一,一则多力,多力则强,强则胜物。故宫室可得而居也,故序四时,裁万物,兼利天下,无它故焉,得之分义也。故人生不能无群,群而无分则争,争则乱,乱则离,离则弱,弱则不能胜物;故宫室不可得而居也,不可少顷舍礼义之谓也。"(《荀子·王制》)此即荀子之"义论"。

⑤　梁启超:《颜李学派与现代教育思潮》,《饮冰室文集点校》(第五集),第3112页。

可见,群己之辨绝非要求认识主体含糊其辞,而是更加要求其坚持自己的主张。从另外一个角度看,这也就是思想自由的表现。因此,群己之辨也就涉及理性的辩驳:"思想是要自由的,但却不能囫囵,却不能模棱,对于和自己不同的见解,必要辩驳,或者乃至排斥。辩驳、排斥,不能说是侵人自由,因为他也可以照样的辩驳我,排斥我。"①这也就意味着放弃历史上某些霸道的做法:"我们不赞成韩愈的态度,因为他要'人其人,火其书';不赞成董仲舒的态度,因为他要'绝其道,勿使并进'。"②其中显然包含着对先秦思想自由状态的肯定以及对后世大一统思想格局的批评。

三、认识能力

以上所论科学方法论的内在环节、演绎法和归纳法、假设和验证、群己之辨等,主要涉及认识论的环节问题。在认识的过程中,不仅需要讨论认识对象、认识的基本过程、认识论的环节,还涉及认识能力等问题。在这个问题上,梁启超除了对于一般的理性、经验等表达其观点之外,还讨论了直觉、判断力等当时不为人所注意的问题。

关于直觉,上文曾指出梁启超认为,直觉与经验构成的是"俗识",理性的归纳法和演绎法构成的是"学识"。虽然他认为"俗识"也是"学识"的基础,但他更多地对"俗识"持轻视态度。③ 但是,严格地说这是在"自然系"里面对直觉的立场,在"文化系"里,梁氏则认为要重视直觉。他说:

①　梁启超:《戴东原哲学》,《饮冰室文集点校》(第五集),第3142页。
②　同上。
③　梁启超:《良知(俗识)与学识之调和》,《饮冰室文集点校》(第四集),第2392页。

现代所谓科学,人人都知道是从归纳研究法产生出来。我们要建设新史学,自然也离不了走这条路。所以我旧著《中国历史研究法》极力提倡这一点,最近所讲演《历史统计学》等篇,也是这一路精神。但我们须知道,这种研究法的效率是有限制的。简单说,整理史料要用归纳法,自然毫无疑义,若说用归纳法就能知道"历史其物",这却太不成问题了。归纳法最大的工作是求"共相",把许多事物相异的属性剔去,相同的属性抽出,各归各类,以规定该事物之内容及行历何如。这种方法应用到史学,却是绝对不可能。为什么呢?因为历史现象只是"一躺过",自古及今,从没有同铸一型的史迹。这又为什么呢?因为史迹是人类自由意志的反影,而各人自由意志之内容,绝对不会从同。所以史家的工作,和自然科学家正相反,专务求"不共相"。倘若把许多史迹相异的属性剔去,专抽出那相同的属性,结果便将史的精魂剥夺净尽了。因此,我想,归纳研究法之在史学界,其效率只到整理史料而止,不能更进一步。然则把许多"不共相"堆叠起来,怎么能成为一种有组织的学问?我们常说历史是整个的,又作何解呢?你根问到这一点吗,依我看,什有九要从直觉得来,不是什么归纳演绎的问题。①

可见,梁启超已经认识到历史学研究当中直觉的重要性,不过,这并不意味着梁启超完全否定科学方法在历史学里面的地位,至少他承认整理史料还是需要科学方法的。

问题的另一方面是,以上言论反映了梁启超的某些偏见。在科学研究领域,并非只有归纳法和演绎法、假设和验证、理性的讨论等环节。归纳所得的结论,即从具体的事例到抽象的结论之间

---

① 梁启超:《研究文化史的几个重要问题》,《饮冰室文集点校》(第六集),第3353页。

的跳跃,假设的产生,甚至验证方法的寻得,直觉也在其中发挥作用。对于这点,其后的贺麟说得相当详尽。

与直觉处于类似神秘地位的是判断力。

梁启超认为,判断力的养成需要三个前提:"想要养成判断力,第一步,最少须有相当的常识;进一步,对于自己要做的事须有专门智识;再进一步,还要有遇事能断的智慧。"①其中最关键的是第三步。梁启超认为,常识和学识的堆积并不能产生判断力。因为"宇宙和人生是活的,不是呆的,我们每日所碰见的事理是复杂的,变化的,不是单纯的,印板的。倘若我们只是学过这一件才懂这一件,那么,碰着一件没有学过的事来到跟前,便手忙脚乱了。所以,还要养成总体的智慧,才能得有根本的判断力。"②梁启超虽然没有对何谓判断力做出明确界定,但是,从这段话中可见,判断力就是对于没有学过的特殊事务的应对能力。

在哲学史上,对判断力的澄清做出巨大贡献的是康德。康德把判断力区分为规定性的判断力和反思性的判断力,前者和认识论密切相关。他指出,"如果把一般的知性看作规则的能力,判断力就是把事物归摄于规则之下的能力,即辨别某种东西是否从属于某条所予的规则(cssus datae legis 所予规则的事例)之能力。"③从这个角度看,梁启超和康德所说的判断力具有一定的相似性,针对的都是特殊的事物。不过,康德同时指出,"判断力却是只能得到练习而不能得到教导的一种特殊才能"。④ 换而言之,康德认为判断力不可学。与之不同,梁启超比较笼统,他认为判断力是可以培养的,除了以上三个步骤之外,还需要培养总体的智慧:"这种总

---

①　梁启超:《为学与做人》,《饮冰室文集点校》(第六集),第3333页。

②　同上书,第3334页。

③　[德]康德著,韦卓民译:《纯粹理性批判》,华中师范大学出版社,2000年,第182页。

④　同上。

体的智慧如何才能养成呢？第一件,要把我们向来粗浮的脑筋,着实磨练他,叫他变成细密而且踏实。那么,无论遇着如何繁难的事,我都可以彻头彻尾想清楚他的条理,自然不至于惑了。第二件,要把我们向来昏浊的脑筋,着实将养他,叫他变成清明。那么一件事理到跟前,我才能很从容、很莹澈的去判断他,自然不至于惑了。"①显然,这种总体的智慧其实也就是科学方法的运用和内化。

梁启超认为,判断力是智育的核心。他批评当时的教育不仅忽略了情育和意育,而且,最致命的是,"至于我所讲的总体智慧靠来养成根本判断力的,却是一点儿也没有。"②他认为,先秦时代儒家所提出的"知者不惑,仁者不忧,勇者不惧"之"三达德"中,"知者不惑"说的就是智育。判断力的养成正是为了达成这个目标,实现先秦儒家的追求:"以上所说的常识、学识和总体的智慧,都是智育的要件,目的是教人做知者不惑。"③

第三节　严复：庄子的认识论维度及其他

在某种意义上,严复是近代第一个比较系统地接受了西方实证主义认识论的中国人。然而,这绝不意味着他对知识和真理的理解全然是西方式的。作为处于中西文化交汇之中的中国人,他必然在接受、引进现代知识观念的同时,也呈现出传统的深厚影响。事实上,严复的知识论某种意义上也显示出"不中不西、即中即西"的特色。但是,重要的不是给他的知识论贴上什么标签,而是探索严复在其中西交汇的思路中给中国现代知识论提供了什么有益的思路。如果说,在认识论方面,康、梁对本土思想资源的汲

①　梁启超：《为学与做人》,《饮冰室文集点校》(第六集),第3334页。
②　同上书,第3335页。
③　同上书,第3334页。

取比较多元,那么,严复的特点在于他较多地吸收了庄子的思想。换而言之,当我们不厌其烦地指出严复在政治哲学上受到庄子的较多影响时,还应该看到他在认识论上也试图沟通庄子和西方近代实证主义。

一、"意验相符"与"心止于符"

严复所理解的认识论领域的自由,直接的指向就是科学或曰"格致"之中的规律。他说:"诚以科学所明,类皆造化公例,即不佞发端所谓自然规则。此等公例规则,吾之生死休戚视之,知而顺之,则生而休;昧或逆之,则戚且死。"①严复的意思很清楚:如果我们掌握、遵守自然规律,那么我们就能"生而休",也即获得自由。正是在这个意义上,我们将认识论领域的自由等同于如何获得正确的规则的问题,换而言之,也即如何获得真理的问题。关于此点,严复本人也有过一个明确的表述。他说:"须知言论自繇,只是平实地说实话求真理,一不为古人所欺,二不为权势所屈而已。使理真事实,虽出之仇敌,不可废也;使理谬事诬,虽以君父,不可从也,此之谓自繇。"②他是在讨论穆勒(Mill)的《群己权界论》(现通译为《论自由》)时说出这段话的。如果我们暂时撇开这个背景,我们就能把言论自由和严复的认识论机制联系起来。在严复的理解中,所谓言论自由也就是正确地追求真理。当然,现在我们很清楚,严复此处的理解显然存在着偏差。因为穆勒的言论自由指的是一种权利,它的主要含义并不是一个在认识论上如何追求真理的问题。可是,这里重要的是,严复把思想自由、言论自由理解为

① 严复:《论今日教育应以物理科学为当务之急》,《严复集》(二),中华书局,1986年,第280页。

② 严复:《〈群己权界论〉译凡例》,《严复集》(一),第134页。

如何追求真理的问题。这从一个角度为我们将认识论的自由和真理问题结合起来提供了文本性依据。

此处需要进一步辨析的一个问题是,虽然严复认为如果不遵守自然规律我们将获得惩罚,在这个意义上,真理具有不以人的意志为转移的客观性,但是,由于严复接受了实证主义的认识论,所以真理本质上并不是客观存在的,而是主客相对待之后的产物。他说:"知者,人心之所同具也;理者,必物对待而后形焉者也。是故吾心之所觉,必证诸物之见象,而后得其符。……今夫水湍石碍,而砰訇作焉,求其声于水与石者,皆无当也,观于二者之冲击,而声之所以然得矣。故论理者,以对待而后形者也。使六合旷然,无一物以接于吾心,当此之时,心且不可见,安得所谓理者哉?"① 也就是说,"理"是人的认识能力和客观存在相对待之后的产物。单从人的认识能力或者客观存在之中,并不能发现真理。而其所理解的和人的认识能力相对待的另一方,从其根源上讲自然是"诸物",但从实际上讲,则是"诸物之见象",也即现象。严复认为,"知"所能把握的,不是物质本体,而是物质的现象,本体是不可知的:"万物本体……不可知,而可知者止于感觉"。②

这种观点,借用这里出现的话语,也即"理"是"知象相符"。"知"即人的认识能力,"象"即现象。换而言之,"人之知识,止于意验相符。"③这是赫胥黎在《天演论》中的话,严复表示同意,并且将之与庄子的观点结合起来。他在此加了一个按语,指出"此庄子所以云心止于符也。"④也就是说,严复用庄子的"心止于符"来衔接实证主义认识论的"知识即意验相符"的观点,从而显示出了沟通古今中西的努力。

① 严复:《〈阳明先生集要三种〉序》,《严复集》(二),第 238 页。
② 严复:《穆勒名学》按语,《严复集》(四),第 1036 页。
③ 严复:《天演论》论九按语,《严复集》(五),第 1377 页。
④ 同上。

　　仔细考辨庄周之"心止于符"和严复在实证主义框架内对它的诠释,其间的分野也是很明显的。

　　严复之所以看重庄周之"心止于符"这句话,且屡次提及它,[①]一方面显然佐证了严复自述的其对庄子的酷嗜,另一方面可见他着重借用的是"符"字所具有的"两件东西相符合"的意蕴。但是,从别的角度看,庄子的这句话又是复杂的。此话是在庄子所虚拟的颜回和孔子讨论"心斋"的背景下出现的:

　　　　回曰:"敢问心斋。"仲尼曰:"若一志,无听之以耳而听之以心,无听之以心而听之以气。听止于耳,心止于符。气也者,虚而待物者也。唯道集虚。虚者,心斋也。"(《庄子·人间世》)

显然,此话预设了心之所符是外物,甚至是道。也就是说,和实证主义对物质等本体的拒斥不同,庄子对物质的存在至少持朴素的立场,甚至他还对道的追求津津乐道。除了对客观世界及其可知性的肯定之外,从古至今对"心止于符"的诠释也是歧义纷呈。陈鼓应把它诠释为"心的作用止于感应现象"。[②] 这里的"现象"一词更多的是修辞的用法,因为陈鼓应在诠释"听止于耳"时把它翻译成"耳的作用止于聆听外物",[③]很明显,陈鼓应是为了避免使用相同的词语而作出了修辞上的考虑。严格地说,陈鼓应也有意无意留了"止于"二字没有翻译。它可以理解成只让心发挥感应、符合外物的作用,或者心的作用只是感应、符合外物。后一种诠释显然有将心的功能狭隘化、单一化的嫌疑,所以前一种诠释更佳。如此一来,从反面看也就是承认了心除了符合外物的功能之外,还有其

　　① 　参严复:《穆勒名学》按语,《严复集》(四),第1037页。
　　② 　陈鼓应注译:《庄子今注今译》(一),中华书局,1983年,第121页。
　　③ 　同上。

他的主体能动性。事实上,早在成玄英的《庄子疏》中,在解释为什么要"无听之以心而听之以气"时,就对此作出了积极的肯定。他说:"心有知觉,犹起攀缘;气无情欲,虚柔任物。故去彼知觉,取此虚柔,遣之又遣,渐阶玄妙也乎!"①但庄子最终又抛弃了以心把握道的进路,固然由于心的功能的多样化,其主体性过于突出;从另一个角度看,似乎也因为心在把握道的时候主要发挥的是"符"的功能,这和道的特性很难相配。这体现在俞樾的解释中:"言心之用止于符而已。"②这"而已"二字颇值得玩味。此时,"止"相当于"只"。③

　　这里的重点在于,当严复试图用庄子的"心止于符"的观点来对接实证主义的知识论时,某种程度上将问题简单化了。中西的交汇恐怕并未以一种和谐的形态存在于严复的思想中。中国传统思想虽然屡遭严复批评,但他嗜读庄子的癖好及深厚的古典积淀显然为其突破实证主义的金科玉律埋下了伏笔。这点下文再展开。

二、正确的认识机制

　　众所周知,经受了实证主义认识论洗礼之后的严复坚决反对中国传统认识论在认识对象上的内转化和文辞化。

　　第一,所谓内转化,也就是从孟子开始,直至陆王心学登峰造极的"师心以自用"的传统。由于实证主义认为外物之本体实不可知,可知的止于现象,接受了这个观点的严复一定意义上也同意"万物皆备于我"之说。他说:"复按:观于此言,而以与特嘉尔所

---

①　(清)郭庆藩撰:《庄子集释》(上册),中华书局,1961年,第147页。
②　同上书,第148页。
③　当然,以上诠释之间存在着一定程度的紧张,因为如果心的功能是多样化的,那么,它就不会只发挥符合外物的功能了。

谓积意成我,意恒住故我恒住诸语合而思之,则知孟子所谓'万物皆备于我'一言,此为之的解。何则? 我而外无物也,非无物也,虽有而无异于无也。然知其备于我矣,乃从此而黜即物穷理之说,又不可也。盖我虽意主,而物为意因,不即因而言果,则其意必不诚。此庄周所以云心止于符,而英儒贝根亦标以心亲物之义也。"①可见,从实证主义的角度看,严复一定程度上是认同孟子的"万物皆备于我"说的。但是,他反对由此而否定客观世界的存在,只是坚持客观世界和我们对它的认识之间存在着鸿沟。

所以,他进一步反对陆王心学之师心自用,其要害就在于陆王心学是纯粹的主观唯心主义。在这方面,严复从不假以辞色,而是不厌其烦地屡次批评。他认为,"夫中土学术政教,自南渡以降,所以愈无可言者,孰非此陆王之学阶之厉乎!"②而陆王心学的要害就在于将认识对象内转化,师心自用:"夫陆王心学,质而言之,则直师心自用而已。自以为不出户可以知天下,而天下事与其所谓知者,果相合否? 不径庭否? 不复问也。自以为闭门造车,出而合辙,而门外之辙与其所造之车,果相合否? 不龃龉否? 又不察也。向壁虚造,顺非而泽,持之似有故,言之若成理。其甚也,如骊山博士说瓜,不问瓜之有无,议论先行蜂起,秦皇坑之,未为过也。"③

严复认为,陆王不仅仅是孟子的延续,如果只是这样,在实证主义的框架内或许还可以得到一定程度的辩护,原因见上。问题在于,陆王走得比孟子更远。孟子还是承认一定的方法论,比如,严复认为"察往事而以知来者,如孟子求故之说可也"。④ 严复之所以肯定孟子的求故之说,主要是因为其内涵的与现代方法论相

---

① 严复:《穆勒名学》按语,《严复集》(四),第1037页。
② 严复:《救亡决论》,《严复集》(一),第43页。
③ 同上书,第44页。
④ 同上书,第51页。

契的维度。他认为,"孟子求故之说"即"察往事而以知来者",①从方法论的角度看,这其实就是归纳和演绎的结合。"察往事"即归纳,"知来者"即演绎。陆王则完全摒弃方法论的探索,视之为"支离"之学。严复指出:"盖陆氏于孟子,独取良知不学、万物皆备之言,而忘言性求故、既竭目力之事,惟其自视太高,所以强物就我。"②显然,在此严复对孟子的观点值得注意。一方面他认为孟子一定程度上是陆王的思想渊源,也有主观唯心主义的维度,另一方面又认为孟子思想中包含了"言性求故、既竭目力之事",换而言之,严复以为孟子也有格致的思想。

第二,所谓文辞化也就是以"言词文字"为研究对象,和现代的以自然为研究对象的走向迥然相异。严复指出:"盖吾国所谓学,自晚周秦汉以来,大经不离言词文字而已。求其仰观俯察,近取诸身,远取诸物,如西人所谓学于自然者,不多遘也。夫言词文字者,古人之言词文字也,乃专以是为学,故极其弊,为支离,为逐末,既拘于墟而束于教矣。"③

严复认为,正确的做法是面向外在世界直接发问,"读无字之书"。他说:"吾人为学穷理,志求登峰造极,第一要知读无字之书。倍根言:'凡其事其物为两间之所有者,其理即为学者之所宜穷,所以无大小,无贵贱,无秽净,知穷其理,皆资妙道。'此佛所谓墙壁瓦砾皆说无上乘法也。"④"惟善为学者不然……乃学于自然。自然何? 内之身心,外之事变,精察微验,而所得或超于向者言词文字外也。则思想日精,而人群相为生养之乐利,乃由吾之新知而益备焉。"⑤

① 严复:《救亡决论》,《严复集》(一),第51页。
② 同上书,第44页。
③ 严复:《〈阳明先生集要三种〉序》,《严复集》(二),第237页。
④ 严复:《西学门径功用》,《严复集》(一),第93页。
⑤ 严复:《〈阳明先生集要三种〉序》,《严复集》(二),第238页。

显然：当严复说到面对"内之身心，外之事变"之自然"精察微验"时，他已经关注到现代的科学方法论。

在不同的地方，严复对科学方法论进行了多重的表述。

在较早的《西学门径功用》中他认为科学方法论具有三个维度：考订、贯通和试验。"大抵学以穷理，常分三际。一曰考订，聚列同类事物而各著其实。二曰贯通，类异观同，道通为一。考订或谓之观察，或谓之演验。观察、演验，二者皆考订之事而异名者。盖即物穷理有非人力所能变换者，如日星之行，风俗代变之类；有可以人力驾御移易者，如炉火树畜之类是也。考订既详，乃会通之以求其所以然之理，于是大法公例生焉，此大《易》所谓圣人有以见天下之会通以行其典礼，此之典礼，即西人之大法公例也。中西古学，其中穷理之家，其事或善或否，大致仅此两层。故所得之大法公例，往往多误，于是近世格致家乃救之以第三层，谓之试验。试验愈周，理愈靠实矣，此其大要也。"①这段话很重要。略作解释。"考订或谓之观察，或谓之演验。"也就是说，在广义上，"考订"不仅是科学方法的第一步——观察，而且也包含了科学方法的最后一步——实践。不过此实践并非试验，而是真实地落实于生产斗争和社会斗争之中。"贯通"则类似于归纳。最后还要加上现代的试验环节。

在《西学门径功用》中，严复还认为西方科学之所以昌明，是因为西人在方法论上结合了归纳法和演绎法。严复说："又若问西人后出新理，何以如此之多，亦即此而是也。而于格物穷理之用，其涂术不过二端。一曰内导，一曰外导。此二者不是学人所独用，乃人人自有生之初所同用者，用之，而后智识日辟者也。内导者，合异事而观其同，而得其公例。……须知格致所用之术，质而言之，

---

① 严复：《西学门径功用》，《严复集》(一)，第93页。

不过如此。"①

在归纳法和演绎法之外,"印证"这个环节也是很重要的。严复说:"然而西学格致……一理之明,一法之立,必验之物物事事而皆然,而后定之为不易。其所验也贵多,故博大;其收效也必恒,故悠久;其究极也,必道通为一,左右逢原,故高明。方其治之也,成见必不可居,饰词必不可用,不敢丝毫主张,不得稍行武断,必勤必耐,必公必虚,而后有以造其至精之域,践其至实之途。迨夫施之民生日用之间,则据理行术,操必然之券,责未然之效,先天不违,如土委地而已矣。"②也就是说,真理是经过考验的:"一理之明,一法之立,必验之物物事事而皆然,而后定之为不易。"真理之间也是融贯的:"其究极也,必道通为一,左右逢原,故高明。"

在此严复显然受到了实证主义科学观的影响,需要指出的是,这种科学观也常常表现为常识性的知识观,早在荀子那里便已提出了类似的思想。荀子论"虚壹而静"说:

> 人何以知道?曰:心。心何以知?曰:虚壹而静。心未尝不臧也,然而有所谓虚;心未尝不满也,然而有所谓一;心未尝不动也,然而有所谓静。人生而有知,知而有志,志也者,臧也;然而有所谓虚,不以所已臧害所将受,谓之虚。心生而有知,知而有异,异也者,同时兼知之;同时兼知之,两也;然而有所谓一,不以夫一害此一谓之壹。心,卧则梦,偷则自行,使之则谋。故心未尝不动也,然而有所谓静,不以梦剧乱知谓之静。未得道而求道者,谓之虚壹而静,作之,则将须道者,虚则人;将事道者之壹则尽,将思道者。静则察。知道察,知道行,体道者也。虚壹而静,谓之大清明。万物莫形而不见,莫见而

---

①　严复:《西学门径功用》,《严复集》(一),第94页。
②　严复:《救亡决论》,《严复集》(一),第45页。

不论,莫论而失位。坐于室而见四海,处于今而论久远,疏观万物而知其情,参稽治乱而通其度,经纬天地而材官万物,制割大理而宇宙里矣。恢恢广广,孰知其极! 睾睾广广,孰知其德! 涫涫纷纷,孰知其形! 明参日月,大满八极,夫是之谓大人。夫恶有蔽矣哉!(《荀子·解蔽》)

严复说:"方其治之也,成见必不可居,饰词必不可用,不敢丝毫主张,不得稍行武断,必勤必耐,必公必虚,而后有以造其至精之域,践其至实之途。"这和荀子论述知识获得的机制几乎如出一辙。但毋庸置疑,严复和荀子不同之处在于,严复已经身处现代性的境遇之中,也在某种程度上经受了现代知识论(实证主义)的洗礼。

在其后的思索中,严复逐渐将以上思想统一起来。他认为科学方法的环节是:"方其始也,必为其察验,继乃有其内籀外籀之功,而其终乃为其印证,此不易之涂术也。"①内籀即归纳,外籀即演绎。换而言之,科学方法分为四步:察验、归纳、演绎、印证。这或许是严复最后的结论。

从科学方法论的四步法出发,严复对中西古代的认识论机制均有所批评。他认为无论是中国还是西方,古典方法论都忽略了试验这一环节。这点上文已经有所涉及,此处再予以明确。严复认为,其实中国的《周易》之中已经包含了"察验"、"会通"等方法论环节,但它显然缺乏试验这最终的环节。要命的是,这也不是中国古代特有的弊病,事实上西方古人也缺乏这个环节。他说:"考订既详,乃会通之以求其所以然之理,于是大法公例生焉,此大《易》所谓圣人有以见天下之会通以行其典礼,此之典礼,即西人之大法公例也。中西古学,其中穷理之家,其事或善或否,大致仅此两层。故所得之大法公例,往往多误,于是近世格致家乃救之以第三层,

---

① 严复:《论今日教育应以物理科学为当务之急》,《严复集》(二),第280页。

谓之试验。试验愈周，理愈靠实矣，此其大要也。"①从方法论的角度看，严复其实也就是在主张要将归纳、演绎以及实践结合起来才能获得真理。会通本质上主要是归纳，考订则指向了观察和不大明确的实践（所谓"演验"②），试验则是演绎，更加重要的是，它还是为人所有意识控制的实践。

三、突破实证主义的金科玉律

严复接受了实证主义的认识论，将真理界定为"意验相符"，并且刻画了正确的认识论机制。值得注意的是，严复不仅仅将实证主义所代表的现代知识论作为标准衡量古今中外的认识论、方法论思想，而且，中国的古典哲学也深深地影响了他对实证主义知识论的看法，使之一定程度上超越了实证主义的藩篱。

这种超越首先表现在对心和科学的深湛理解上。

严复认为，"心有二用：一属于情，一属于理。"③"然欲为娴心之学，则当知心如形体，有支部可言，有思理，有感情。思理者，一切心之所思，口之所发，可以是非然否分别者也。感情者，一切心之感觉，忧喜悲愉，赏会无端，揽结不尽，而不可以是非然否分别者也。"④可见，严复对人性的认识不是那么简单的。他不仅看到了人性中"理"的成分，而且还认识到人性中还有"情"的构成。

由于心本身是情与理的结合，所以，在认识的过程中不可能将两者截然相分。严复指出："西人谓一切物性科学之教，皆思理之事，一切美术文章之教，皆感情之事。然而二者往往相入不可径

---

① 严复：《西学门径功用》，《严复集》（一），第93页。
② 同上。
③ 同上。
④ 严复：《论今日教育应以物理科学为当务之急》，《严复集》（二），第279页。

分。科学之中,大有感情;美术之功,半存思理。"①这里尤其需要注意"科学之中,大有感情"的观点。在实证主义的背景下,此话具有革命的功效。可惜的是,严复的这个观点并无丰富的展开。如果联系"默会知识"(tacit knowledge)等理论观点,对此我们可以有更加深入的理解。

当代哲学家波兰尼等人提出了"默会知识",揭示了知识中存在的评价、想象力、直觉、理智的激情、信念、承当(commitment)、良知等主体性的因素。波兰尼认为,在科学研究过程中,认识者的参与(the participation of the knower)不仅不是需要加以克服的缺陷,也不是什么心理的副产品,而是科学知识的逻辑上不可或缺的因素。反之,实证主义所代表的关于科学的客观主义观点,根本上就是一个神话。② 因此,科学在其产生的过程中,必然也会伴有感情。

我们认为,注意到严复的这个观点,也有助于我们对先前中国近现代认识论研究中某些观点的反思。这些观点认为,中国近现代认识论深受西方实证主义影响,因此在科学知识的特征问题上采取客观主义立场,忽视了知识中存在的默会维度。这成为了中国近现代认识论的一个不足。③ 这种观点的得出某种意义上是对严复的那句话的忽视,现在我们能够对此提出反驳了。④

① 严复:《论今日教育应以物理科学为当务之急》,《严复集》(二),第279页。

② 郁振华:《默会知识论视野中的科学主义和人本主义之争——论波兰尼对斯诺问题的回应》,《复旦学报》(社会科学版),2002年第4期。

③ 郁振华:《形上的智慧如何可能?——中国现代哲学的沉思》,华东师范大学出版社,2000年,第60—61页。

④ 其实,中国近现代认识论中默会知识的因素一直存在,只是人们并未使用这个范畴加以称呼。下文我们讨论孙中山的认识论的时候还会加以揭示。而笔者在对1920年代"非宗教运动"的研究中,也发现了默会知识的存在(参拙作:《试论非宗教运动的思想史意义》,载《人文教育——文明·价值·传统》,上海人民出版社,2007年),这可以说是又一个例证。

072 从"天理"到"真理"——先秦诸子与中国现代认识自由论

我们还可以从另一个角度理解"科学之中,大有感情"这句话。无疑,理、科学、真理在严复那里是同一层次的范畴,科学是真理的典型。严复将"理"理解为认识能力和认识对象相对待之后的产物,因此,它不是认识对象本身的特性,而是必然包含了人性的丰富因素。从这个角度看,在实证主义的框架内诠释科学和真理,反而内在地包含了超越实证主义严格规定的契机。恐怕这是实证主义所未能预料的。因为实证主义主张拒斥本体,认为人们所知只是现象,但何为现象?他们的回答很容易将现象和感觉等同起来。西方实证主义代表人物"穆勒……把现象之间的联系还原为感觉的组合",①这就为真理从客观走向主观搭建了桥梁。

其次,严复的认识论对实证主义的超越之处还表现在他将科学规律"道"化的趋向上。

严复充分肯定世界是变化的。他说:"建言有之:天不变,地不变,道亦不变。此观化不审,似是实非之言也。"②这个观点的提出,既有传统变易观念的影响,又有现代进化论思想的渗透。这点十分明显。

值得注意的是,严复在现代条件下承认了"道亦不变"的观点。只是很显然,其所谓的道主要包含两点:一是自然科学规律;二是社会科学规则。他说:"天变地变,所不变者,独道而已。虽然,道固有其不变者,又非俗儒之所谓道也。请言不变之道:有实而无夫处者宇,有长而无本剽者宙;三角所区,必齐两矩;五点布位,定一割锥,此自无始来不变者也。两间内质,无有成亏;六合中力,不经增减,此自造物来不变者也。能自存者资长养于外物,能遗种者必爱护其所生。必为我自由,而后有以厚生进化;必兼爱克己,而

---

① 杨国荣:《从严复到金岳霖——实证论与中国近代哲学》,高等教育出版社,1996年,第10页。
② 严复:《救亡决论》,《严复集》(一),第50页。

① 杨国荣:《从严复到金岳霖——实证论与中国近代哲学》,高等教育出版社,1996年,第10页。

② 严复:《救亡决论》,《严复集》(一),第50页。

后有所和群利安,此自有生物生人来不变者也。此所以为不变之道也。"①严复对科学的信任由此可见一斑。如果从用词上加以详究,此中意蕴恐怕还要丰富。因为严复明确将科学和传统语境中的不变之"道"相提并论。这一方面表明严复就其内在而言并未摆脱传统思维的束缚,另一方面则表明在现代的条件下,传统之道已被具体化、特殊化。因为在一般的理解中,道必然是超越了具体的存在的,但严复却将科学当中的规律等同于道。显然,严复将形上之道的恒久性和科学规律的恒久性混淆了。

这种将科学道化的做法,一方面显示了严复内心的矛盾和传统的冲击,另一方面又意味着他开始突破实证主义的规定。实证主义拒绝讨论本体,而只关心处于对待之域的"理"。甚至以为正是对对待之域的规定导致了真理的产生。严复对此也有清晰的认识:"自然律令者,不同地而皆然,不同时而皆合。此吾生学问之所以大可恃,而学明者术立,理得者功成也。无他,亦尽于对待之域而已。是域而外固无从学,即学之亦于人事殆无涉也。"②然而,从中国先秦时代起始的传统始终存在于严复内心,他将科学道化的做法从某种角度看或许是混淆,但从另一种角度看,未尝不是沟通古今中西的努力。

第三,严复对实证主义知识论的超越还表现在他试图让科学发挥培养新民的作用。

事实上严复对科学寄予了培养新民的厚望。他说:"张横渠有言:'学贵变化气质。'自不佞言,气质固难变也,亦变其心习而已。欲变吾人心习,则一事最宜勤治:物理科学是已。"③此处严复主张用物理科学来变化人之"心习"。他甚至认为:"学至外导,则可据

① 严复:《救亡决论》,《严复集》(一),第50—51页。
② 严复:《穆勒名学》按语,《严复集》(四),第1036页。
③ 严复:《论今日教育应以物理科学为当务之急》,《严复集》(二),第283页。

已然已知以推未然未知者,此民智最深时也。"①也就是说,掌握了演绎法("外导")其实就已经达到民智的最深处。如果考虑到严复始终在主张建设民力、民德和民智,并认为民智为传统中国之所缺,②那么科学和新民之间的关系更显一斑。这种思路显然受到了中国传统文化的深刻影响。此处他也点出了张载的论断。其实往前追溯,《大学》格物致知之说已经表达了这样的思路:知识之获取不仅仅是为了改变世界("古之欲明明德于天下者,先治其国;欲治其国者,先齐其家;欲齐其家者,先修其身;欲修其身者,先正其心;欲正其心者,先诚其意;欲诚其意者,先致其知,致知在格物"),而且也是为了改变自己("物格而后知至,知至而后意诚,意诚而后心正")。

为什么科学能够改变人心?严复的阐释如下:"夫科学有外籀,有内籀。物理动植者,内籀之科学也。其治之也,首资观察试验之功,必用本人之心思耳目,于他人无所待也。其教授也,必用真物器械,使学生自考察而试验之。且层层有法,必谨必精,至于见其诚然,然后从其会通,著为公例。当此之时,所谓自明而诚,虽有君父之严,贲育之勇,仪秦之辩,岂能夺其是非!"③

严复在此一方面继续刻画他的科学方法论,另一方面则突出了在这种科学方法论的运用过程中,个体主体性得到锻炼的机制。值得注意的是,严复把这样一个过程理解为中国先秦思想当中的"自明而诚"。④ 当然,严复的解释比较多地侧重于知识论的维度。

---

① 严复:《西学门径功用》,《严复集》(一),第94页。

② 有意思的是严复认为在孟子那里,民力和民德得到了一定程度的鼓吹,但孟子始终忽略民智的建设。(参严复:《〈女子教育会章程〉序》,《严复集》(二),第252—253页。)这也是严复重新诠释先秦思想之一例。当然,我们也可以问,如果孟子忽略了民智的建设,那么,他为什么还主张一定的方法论(注意,这是严复本人的观点,请参本书)?

③ 严复:《论今日教育应以物理科学为当务之急》,《严复集》(二),第283页。

④ 《中庸》说:"自诚明,谓之性;自明诚,谓之教。诚则明矣;明则诚矣。"

也就是说,个体通过对对象的正确认识,不仅获得了真理,而且自身的德性也获得了一定的培养。不过,需要讨论的是,严复在此似乎对真理的个体性维度突出过多。他认为,科学研究中"首资观察试验之功,必用本人之心思耳目,于他人无所待也"。一方面,这句话无疑肯定了科学研究对主体的要求和训练效果,另一方面,他显然也有点忽略真理("公例")产生过程中的公共性特征,这也就是我们常说的获得认识自由过程中的理性的讨论和群己之辨等环节。

或许,严复所主张的"科学之中,大有感情"也可以从这个角度得到理解。因为科学真理的获得实际上是个体主体性发扬的过程(具体见以上引文),此处特别需要注意"本人"、"自"这样的字眼。它们表明科学真理的获得是以个体全身心的参与、投入为前提的。因此,虽然科学主要以理性为主,也就是必须贯穿以一整套严格的科学方法论,但是,同时参与的还有人的丰富性,其中包含了情感。

第四节 孙中山:"孙文学说"的真实意蕴

孙中山以"孙文学说"为名提出了其认识论思想。我们关心的是,孙中山的认识论究竟要解决什么问题? 他所提出的"知难行易"究竟是什么意思? 他的论述是否毫无问题? 如果我们结合认识自由的探索,孙中山对此提出了什么创见?

当然,在探讨这些问题之前,我们首先要解决的一个问题是,孙中山的"知难行易"思想和先秦诸子存在什么关系? 在下文自然也会在细节上涉及这个问题。相对于康、梁、严复以及章太炎等人,孙中山的旧学根底比较薄弱。尤其在认识论的讨论中,他并未与先秦思想发生难分难解的交集,然而,总体上看,孙中山的"知难行易"学说针对的恰恰是周代以来占据思想主流的"知易行难"思想。孙中山指出,"由周而后,人类之觉悟渐生,知识日长,于是渐进而入于欲知而后行之时期矣。适于此时也,'知之非艰,行之惟艰'之说渐中于人心。"①现有研究表明,"知易行难"最早出自《左传·昭公十年》:"非知之实难,格在行之。"《尚书·说命中》里面也明确提出"非知之艰,行之惟艰"。② 但同时孙中山也指出商鞅、孔孟等先秦诸子也有"行之非艰,知之惟艰"的思想,只是在历史的长河中被淹没了。③ 从这个角度看,以"知难行易"为主旨的孙文学说和先秦诸子之思存在着紧密的联系:一方面它是对某种先秦思想传统的重新挖掘,并试图在现代科学昌明的背景下使其复兴;另一方面,又是对这个传统的反面的严厉批评和反思。

一、"孙文学说"要解决一个问题还是两个问题?

"孙文学说"针对的当然是认识论问题,即革命的实践和革命的理论之间的关系。在这个意义上,它要解决的显然是一个问题。但是,我们提出"'孙文学说'要解决一个问题还是两个问题"时,意思是,在此认识论框架之内,孙中山试图阐释的认识论环节是什么?

很多研究者认为,孙文学说只是要解决一个问题,这就是推进革命实践的问题。而革命理论的问题不是主要的。换而言之,孙中山有忽略理论对实践的指导作用的倾向。这种看法在《孙文学说》一书中可以找到很多证据。下文也会涉及。但这些证据与其是在说明孙中山否定理论,不如说证明了孙中山在肯定有了理论之后我们还要实践。

"孙文学说"其实要解决两个问题,而不是一个问题。孙中山

---

① 《孙中山全集》(第六卷),中华书局,1985年,第199页。

② 参冯契主编:《中国近代哲学史》(上册),上海人民出版社,1989年,第498页。

③ 具体言论见下文。

说他当时为了应对世人所说的"知之非艰，行之惟艰"的观点，思索有年，"始恍然悟于古人之所传、今人之所信者，实似是而非也。乃为之豁然有得，欣然而喜，知中国事向来之不振者，非坐于不能行也，实坐于不能知也；及其既知之而又不行者，则误于以知为易、以行为难也。"①这里面显然包含两层意思。第一层意思："知中国事向来之不振者，非坐于不能行也，实坐于不能知也"；②第二层意思："及其既知之而又不行者，则误于以知为易、以行为难也。"③很多人认为，孙中山提出的"知难行易"，主要是针对后者的，目的在于鼓励人们实践。但是，由于他还面临着第一个任务，所以也必须强调知对于行有指导作用。所以，所谓的"知难行易"，正确的理解应该是"知难—行易"，即，它包含着鼓励人们去实践（因为"行易"）和主张要重视理论指导（由于"知难"）两层意思。④

　　当然，如果将这两层意思结合起来，某种意义上存在着一定的紧张。因为第一层意思说的是中国人由于不能知所以不能行，知是行的前提；换而言之，如果知了那就能行。第二层意思说的却是知了也没有行——当然，对于第二层意思所揭示的中国古人的问题可以通过鼓励人们勇于实践（行）来加以克服。不过很明显的是，孙中山在表达第一层意思时明确说过"非坐于不能行也"，也就是说，行并不是一个问题。

　　从另外的角度看，以上紧张也是可以克服的。此即将孙中山

<hr>

① 《孙中山全集》（第六卷），中华书局，1985年，第160页。

② 同上。

③ 同上。

④ 已有研究者注意到这一点。冯契所主编的《中国近代哲学史》指出，在孙中山看来，"知易"的说法使人轻视革命理论的作用，进而对革命理想信仰不笃；"行难"的说法则使人害怕革命实践，不能在困难面前坚持斗争。换而言之，孙中山要解决的是两个问题。不过，作者强调，"知难行易"说主要破的是"行难"，而不是"知易"。（冯契主编：《中国近代哲学史》（上册），上海人民出版社，1989年，第499页。）因此并没有贯彻"两个问题"的洞见。

所表达的两层意思看作是他要解决的两个问题：

第一个问题是，对于有些事情，中国人早已在实践，但效果不好，问题出在没有掌握好的理论。

第二个问题是，对于有些事情，中国人掌握了比较完备的理论，但依然没有好的效果，问题出在不敢实践。

如果将以上两层意思看作是知行的统一过程，那显然是有矛盾的。但是，如果看作是两个不同的问题，矛盾就可以得到克服。事实上，从《孙文学说》一书的整体来看，孙中山的确是要解决两个问题。第六章"能知必能行"说的是第一个问题，强调的是理论对实践的指导作用；第七章"不知亦能行"说的是第二个问题，强调的是实践的重要性以及要勇于实践。还有一个旁证是，孙中山在政治哲学上主张"训政"，这显然是因为重视理论对实践的指导作用；反之，如果只有第二个问题，那么，"训政"就是多余的，人们只要勇于进行民主实践即可。

但是，孙中山在总的观点（"知难行易"）的表述上，容易让人产生误解，以为只是要解决第二个问题。以致人们会对他的"训政"说提出批评：既然主张"行易"，那为什么不立即推行"宪政"，让人民自己实践民权？似乎孙中山的政治哲学与其认识论之间是矛盾的。但是，如果我们看到"知难行易"说还有"知难"的部分，那么"训政"说就顺理成章。

二、"知难行易"的多重意蕴

"知难行易"这种提法相当含混。以《孙文学说》一书为中心，我们可以发现它具有多方面的意蕴。通过对这些内涵的分析，我们不得不说，孙中山所举的有些例子并不能有效地阐释他要解决的问题，反而使得情况复杂化。换而言之，在《孙文学说》一书中占据了相当篇幅的举例论证有时有离题之嫌。当然，问题的另一方面是，通过这些例子，我们也能发现知行问题的复杂性，反而揭示了其中内在的环节。这或许也是孙中山认识论思想的意义。

结合孙中山在《孙文学说》（又名《心理建设》）中所举的十个例子，"知难行易"这个提法至少包含六层意思：

1."行先知后"意义上的"知难行易"。就是说，因为有些事情先有行再有理论，行在知前，所以"知难行易"。（为了方便起见，我们称之为"命题一"，以下类推。）

2."知为行导"意义上的"知难行易"。它说的是，对于有些事情，人们早已在实践，但效果不好，问题出在没有掌握好的理论。由原先实践的效果不好来说明理论获得之难。所以也是"知难行易"。反过来也可以说，如果掌握了好的理论，实践起来就可以更容易。（命题二）

3."知后须行"意义上的"知难行易"。它说的是，对于有些事情，人们掌握了比较完备的理论，但依然没有好的效果，其问题出在不敢实践。通过提倡"知难行易"来鼓励中国人去实践。此时，"知难行易"更多的是一种规范性判断，起到的是鼓励作用。（命题三）

4."行为知始"意义上的"知难行易"。就是说，对于有些事情，人们还没有任何理论，但是，通过实践可以逐渐掌握其理论。（命题四）它和"命题一"有点接近，但是，"命题一"只是说明了知行的先后关系，并没有对行是否会产生知作出判断。"命题四"却对此做出了肯定。

5."默会知识"意义上的"知难行易"。它的意思是，有些事情人们已经在实践了，可是却很难在理论上做出阐明。这不是说实践的深度广度等等不够，也不是说人们不聪明，而是由这些实践本身的特性决定的。它们本质上属于默会知识，只可意会不能言传。①（命题五）

①　参郁振华：《从表达问题看默会知识》，《哲学研究》2003年第5期。

6."知多行少"意义上的"知难行易"。这句话比较费解。它说的是孙中山所举的例子其实是以实践所需要的知识的多寡来判断知和行孰难孰易。不过很显然这种说法不尽严格,但也聊备一说。(命题六)

下面我们从以上角度对孙中山所举的十个例子做出分析。

(一)有的例子(例如,饮食的例子)不是在说明"知难行易",而是在说明"行先知后"。不能因为实践在理论之前就判断实践比理论简单。这是两回事。事实上,王夫之就认为,因为"行难",所以行在知前。所以,他以"知易行难"来表达"行先知后"的观点。他说:"艰者必先也,先其难而易者从之易矣。"(《尚书引义》卷三)①这就说明,以"行先知后"来证明"知难行易"未必行得通。我们可以得出完全相反的结论。

孙中山一开始就举了饮食的例子。这未必是一个好的例子。注意,孙中山所面临的第二个问题是,人们在掌握了比较完备的理论之后却不敢去实践。然而,他所举的饮食的例子中,在饮食的理论没有得到充分阐释的情况下,已经有了饮食的实践;而且饮食几乎是本能,谈不上需要勇气去实践。这就导致这个例子不能说明问题,反而使得情况复杂化。

而孙中山在饮食一例中所说的胃病的治疗的例子和德国民生政策的例子,虽然最终也是为了证明"非行之艰,实知之艰",②但是,仔细分析这两个例子,就会发现它们说明的是,有的时候有些事情之所以做得不好,原因在于没有掌握好原理。也就是说,在实践上反而没有做好,这是和这一部分的其他内容不相符合的。因为饮食一例的其他部分的主旨是要说明有的时候有些事情已经在

---

① 转引自冯契主编:《中国近代哲学史》(上册),上海人民出版社,1989年,第498—500页。

② 《孙中山全集》(第六卷),中华书局,1985年,第169页。

做了,但相关的理论却没有跟上。

总之,饮食的例子也要细分:

1. 在人类历史中,先有饮食的实践然后有饮食的理论。这说明"行先知后"。但是,孙中山却认为这说明"知难行易"。这当中显然存在着背离。例子不能证明观点,或者说,孙中山将"知难行易"与"行先知后"混淆起来了。

2. 孙中山治疗胃病的例子和德国战时民生措施的例子,说明的是在有了正确的理论之后,实践可以做得更好。这也说明正确的理论比较难以获得,在这个意义上,说"知之艰"是正确的。但这是第一层意思上的,而不是第二层意思上的。

(二)金钱的例子也说明的是"命题一"。可是两者之间有区别。在饮食的大部分例子(除去孙中山治疗胃病和德国战时民生政策的例子)中,我们即便知道了消化的原理,也无助于消化。但是,在金钱的例子中,我们知道了金钱的原理,一定程度上就可以帮助自己使用金钱。也就是说,金钱的例子还和"命题二"相关。

(三)作文的例子涉及命题一、二、四。

(四)建筑的例子涉及"命题一"。"夫人类能造屋宇以安居,不知几何年代,而后始有建筑之学",①说明的就是这点。由长久的建筑实践而有建筑理论,所以又涉及"命题四"。

孙中山认为"中国则至今犹未有其学。故中国之屋宇多不本于建筑学以造成,是行而不知者也。"②这句话事实上是错误的,中国古代也有自己的建筑学。但是,即便我们承认此话是正确的,它也涉及的是"命题一"和"命题四"。

孙中山所面临的挑战是西方建筑实践和理论。西方往往先设

---

① 《孙中山全集》(第六卷),中华书局,1985年,第186页。
② 同上。

计再进行建造,所以表现为知在行先。按照孙中山思路,在先的就是容易的,似乎西方建筑的例子说明的是知易行难。为了应对这个挑战,孙中山举了很多例子来说明设计过程中需要具备的丰富的知识,来说明西方建筑的实践比理论容易。此时,难易又以所涉及的知识的多寡来区分,这就涉及"命题六"。从这个角度看,孙中山所举的建筑未必是一个好的例子。

(五)关于造船的例子。孙中山认为,有了科学知识就可以造成世界第一的大船。"此皆为科学大明之后,本所知以定进行,其成效既如此矣。"①但是,在时间上,中国早在"科学未发达以前",就有了郑和下西洋建造多艘巨轮的历史。从这两个对比性事例中也能"一观知行之难易也"。② 孙中山的意思是,郑和时代中国建造巨轮尚无相关理论,所以还是属于"命题一"。但是,两个对比性例子不是同一人群的。而且由于其中引进了科学知识,而在科学知识的指导下,现代造船更加容易,所以情况比较复杂。可是,孙中山并非要在造船的例子中证明"命题二"。

(六)长城和战壕的例子,要区分开来。长城的例子主要说明的是"命题一",欧洲战壕的例子主要说明的是"命题三"。孙中山认为,秦始皇在没有掌握建造长城的额理论之前就勇敢地建造了长城。现在科学发达了,但是如果谁提出再造万里长城,很可能会对其中所涉及的知识感到迷茫。从这个角度看,孙中山似乎认为建造万里长城是糊里糊涂成功的。但是,孙中山毕竟看到了科学知识的重要价值。他相信科学知识能够阐释清楚建造万里长城的原理。所以,在现代科学发达的时代,真正的困难不是理论的缺乏,而是实践的勇气的不足和实践过程的落后。在这两个例子中,孙中山揭示了需要对于实践的推动作用。他说:"当秦之时代,科

---

① 《孙中山全集》(第六卷),中华书局,1985 年,第 187 页。

② 同上。

学未发明也,机器未创造也,人工无今日之多也,物力无今日之宏也,工程之学不及今日之深造也,然竟能成此伟大之建筑者,其道安在？曰：为需要所迫不得不行而已。西谚有云：'需要者,创造之母也。'"①但就知行之难易问题而言,需要理论帮助不大。

（七）在运河的例子中,也要仔细区分。中国挖掘运河的例子说明的是"命题一"。"古人无今人之学问知识,凡兴大工、举大事,多不事筹划,只图进行。为需要所迫,莫之为而为,莫之致而致,其成功多出于不觉。是中国运河开凿之初,原无预定之计划也。"②巴拿马运河例子主要说明的是"命题二"。"地拉涉氏失败之大原因者,在不知蚊子之为害而忽略之也；美国政府之成功者,在知蚊子之为害而先除灭之也。"③而地拉涉氏开凿苏伊士运河之所以成功,因为计划安排得好,而且勇往直前。在这个意义上,苏伊士运河的例子涉及"命题一、二、三"。

（八）指南针和电学的例子说明的是"命题一"和"命题四"之间的联系。"以用电一事观之,人类毫无电学知识之时,已能用磁针而制罗经,为航海指南之用,而及其电学知识一发达,则本此知识而制出奇奇怪怪层出不穷之电机,以为世界百业之用。"④

（九）在化学的例子中,孙中山所说的烧炼瓷器的技术便涉及"命题五"。他说："西人之仿造中国瓷器,专赖化学以分析,而瓷之体质、瓷之色料一以化学验之,无微不释。然其烧炼之技术,则属夫人工与物理之关系,此等技术今已失传,遂成为绝艺,故仿效无由。"⑤科学理论无论如何发达,对于烧瓷技术却难以完全知晓,一

---

① 《孙中山全集》(第六卷),中华书局,1985年,第188页。
② 同上书,第190页。
③ 同上书,第191页。
④ 同上书,第192页。
⑤ 同上书,第194页。

且烧瓷的人消失,技术就失传。这便是默会知识的精髓。①

这个例子还涉及"命题一"。"然当时吾国工匠之制是物(指瓷器——引者)者,并不知物理,化学为何物者也。"②也就是说,在没有掌握物理、化学的知识之前,中国人已经在实践着了。但是,必须强调的是,知不知道物理、化学的知识是一回事,能不能烧炼出瓷器是另外一回事,所以在此应该加以区分。

(十)进化论的例子比较特殊。它不是人类毫无争议的实践,而是一种理论。在这个意义上,进化未必是一种"行"。但是孙中山认为进化是"自然之道",也即认为它是确定无疑的。从这个角度看,进化论的例子涉及"命题一"。它又涉及"命题二"。因为孙中山认为人类历史的进化原则是互助而不是竞争。但是很多人还不知道,而仍然采取非人类的进化原则在进化。换而言之,如果知道了人类历史的进化原则,人类就可以进化得更好。孙中山说:"人类之进化……原则,则与物种之进化原则不同:物种以竞争为原则,人类则以互助为原则。社会国家者,互助之体也;道德仁义者,互助之用也。人类顺此原则则昌,不顺此原则则亡。此原则行

---

① 波兰尼在其《个人知识》中便指出了类似的历史现象: The regions of Europe in which the scientific method first originated 400 years ago are scientifically still more fruitful today, in spite of their impoverishment, than several overseas areas where much more money is available for scientific research. Without the opportunity offered to young scientists to serve an apprenticeship in Europe, and without the migration of European scientists to the new countries, research centres overseas could hardly ever have made much headway. 意思是,如果没有引进科学家本人,或者派人做他的学徒,那么,科学研究的内在技艺并不可能完全传到科学的发源地欧洲之外。因为科学研究也是一种技艺,它不是单纯依靠理论能够得到说明,而必须有人来传承技艺。在此,科学技艺和烧瓷技术具有类似性。Michael Polanyi: *Personal Knowledge*. Taylor & Francis e-Library, 2005, P.65. 因此,"一门技艺如果在一代人中得不到应用,就会全部失传了。这样的例子数以百计。"(同上,另参中译本,贵州人民出版社,2000 年,第 79 页。)注意,这里突出的是技艺,而不是科学理论。

② 《孙中山全集》(第六卷),中华书局,1985 年,第 194 页。

之于人类当已数十万年矣。然而人类今日犹未能尽守此原则者，则以人类本从物种而来，其入于第三期之进化为时尚浅，而一切物种遗传之性尚未能悉行化除也。然而人类自入文明之后，则天性所趋，已莫之为而为，莫之致而致，向于互助之原则，以求达人类进化之目的矣。"①

由以上分析可知，虽然孙中山举了很多例子来说明"知难行易"，但是，由于这个命题本身提法上的含混，又加上他所举的例子以及他所作的解释未必是恰当的，所以，笼统地看，它们都在证明"知难行易"，但结合孙中山要解决的两个问题，这些事例或许有所涉及，但没有得到清晰的展开。这就使得孙中山在认识论上的真实观点隐而不彰。不过，问题的另一面是，在以上的分析中，我们也可以看出孙中山在列举例子说明"孙文学说"时内在地涉及了认识的诸多环节，尤其是知和行之间的复杂关系，这对认识论的发展、认识自由的追寻也是有益的。此可谓无心插柳之举。

三、孙中山的真实观点

以上揭示了"知难行易"提法中的多重维度、多种可能的解释，那么，孙中山明确地提倡的是哪种意义上的"知难行易"？ 如果结合他所要解决的问题，这个问题的答案简单明了。总体上，他其实是主张在现代条件下，知行合一。具体而言：第一，孙中山主张无论有没有理论作为指导，都要勇敢地实践。第二，孙中山主张以科学的理论作为实践的指导。换而言之，孙中山认为如此才能获得真理和认识自由。下面对此加以阐释。

第一，孙中山一定程度上具有"实践出真知"的思想。所以他主张不要为"知易行难"的观点所吓倒，而是主张"行易知难"，他的

① 《孙中山全集》（第六卷），中华书局，1985 年，第 195—196 页。

真实意思是鼓励人们赶快实践。通过实践,自然能够获得真知。这当中包含着对传统的"知易行难"的观点的批评,包含着对先秦思想中"行易知难"线索(如孔孟、商鞅)的挖掘。他说:

> 中国人知识在日本上,日本崇尚王阳明学说者,阳明言知行合一,中国古书又言:"知之非艰,行之为艰。"兄弟思之,此似是而非者也。兄弟谓之:行之非艰,知之为艰。虽将旧习学说推倒,此学说上古有人觉悟,而未有能证明之者。然兄弟能得一学说,打破古人之旧学说,即一味去行之谓也。今即以古人之说证明之,中国大成至圣有云:"民可使由之,不可使知之。"孟子言:"行之而不著焉,习矣而不察焉,终身由之,而不知其道者众也。"商鞅又云:"民可与乐成,难与图始。"从可知行之非艰,知之惟艰,实中国上古圣贤遗传之学说。①

这样的意思孙中山表达过多次。在《孙文学说》中我们也能发现相关的言论。

以上可谓引证。这种引证未必是有效的。因为上文多次说过"知难行易"提法的含混性。下面从理论上加以剖析,说明孙中山对于实践的重视,以及对于"实践出真知"的看法。

孙中山认为无论在任何历史阶段,实践总是处于第一位的。因为"科学虽明,惟人类之事仍不能悉先知之而后行之也,其不知而行之事,仍较于知而后行者为尤多也。且人类之进步,皆发轫于不知而行者也,此自然之理则,而不以科学之发明为之变易者也"。②

孙中山认为,实践是人类进化的根本动力:"故人类之进化,以

---

① 《孙中山全集》(第四卷),中华书局,1985年,第123页。
② 《孙中山全集》(第六卷),中华书局,1985年,第222页。

不知而行者为必要之门径也。"①具体而言,"不知而行"分为四事:
"夫习练也,试验也,探索也,冒险也,之四事者,乃文明之动机也。
生徒之习练也,即行其所不知以达其欲能也。科学家之试验也,即
行其所不知以致其所知也。探索家之探索也,即行其所不知以求
其发见也。伟人杰士之冒险也,即行其所不知以建其功业也。"②

孙中山赞赏中国三代以前以及西方由草昧进入文明的时代。
这两个时期的共同特点是不知而行,突出的是实践。他说:"三代
以前,人类浑浑噩噩,不识不知,行之而不知其道,是以日起有功,
而卒底于成周之治化,此所谓不知而行之时期也。"③这个时期是
一个进步的时期。

第二,孙中山又主张以知识指导实践,在科学昌明的时代尤其
如此。他认为这才是最高的境界。他说:"夫人群之进化,以时考
之,则分为三时期……曰不知而行之时期,曰行而后知之时期,曰
知而后行之时期。"④按照进化论,显然越处于后面的发展阶段越
发达,因此值得推崇。孙中山认为欧美就是一个典型:"欧美幸而
无'知易行难'之说为其文明之障碍,故能由草昧而进文明,由文明
而进于科学。其近代之进化也,不知固行之,而知之更乐行之,此
其进行不息,所以得有今日突飞之进步也。"⑤"知之更乐行之"就
有用知识指导实践的意思。

孙中山认为造成当时中国积弱局面的一大原因是国民不知故
不行。他说:"国民!国民!究成何心?不能乎?不行乎?不知
乎?吾知其非不能也,不行也;亦非不行也,不知也。倘能知之,则

---

① 　《孙中山全集》(第六卷),中华书局,1985 年,第 222 页。
② 　同上。
③ 　同上书,第 199 页。
④ 　同上书,第 201 页。
⑤ 　同上书,第 200 页。

建设事业亦不过如反掌折枝耳。"①

　　孙中山将人群分为三类:"先知先觉者"、"后知后觉者"和"不知不觉者"。他认为中国的"后知后觉者"存在着一个严重的问题,即轻视理论对于实践的指导作用。他说:"中国之后知后觉者,皆重实行而轻理想矣。是犹治化学,而崇拜三家村之豆腐公,而忽于袭在格、巴斯德等宿学也。是犹治医学,而崇拜蜂虫之螺蠃,而忽于发明蒙药之名医也。盖豆腐公为生物化学之实行家,螺蠃为蒙药之实行家也,有是理乎? 乃今之后知后觉者,悉中此病,所以不能鼓吹舆论、倡导文明,而反足混乱是非、阻碍进化也。是故革命以来,而建设事业不能进行者,此也。"②正是有见于此,所以孙中山主张"知难行易":"予于是乎不得不彻底详辟,欲使后知后觉者了然于向来之迷误,而翻然改图,不再为似是而非之说以惑世,而阻挠吾林林总总之实行家,则建设前途大有希望矣。"③当然,此时孙中山主张的"知难行易",发挥的是它的第一层意思,即理论对实践的指导作用。

　　那么,何谓理论? 知识的典范是什么? 孙中山认为真正的知识是科学:"夫科学者,统系之学也,条理之学也。凡真知特识,必从科学而来也。舍科学而外之所谓知识者,多非真知识也。"④因此,现代人的实践需要以科学为指导。孙中山甚至认为,有了科学知识,实践便会毫无障碍,显示出了某种科学主义的倾向。他说:"天下事惟患于不能知耳,倘能由科学之理则以求得其真知,则行之决无所难。"⑤

　　孙中山以革命实践为例来说明理论对于实践之指导作用的重

　　① 《孙中山全集》(第六卷),中华书局,1985年,第159页。
　　② 同上书,第203页。
　　③ 同上书,第204页。
　　④ 同上书,第200页。
　　⑤ 同上书,第202页。

要性。他说:"我中国缺憾之点悉与法同,而吾人民之知识、政治之能力更远不如法国,而予犹欲由革命一跃而几于共和宪政之治者,其道何由?此予所以创一过渡时期为之补救也。在此时期,行约法之治,以训导人民,实行地方自治。惜当时同志不明其故,不行予所主张,而只采予约法之名,以定临时宪法,以为共和之治可不由其道而一跃可几。当时众人之所期者实为妄想,顾反以予之方略计划为难行,抑何不思之甚也!"①换而言之,孙中山认为革命之所以出现挫折,一个原因是革命党人不知道革命过程中需要安排"训政"阶段,而一味前行。从另一个角度看,也就是革命党人在实践着革命,但在理论上却没有及时跟进。所以"知难行易"。但在此孙中山突出的是理论对实践的指导作用,认为这才是正道。

孙中山《孙文学说》第六章题为"能知必能行"。② 仅仅从这个标题上看,孙中山似乎太乐观,因为我们能够发现太多的例子来证明"能知未必行"。然而,这个标题具有一定的误导性。从该章的内容来看,孙中山的意思还是在说,有了知识的指导,实践能够更加完美。这点从第六章第一段就可以看出来。孙中山说:"当今科学昌明之世,凡造作事物者,必先求知而后乃敢从事于行。所以然者,盖欲免错误而防费时失事,以冀收事半功倍之效也。是故凡能从知识而构成意像,从意像而生出条理,本条理而筹备计划,按计划而用工夫,则无论其事物如何精妙、工程如何浩大,无不指日可以乐成者也。"③

自然,孙中山的进化论、知识论和政治哲学是内在统一的。换而言之,一方面,他的知识论成为了他的政治哲学思想的认识论根据;另一方面,他的政治哲学思想又可以成为他的知识论的某种反

---

① 《孙中山全集》(第六卷),中华书局,1985年,第208页。
② 同上书,第204页。
③ 同上。

映。他认为中国人必须先经历"训政"的阶段,理由如下:

> 夫中国人民知识程度之不足,固无可隐讳者也。且加以数千年专制之毒,深中乎人心,诚有比于美国之黑奴及外来人民知识尤为低下也。然则何为而可?袁世凯之流,必以为中国人民知识程度如此,必不能共和。曲学之士亦曰,非专制不可也。呜呼!牛也尚能教之耕,马也尚能教之乘,而况于人乎?今使有见幼童将欲入塾读书者,而语其父兄曰:"此童子不识字,不可使之入塾读书也。"于理通乎?惟其不识字,故须急于读书也。况今世界人类,已达于进化童年之运,所以自由平等之思想日渐发达,所谓世界潮流不可复压者也。故中国今日之当共和,犹幼童之当入塾读书也。然入塾必要有良师益友以教之,而中国人民今日初进共和之治,亦当有先知先觉之革命政府以教之。此训政之时期,所以为专制入共和之过渡所必要也,非此则必流于乱也。①

显然,从认识论的角度看,这段对"训政"的辩护也就是在主张,获得更多更好的知识有利于实践更完美地展开。换而言之,孙中山认为要用知识指导实践。

可是,必须指出孙中山对实践的主体的理解是有问题的。在他的思想中,知行的主体是分离的。他把人区分为"先知先觉者"、"后知后觉者"和"不知不觉者",认为实践是"不知不觉者"的任务。他说:"然则行之之道为何?即全在后知后觉者之不自惑以惑人而已。……文明之进化,成于三系之人:其一、先知先觉者即发明家也,其二、后知后觉者即鼓吹家也,其三、不知不觉者即实行家

---

① 《孙中山全集》(第六卷),中华书局,1985年,第209—210页。

也。"①孙中山认为这种知行主体的分离是现代科学昌明时期的基本特征:"以科学愈明,则一人之知行相去愈远,不独知者不必自行,行者不必自知,即同为一知一行,而以经济学分工专职之理施之,亦有分知分行者也。"②

四、小结

因此,孙中山总的意思是:他绝非不要知识,而是知识必须化为行动;如果没有知识,那么先行动起来;千万不能因为尚无知识,就放弃行动。但是,如果有知识作为行动的指导,那更好。知和行,孙中山都予以重视:他一方面鼓励行,另一方面强调知对于行的指导作用。

必须指出孙中山的认识论思想存在一些严重的问题,导致其认识自由能否可得成为疑问。

问题一:"知难行易"的提法相当含混。这点上文已经多次说明。"知难行易"已经成为"孙文学说"的代名词,但是由于它的含混性,这个学说的主旨便陷入模糊之中。

问题二:"知难行易"的思想中包含了多重的意蕴,它们对于认识论思想的推进都是有意义的,一定程度上揭示了认识的过程、机制和环节,展现了认识的多样性。但是,这些丰富的内容都只是被孙中山当做"知难行易"观点的论证,没有将它们明确化、主题化。因此,有些创见就被淹没了。

问题三:孙中山在"知难行易"的提法下所表达的并专题化的"行而能知"(实践出真知)和"知能训行"(真知能够指导实践)等观点是有价值的,但是,他对"三种人"("先知先觉者"、"后知后觉者"

---

① 《孙中山全集》(第六卷),中华书局,1985年,第203页。
② 同上书,第198页。

和"不知不觉者")的严格区分使得知行割裂了。[1]

　　这或许就导致孙中山所领导的革命实践在知识论上并无一以贯之的理论指导。从这个角度看,孙中山对先秦诸子的知识论的扬弃也是简单化的。

第五节　章太炎:唯识学、康德与 先秦诸子的沟通

　　辛亥革命时期另一位重要的思想家是章太炎。将章太炎的认识论思想放在较长的历史时段内考察,应该说他的地位相当特殊。在专业化的哲学家比如金岳霖、张东荪系统地讨论认识论问题之前,章氏可谓中国近代思想史上讨论认识论问题比较深入的一位。这种深入性,和他对唯识学的汲取是分不开的。但要注意的是,章氏借助唯识学、西方哲学(主要是康德思想)建立起真如哲学体系之后,他便以之衡量先秦诸子之思,从而对诸多古典范畴、命题做出了新解。从另一个角度看,这种做法实质上也是借助新的机缘促发了先秦思想的生命力。总的看来,章太炎对自由的获得机制本身、人的认识能力、真理问题、科学规律问题等,都提出了独到的看法。

　　首先,章太炎讨论了认识自由的获得机制。

　　章氏是通过将荀子之学和佛学思想结合起来表达相关思想的。他高度推崇《荀子·正名》中"节遇谓之命"的命题。他认为,所谓"节",指的是"合符因果,酬业历然不爽,比于合符"。[2] 也就是说,"节"实质上指的是必然性。但是,和他在本体论上拒绝各种形式的有神论作为世界产生的源头,在伦理学上拒绝鬼神作为道

---

[1]　此处之"训",借用的是孙中山"训政"意义上的"训",基本含义为指导、规范。

[2]　章太炎:《菿汉三言》,辽宁教育出版社,2000年,第10页。

德行为的担保一样,章氏所理解的必然性并非出自上天的谆谆教导,其实质是某种"自然"。所谓"遇",本质上就是指偶然性。他说:"然人心违顺,本无恒剂,其有乍发决心,能为祸福者,非必因于宿业,而受之者,诚为之遇也。"①可见,偶然性的产生的原因就在于人有自由意志("乍发决心")。此处有人力的参与。但我以为,这里突出的不是人力本身,而是强调偶然性也是存在的。章氏认为,所谓"命",就是"节""遇"即必然性和偶然性的统一。这种思路显然比通常单纯以必然性来诠释命略胜一筹。

作为必然性和偶然性之统一的"命"本身还不是自由。它更多的是一种外在的境遇。这种境遇既可以是自然的安排,不以人的意志为转移;也可以出自人的自由意志的作用。然而,这本身还不是自由。虽然其中或有自由意志的参与,但这种自由意志或许和任性更加接近。真正的自由是命和人力的结合。章太炎说:"今世言佛法者,多言命本素定,非人力所能为。宿命应富,褴褛者未尝有为,千金可自然致也。宿命横死,虽多方趋避,怨家必自然就之。斯言甚谬。凡事成就,非一正因为之,必赖助缘方得正果。命为正因,若无智力为其助缘,果不成就。宁见终身甘寝,不起床坐,钱币自就其前者!夫怨亲构会,虽由夙业,假令素怀憎怨者,一朝发出世心,其尚有报复事邪?故谓专由智力者非,谓不由智力亦非,谓本无宿定者非,谓纯由宿定者亦非。"②意思甚为明白,不必多解释。需要说明的是,在我们的理解中,认识自由绝非某种感觉,它要求转化为现实的存在。在这个意义上,章氏在此所说的"成就",一定程度上可谓"自由"的同义语。它说的是,自由为"正因"和"助缘"相结合的产物,也就是说,自由是命和人力相结合的结果,而命是必然性和偶然性的统一。

① 章太炎:《菿汉三言》,辽宁教育出版社,2000年,第10页。
② 同上。

　　另外需要提及的是,由于引进了"力"的因素,章氏所理解的认识上的自由也难以和实践截然分开。这既指向了世界的改造,一定程度上为革命的合法性做了哲学论证;另一方面,又指向了人性的改变,这又与章氏的道德主张相联。但由于章氏的佛学立场,其思想中的这种主体能动性往往瞬间转为虚幻。

　　其次,章太炎讨论了认识能力。

　　必须注意的是,章太炎是在真如哲学的基础上讨论认识问题的。他对认识论问题的洞见是在剥离了这个基础之后才可讨论的,否则,就其本身而言只是彻底的唯心论。

　　章太炎认为感觉是认识产生的第一步。这点可以结合章氏对语言的产生过程之讨论来加以理解。他认为,"名之成,始于受,终于想。"①"受"就是接触,也即感觉的意思;"想"就是取像的意思,也即知觉;"思"就是谋虑、理性思维。章氏认为,"想非呼召不征,名言者,自取像生"。② 可见,名言就是感觉接触对象之后通过取像而产生的。"凡诸别名,起于取像,故由想位口呼而成。凡诸共名,起于概念,故由思位考呼而成。"③ 显然,感觉需要感觉对象。而"想"和"思"都是建筑在作为第一步的感觉基础上的。

　　值得注意的是,章太炎大量引用先秦文献来表达其观点,位于其核心的是《荀子》和《墨经》。他说:

　　　　名言者,自取像生。故孙卿曰:"缘天官。凡同类同情者,其天官之意物也同;故比方之疑似而通。是所以共其约名以相期也。"(以上《正名》篇文。)此谓想随于受,名役于想矣。又曰:"心有征知。征知,则缘耳而知声可也,缘目而知形可也;

---

　　①　《原名》,《国故论衡》,上海古籍出版社,2003 年,第 118 页。

　　②　同上。

　　③　《章太炎讲国学》,张昭军编,东方出版社,2007 年,第 50 页。

然而征知必将待天官之当簿其类然后可也。"(《正名》篇文。)接于五官曰受,受者谓之当簿。传于心曰想,想者谓之征知。①

又说:

> 《墨经》曰:"知而不以五路,说在久。"说曰:"智者若疟病之之于疟也。(上之字训者。)智以目见,而目以火见,而火不见,惟以五路知。久,不当以目见。若以火。"(《经下》及《经说下》。)此谓疟不自知,病疟者知之;火不自见,用火者见之。是受想之始也,受想不能无五路。及其形谢,识笼其象而思能造作。见无待于天官,天官之用亦若火矣。②

从中也可以看出章太炎对于认识对象的重视。在某种意义上,他类似于严复,主张知识的产生绝非认识能力单独发挥作用,还需要认识对象的辅助。③

问题在于,章氏有点过于相信感觉,甚至把正觉、错觉以及幻觉混为一谈。比如他说:"亦犹以尺比物,定其长短,然眼识汗漫者,视物长而尺亦长,眼识精谛者,视物短而尺亦短,竟无必同之法。"④在一般的理解中,眼识的汗漫和精谛当然是有区分的,且显然应以后者为准。但章氏则认为两者的高下难以评判。这种判断

① 《原名》,《国故论衡》,上海古籍出版社,2003年,第118页。
② 同上书,第119页。
③ 当然章太炎和严复的区别也是明显的。章太炎认为世界的本体是真如、阿赖耶识,因此,无论是认识能力还是认识对象,都是真如变现出来的。我们在此的讨论暂时清除了章氏的本体论基础。
④ 章太炎:《齐物论释》,《中国现代学术经典——章太炎卷》,河北教育出版社,1996年,第416页。

和章氏的唯我论走向密切相关,也和他在真理问题上走向私有化相关。

章太炎深受康德影响,认为认识之所以产生是因为人具有先天形式,他称之为"原型观念"。他和康德的区别之一在于,康德认为先天形式是有限的;章氏因为吸收了唯识学思想,认为所有的种子都是原型观念,因此在数量上是无限的。进而,章氏用唯识学来诠释《齐物论》。他认为,庄子所说的"成心"其实就是指"种子",也即原型观念。[①] 他着重讨论了"世识、处识、相识、数识、作用识、因果识、我识"等七识。"世识"指的是时间范畴,"处识"指的是空间范畴,"相识"指的是广延范畴,"数识"指的是数量范畴,"因果识"指的是因果范畴。"我识"比较特殊,如果说其他识是认识得以可能的因素,那么"我识"则是认识得以可能的基础。章太炎说:"一切对境的知识,都是后起。唯有直觉有我,是最先的知识。假使不知有我,一切知识的对境就都无根。"[②]其或许类似于康德所说的"统觉"。

从其对"原型观念"的讨论中,我们可以确定章太炎在中国近代讨论认识能力的思想家中的特殊地位。今日,对于认识能力的讨论往往执着于理性、非理性之类,不大会把时间范畴("世识")等作为认识能力来加以研究。当然,由于章氏坚持唯心主义的立场,所以把时间当作是人的内在能力。从常识的立场来看,时间当然是客观存在。但这里重要的是,章太炎深化了认识论的讨论。毋庸置疑,规律的产生,归纳法的有效性,都与时间的存在密切相关。焉能舍弃时间而讨论认识论问题?

再次,章太炎讨论了真理以及规律问题。

章太炎对真理的理解有真俗二义。所谓"真"的真理,指的就

---

① 参章太炎:《齐物论释》,《中国现代学术经典——章太炎卷》,第420页。

② 章太炎:《说我》,《章太炎讲演集》,第89页。

是形上自白。获得它的途径是采取《老子》"以不知知之"的方略，也可采取《庄子》中所说的"心斋"的方法，以及儒家的"克己"的进路。所谓"俗"的真理，就是我们通常所理解的认识论上的真理。我们把它看作是和认识自由高度接近的一个范畴。对此的把握，无疑需要贯彻上文所说的认识过程以及多种认识能力。

　　然而，首先涉及的恐怕是"何谓真理"这个问题。对此，章太炎突破了康德的认识论成果，引进佛学的观点，对此问题予以了深入讨论。章氏认同古希腊多迦派的真理观："观念真妄，以何质定？答曰：合于对境事物，则为真。然其合于对境事物与否，以何方便而能自知？观念真者，当其起时，必有别一观念伴侣而起，为直接证明，是故观念真妄不待外物证明。"章氏认为："详此所称对境，即是相分；所称观念，即是见分；所称别一观念伴侣而起为直接之证明者，即自证分；即此直接证明之果，即是证自证分。"①转换成现在的话说，即，章太炎认为，真理是以主客观相符合为标准的。同时，对于这种符合本身，只需对其表示信任，而并不需要再次证明，否则就将陷入无限倒退。

　　然而，由于章太炎坚持唯心主义的立场，他的真理观因此而往前多走了一步。真理是主客观相符合，对于这种符合我们不能诉诸其他手段，只能依靠自身的信念。这个意思稍加转换就变成：真理其实就是私有的，它本质上是主体自身的信念。尤其考虑到从佛学的角度讲，无论是客体还是主体，都是心所变现出来的，因此，所谓的主客观符合更是心的一种设置。事实上，章氏从混淆正觉、错觉以及幻觉出发，肯定了真理的私有性，其实也陷入了唯我论。在诠释《齐物论》时，对于如何区分真妄这一问题，他认为人们难以区分梦与醒，共识并不能成为评判标准，因为假使有人漂流到南洲，看见了他人都未看见的异兽，不能因为只有他一个人看见而

───────────

① 章太炎：《菿汉三言》，第9页。

判断其所见为假。同理,不能因为掌握了真理的是少数人而判断其掌握的不是真理。无疑,在此,章氏一方面贯彻了他的佛学立场;另一方面,又发挥了《庄子》中"濠上之辩"、"辩无胜"等故事的精义。

在现代,认识论问题的探讨往往集中于科学哲学领域。在科学领域,和真理联系密切的是规律范畴。章太炎区分了社会科学领域的规则和自然科学领域的规律这两种规律。从其坚持的佛学立场出发,他认为规律根本上是人的多种认识能力建构出来的,本身并无实性。我们发现,从唯心主义立场出发,章氏虽然细致地讨论了认识的多个方面的内容,然而其最终立场必然将规律("俗"的真理)消弭掉,其实也就意味着面对着这个现实的世界,我们不必予以具体的探究,而只需像阿Q那样转换眼光即可。无疑,此时自由极易流为虚幻的自由。但必须同时强调的是,在唯心主义的前提下,章太炎对认识论的讨论还是有较多深刻的地方值得汲取。

本书作者曾提出章太炎所进行的是"一场夭折了的哲学革命",[①]但问题也需要一分为二地看:一方面,章太炎的哲学构建是夭折了的,这体现在他对认识自由的某些方面的论述之中;另一方面,他也结合先秦诸子,提供了对认识能力、认识环节等的积极探讨。

---

① 参拙作:《一场夭折了的哲学革命》,载《学术月刊》2010年第7期。

第二章　自由主义的探索

　　紧随戊戌维新和辛亥革命登上历史舞台的是五四新文化运动。此后,自由主义、文化保守主义和中国化的马克思主义三家成为中国社会思潮的主流。在广义上,严复属于中国第一代自由主义者;不过我们在此的研究从中国第二代自由主义者的核心胡适开始,继而分别讨论第三代自由主义者的代表殷海光以及具有自由主义倾向和特色的思想者潘光旦。

第一节　胡适:"只有真理可以使你自由"

　　继严复之后,胡适成为中国自由主义思想的第二代代表人物。在认识论上,他以直白的方式表达了真理和自由之间的紧密关系。他说:"只有真理可以使你自由,使你强有力,使你聪明圣智;只有真理可以使你打破你的环境里的一切束缚,使你戡天,使你缩地,使你天不怕,地不怕,堂堂正正做一个人。"[①]因此,探讨真理是什么、真理如何可得这些问题,也就是在讨论人如何在认识上(至少)获得自由。我们发现,胡适在展示其思想时,既有对西方相关思想的吸取,又有对中国传统思想的反思。值得注意的是,这种反思并

---

　　①　胡适:《我们对于西洋近代文明的态度》,《胡适全集》第 3 卷,安徽教育出版社,2003 年,第 5 页。

非简单的"以西判中",当中包含着复杂的互动。

一、胡适的真理观

　　深受实用主义影响的胡适在真理观上坚持真理的个别性、特殊性和变化性。他认为,真理是有用的假设,也就是以效果论作为真理的评判标准。由于胡适认同进化论,无疑他眼中的真理始终处于变化之中,这就意味着没有最终的、绝对的真理。以此为前提,胡适对中国传统中的相关思想作出了反思。在这反思的过程中,我们以为一定程度上胡适对实用主义的真理观也作出了某种修正。

　　在严复那里,科学真理被视为新的天道。认同进化论的严复认为世界是会变化的,但科学规律却是不变的。历史发展到胡适,这个观念得到了纠正。他认为近代科学的基本观念中,"科学规律是不变的"这个观点已经过时了。他说:"这些科学基本观念之中,有两个重要的变迁……第一,是科学家对于科学律例的态度的变迁。从前崇拜科学的人,大概有一种迷信,以为科学的律例都是一定不变的天经地义。他们以为天地万物都有永久不变的'天理',这些天理发现之后,便成了科学的律例。但这种'天经地义'的态度,近几十年来渐渐的更变了。"①在某种意义上,胡适的看法比起严复来更加圆融。因为既然相信进化论,那么世界必然在发生变化,对世界的认识也应该在变化,所以,从符合论的角度来界定的真理也应该是变化的。当然,胡适恐怕没有想到的一点是,从进化论出发所理解的变化着的真理和它的理论前提也即进化论之间是存在紧张的。试问进化论是不是某种真理? 如果不是,那么它何以能够成为思想的支柱? 如果是的,那么这种真理本身也应该

---

　　①　胡适:《实验主义》,《胡适全集》第1卷,第278—279页。

变化的,它何以能够成为思考的前提?

由于真理不是天经地义的,而是会发生变化的,所以胡适又把这种真理观称作"历史的真理论"。他说:"这种真理论叫做'历史的真理论'。为什么叫做'历史的'呢?因为这种真理论注重的点在于真理如何发生,如何得来,如何成为公认的真理,真理并不是天上掉下来的,也不是人胎里带来的。真理原来是人造的,是为了人造的,是人造出来供人用的,是因为他们大有用处所以才给他们'真理'的美名的。我们所谓真理,原不过是人的一种工具。……因为从前这种观念曾经发生功效,故从前的人叫他做'真理';因为他的用处至今还在,所以我们还叫他做'真理'。万一明天发生他种事实,从前的观念不适用了,他就不是真理了,我们就该去找别的真理来代他了。"①

简而言之,胡适认为,"从前认作天经地义的科学律例如今都变成了人造的最方便最适用的假设。这种态度的变迁含有三种意义:(一)科学律例是人造的,(二)是假定的,——全靠他解释事实能不能满意,方才可定他是不是适用,(三)并不是永永不变的天理,——天地间也许有这种永永不变的天理,但我们不能说我们所拟的律例就是天理:我们所假设的律例不过是记载我们所知道的一切自然变化的'速记法'。这种对于科学律例的新态度,是实验主义的一个最重要的根本学理。实验主义绝不承认我们所谓'真理'就是永永不变的天理;他只承认一切'真理'都是应用的假设;假设的真不真,全靠他能不能发生他所应该发生的效果。"②

在此,胡适提出了判定真理的一个标准:效果论。他认为,真理是假设;如果假设能够发生作用,那么它就是真理;否则便不是。可是,这并不意味着胡适完全放弃了符合论。他只是认为真理不

① 胡适:《实验主义》,《胡适全集》第1卷,第294—295页。
② 同上书,第280页。

是简单地同实在的意象相符合。他说:"真理'和实在相符合'并不是静止的符合,乃是作用的符合:从此岸渡到彼岸,把困难化为容易,这就是'和实在相符合'了。符合不是临摹实在,乃是应付实在,乃是适应实在。"①也就是说,某个假设是否是真理,一方面要看其产生的实际效果,另一方面,效果本身也显然是一种认识对象,它是一种在未来产生的认识对象,对它的认识是离不开符合论的。换而言之,尽管胡适一再地强调判定真理的唯一标准是效果论,但是,仔细的分析之下我们能够得出一个结论:人的感官、心灵在判定真理的过程中也是发挥作用的。

这种认识充分地体现在胡适对墨子"三表法"的研究中。他在诠释墨子的"三表法"的时候,一方面高度赞赏墨子的思想标志着"中国经验主义的开端";②另一方面,却又借着反思墨子,进一步表达了他的真理观。先将墨子的"三表法"引用如下:

> 子墨子曰:言必立仪,言而毋仪,譬犹运钧之上而立朝夕者也,是非利害之辨,不可得而明知也。故言必有三表。何谓三表?子墨子言曰:有本之者,有原之者,有用之者。于何本之?上本之于古者圣王之事。于何原之?下原察百姓耳目之实。于何用之?废以为刑政,观其中国家百姓人民之利。此所谓言有三表也。③

胡适认为,墨子的"三表法"可以作为检验任何已知思想的真实性的标准:(1)和已经确立的思想中最好的一种相一致;(2)和

---

①　胡适:《实验主义》,《胡适全集》第1卷,第293页。
②　胡适:《先秦名学史》,《胡适全集》第5卷,第89页。
③　(清)孙诒让撰,孙启治点校:《墨子间诂》,中华书局,2001年,第266页。其中个别文字据孙诒让校记作了调整。

众人的经验事实相一致;(3)付诸实际应用时获得良好的效果。①
胡适认为,第一表的实质还是墨子的应用主义。因为在历史上,某
些行动方式、国家政策、信念是带来有益的效果的,而其它一些却
遭到毁败。因此,应该学习这些有益的东西,以之为评判真理的标
准。② 所以,本质上看,墨子的"三表法"提出了评判真理的两大标
准:感觉经验和实际效果。

胡适对这两大标准作了进一步的解说。

第一,他认为第二表即用感官来考察思想这种做法并不完全
正确。因为这种观点忽视了谬误、幻觉和其它感官限制的可能性。
胡适认为,这个时候就应该引进统辖感觉经验、使得感觉经验成为
可能、并渗透于感觉经验之中的"心"这个范畴。(对此下文讨论胡
适的"心"的观念时将予以详细展开。)如果联系本书上文所述章太
炎对正觉和错觉、幻觉的混淆,那么,胡适在这方面的发展是显而
易见的。

第二,胡适认为对于效果论也应该细作考察。他并不是毫无
条件地接受效果论作为真理的标准的。首先,胡适认为,用应用主
义来证明逻辑正确性是可疑的。逻辑的合理性和理论的实用性应
该有所区分,今日这点已是常识。其次,胡适认为对"实际有用"这
种说法不能作过于狭隘的解释,即不能解释为直接有用:"检验应
该建立在对'最大多数人'有实际效用的基础上。"③胡适认为效果
之间是有质的区别的:"所谓质的区别,在这里意味着直接有效的
东西和不能被立刻看到的实践价值的东西之间的区别。"④他认
为,虽然墨子也重视科学技术,但是,他所重视的科学技术都是当

---

① 参胡适:《先秦名学史》,《胡适全集》第 5 卷,第 86 页。
② 同上书,第 90 页。
③ 同上书,第 86 页。
④ 同上书,第 87 页。

下直接有用的,对于需要长时间之后才能显出效果的科学技术墨子并不赞赏。这在一定程度上阻碍了科学技术的进展。比如,墨子用三年时间制作了一只木鸢,①能够在天上飞翔,但飞了一天之后就坠毁。别人都向墨子表示祝贺。墨子却表示还不如"不如匠之为车辖。须臾刻三寸之木,而任五十石之重"(《墨子·鲁问》)。胡适批评道:"墨翟当然应被认为对阻止人类征服空间负有二千多年的责任!"②

以上讨论表明,胡适虽然坚持效果论,但他并没有完全放弃把符合论作为判断真理的标准;他对效果的理解,也不是直接的、当下的,而是考虑长远效果的。这些观点在他阐述其实用主义观点时没有点明,但是在他讨论中国先秦思想时却被激发出来了。

但这并不是说先秦思想总是会给胡适正面的启示,事实上胡适做得更多的是用现代的真理观来批评传统的真理观。其中一个最大的批评对象是传统所坚持的绝对的、普遍的真理观。

由于真理是假设,一个假设是否为真理要看其应用到现实中时所产生的实际效果,而同时胡适又坚持进化论的世界观,因此,真理必然处于变化之中。从这个角度出发,胡适批评先秦思想中"知止"的真理观。这种真理观体现在荀子学有止境的主张中。荀子说:"故学也者,固学止之也。"(《荀子·解蔽》)胡适对此进行了严厉的批评。他说:"这九个字便是古学灭亡的死刑宣言书!学问无止境,如今说学问的目的在于寻一个止境;从此以后还有学术思想发展的希望吗?"③这种批评背后的学理正是实用主义的真理观。胡适也指出了宋儒对《大学》"致知论"解释的弊病。他说:"他们既不讲实用,又不能有纯粹的爱真理的态度。他们口说'致知',

---

①　在《墨子·鲁问》中木鸢的制作者是公输子,且木鸢在天上飞三天。这里转述的是胡适的话。

②　参胡适:《先秦名学史》,《胡适全集》第5卷,第87页。

③　胡适:《中国古代哲学史》,《胡适全集》第5卷,第530页。

但他们所希望的，并不是这个物的理和那个物的理，乃是一种最后的绝对真理。……他们所希望的是那'一旦豁然贯通'的绝对智慧。这是科学的反面。科学所求的知识正是这物那物的道理，并不妄想那最后的无上智慧。丢了具体的物理，去求那'一旦豁然贯通'的大澈大悟，决没有科学。"①这种批评令我们想起前文所论梁启超借助"颜李学派"之语对朱熹的批评。

相反，胡适认为真正的真理是"这个真理"。他指出："我们现在且莫问那绝对究竟的真理，只须问我们在这个时候，遇着这个境地，应该怎样对付他：这种对付这个境地的方法，便是'这个真理'。这一类'这个真理'是实在的，是具体的，是特别的，是有凭据的，是可以证实的。"②在中国传统中，庄子的认识论比较接近这种观点。

胡适认为庄子的认识论是"完全的怀疑主义"。③ 这种怀疑主义从消极的方面看是否定了真理是可得的；但从积极的方面看，却又暗示追求真理是一个无止境的过程。后者就是胡适所认为的庄子思想中的建设的方面。胡适从庄学中的"以明"观念谈起。庄子认为，人们之所以总是处于争论之中，是因为人们的认识总有偏蔽不见之处。如果能把事理见得完全透彻就可以不用争论了。那么，如何才能见到事理之全呢？ 庄子的方法是，"欲是其所非而非其所是，则莫若以明"（《庄子·齐物论》）。胡适认为，"以明"就是"以彼明此，以此明彼"。④ 通观胡适对庄子的诠释，他所理解的"见到事理之全"并不是说全面地掌握真理，从而超越争论、停止探究，而是明白世界是进化的，"彼"和"此"总是相反相成，因此是非之争总是存在的，"是亦一无穷，非亦一无穷"。胡适之所以认为这

---

① 胡适：《清代学者的治学方法》，《胡适全集》第 1 卷，第 366 页。
② 胡适：《实验主义》，《胡适全集》第 1 卷，第 282 页。
③ 胡适：《中国古代哲学史》，《胡适全集》第 5 卷，第 421 页。
④ 同上书，第 422 页。

个观念代表了庄子思想中建设的方面,原因就在于在此庄子表达
了,认识是无止境的,这和胡适否认普遍的、最终的真理的立场是
一致的。

二、主客关系新论

胡适的真理观是建立在他对主客关系的新理解的基础之
上的。

应该强调,虽然胡适认为真理是假设,给我们的印象,它似乎
是可以随意提出的。但事实上这种假设的提出是受限制的。从胡
适的科学方法论的角度看,假设的提出是基于"疑难的境地",而疑
难的发生不是凭空而起,而是出于对实在的困惑。所以实在成为
了真理的一个前提。胡适高度重视实在。他认为中国传统文化中
科学的衰败之原因就是忽略了对实在的研究,这点充分体现在他
对荀子的理解中。他指出,"荀子哲学的另一个因素,给科学的发
展造成了极大的损害,它包含在他的哲学理论的狭窄的人本主义
概念中。……由于他过分夸大人定胜天,这样他实际上就把自然
科学从哲学领域中排挤出去了。"①荀子说:"大天而思之,孰与物
畜而制之! 从天而颂之,孰与制天命而用之!"(《荀子·天论》)胡
适认为荀子的这种说法是正确的;但他认为荀子所说"愿于物之所
以生,孰与有物之所以成! 故错人而思天,则失万物之情"(《荀
子·天论》)的观点却是非常有害的。胡适指出,荀子认为人类需
要研究的是人,而那种要了解"物之所以存在"和"思物而物之"的
企图是要加以阻止的,因为这些企图跟人没有直接的关系。对此,
胡适表示了反对。

当然,早已有很多研究者看到胡适也是重视实在的,我们只是

---

① 胡适:《先秦名学史》,《胡适全集》第 5 卷,第 171 页。

从胡适对先秦诸子的研究中再次寻找材料加以证明。不过,有的研究者对胡适的实在观提出了批评。他们认为,胡适虽然也讲究事实,要求做社会调查,但这是他在讲政治、社会问题时这么主张,在学术领域则完全忽略了这点。① 我们认为这种区分在哲学上的意义不大。这里的关键在于,综合起来看,虽然胡适也主张重视事实,进行社会调查,②但是,他对"事实"的理解不是完全客观的。胡适之所谓事实、实在,一定程度上是主观的构造物,是"温顺的小姑娘"。胡适所理解的实在是实证主义意义上的实在,它被现象化,最终被感觉化了。他说:"我们所谓的'实在'(reality)含有三大部分:(A)感觉,(B)感觉与感觉之间及意象与意象之间的种种关系,(C)旧有的真理。从前的旧派哲学都说实在是永远不变的。詹姆士一派人说实在是常常变的,是常常加添的,常常由我们自己改造的。……感觉之来,就同大水汹涌,是不由我们自主的。但是我们各有特别的兴趣,兴趣不同,所留意的感觉也不同。因为我们所注意的部分不同,所以各人心目中的实在也就不同。"③感觉的关系和意象的关系、旧有的真理皆如此。"总而言之,实在是我们自己改造过的实在。这个实在里面含有无数人造的分子。实在是一个很服从的女孩子,他百依百顺的由我们替他涂抹起来,装扮起来。"④

但是,必须重视胡适所理解的"事实"或"实在"范畴内在的张力。将"实在"理解为"温顺的小姑娘",想怎么打扮就怎么打扮,并不意味着"实在"完全是人心构造出来的。在这方面,胡适还是秉

---

① 参耿云志:《论胡适的实验主义》,《胡适研究论稿》,四川人民出版社,1985年,第118页。

② 这方面的证据是很多的,参耿云志:《论胡适的实验主义》,收于氏著《胡适研究论稿》。

③ 胡适:《实验主义》,《胡适全集》第1卷,第297—298页。

④ 同上。

承了实证主义的一贯思路：对于"实在"之本体不置可否，对于"实在"之现象则加以研究。"实在"一旦现象化，显然难以避免沾染主体的痕迹。可见，在对事实、"实在"的理解中，胡适已经透露出主客观相结合的认识论取向。

与胡适将"实在"主观化相一致，他也高度重视认识过程中的主体的方面。他着重讨论了"心"这个范畴。他对宋儒诠释《大学》"格物"的认识论有一个批评："宋代哲学家对'格物'的解释虽然是对的，但是他们的逻辑方法却是没有效果的，因为：（1）缺乏实验的程序，（2）忽视了心在格物中积极的、指导的作用，（3）最不幸的是把'物'的意义解释为'事'。"①这里重要的是第二点。由此可以看出在胡适的认识论中，心必然占有积极的、指导的地位。

那么，什么是心？心的作用如何？胡适的回答是，"心的作用并不光是照相镜一般的把外物照在里面就算了；心的作用乃是从已有的知识里面挑出一部分来做现有应用的资料。一切心的作用（知识思想等）都起于个人的兴趣和意志；兴趣和意志定下选择的目标，有了目标方才从已有的经验里面挑出打倒这目标的方法器具和资料。康德所说的'纯粹理性'乃是绝对没有的东西。没有一种心的作用不带着意志和兴趣的；没有一种心的作用不是选择去取的。"②进而他说："因为心的作用是选择去取的，所以现在的感觉资料便是引起兴趣意志的刺激物，过去的感觉资料便是供我们选择方法工具的材料；从前所谓组合整理的心官便是这选择去取的作用。世间没有纯粹的理性，也没有纯粹的知识思想。理性是离不了意志和兴趣的；知识思想是应用的，是用来满足人的意志兴趣的。"③

胡适以此来解释、评判中国先秦的认识论。他指出，在别墨那

---

① 胡适：《先秦名学史》，《胡适全集》第5卷，第11页。
② 胡适：《实验主义》，《胡适全集》第1卷，第289页。
③ 同上。

里,知觉含有三个组成部分:一是"所以知"的官能,也就是"知,材也"。二是由外物发生的感觉,即"知,接也"。三是心的作用。别墨对心的作用是有深刻认识的。《墨辩·经说上》说:"恕,明也。"胡适认为,这个"恕"就是心知,是识。单单有了感觉还不是知识。比如眼前有一物瞥然飞过,我们只能对它有感觉,但还不是知识。必须理会得这飞过的是什么东西,明白它是何物,才能说有了知觉。简而言之,需要官能、由外物刺激而来的感觉以及心知三者兼备,才能有知觉。

胡适指出,知觉的以上三个组成部分是通过时空的范畴发生关系的。[①] 时间范畴就是《墨辩》所说的"久";空间范畴就是《墨辩》所说的"宇"。比如,我们为什么知道这是一块"坚白石"呢? 胡适认为,这都是心知的作用。知道刚才的坚物就是此刻的坚物,这是时间的组合;知道坚白两性相盈,这是空间的组合。有了这些贯串的、组合的心知,才有知识。

可见,胡适认为,先秦时代的墨学已经认识到知识的获得不能离开"心"。他们认为知识只有在智力、感觉、理解力兼备时才能获得。胡适以此为基础对"鸡三足"、"臧有耳"、"目不见"、"火不热"、"离坚白"等命题作出了新的诠释。"鸡三足"意味着身体的器官如果没有某个指挥中心(即心)就不能起作用。同样,胡适认为,臧的第三只耳朵就是心神。没有心神,就"目不见"。如果没有具备领悟力的心神,就"火不热"。在"离坚白"的命题中,"坚"和"白"是分离的。胡适认为,这种分离之所以可能,也离不开心神的工作。因为白是眼睛借助光线而看见的,坚是手通过触觉而感知的,"然而,当目不在看,或没有光线,或手没有实际触及时,心神却能见。被

---

① 在此我们或许可以说,胡适一定程度上也受到了康德的某些影响。事实上,在《实验主义》一文中,胡适明确地讨论到了康德,虽然他最终是用实用主义来超越康德和休谟,但在实践范畴和空间范畴两个先天形式的说法上,胡适显然更多地接受了康德,而不是实用主义。这点值得关注。

看到的事物和通过接触而被感知的事物,在心神中构成互相离。"①总之,如果"没有心创造性的能动性,分离的感官知觉本身,不能使我们获得有关事物的真知"。②

　　胡适继续以这种观点来解释荀子的认识论。他在解释荀子的"征知"时,对"心"有了进一步的认识。心不仅仅对于感觉和材料有统合的作用,而且,一定程度上它成为了评判真理的另一个标准。他说:"五官形体所受的感觉,种类纷繁,没有头绪。幸有一个心除了'说故喜怒哀乐爱恶欲'之外,还有证明知识的作用。证明知识就是使知识有根据。例如,目见一色,心能证明他是白雪的白色;耳听一声,心能证明他是门外庙里的钟声。这就是'征知'。因为心能征知,所以我们可以'缘耳而知声,缘目而知色'。不然,我们但可有无数没有系统、没有意义的感觉,决不能有知识。"③值得注意的是"证明知识就是使知识有根据"这句话。"有根据"可以理解为使得知识成为可能,也可以理解为成为知识的评判标准。因为正如上文所说,感觉可能发生谬误,产生幻觉,依靠其自身是不能加以澄清的。单单依靠效果也不能加以澄清,因为效果本身也是需要感觉来加以把握的。因此,感觉的正误真幻离不开心的反思来加以评判。

　　不过,这也不是说心成为了感觉的主宰。事实上胡适认为心和感官是结合在一起的。他说:"单有'心',不用'天官',也不能有知识。因为'天官'所受的感觉乃是知识的原料,没有原料,便无所知。不但如此,那'征知'的心,并不是离却一切官能自己独立存在的;其实是和一切官能成为一体,不可分断的。征知的作用,还只是心与官能连合的作用。"④

----

　　①　胡适:《先秦名学史》,《胡适全集》第 5 卷,第 133 页。
　　②　同上。
　　③　胡适:《中国古代哲学史》,《胡适全集》第 5 卷,第 478 页。
　　④　同上。

三、科学方法论

真理的获得是离不开科学的方法论的。胡适认为,"真理是深藏在事物之中的;你不去寻求探讨,他决不会露面。"①为了让科学露面,就需要运用科学的方法进行探究:"科学的文明教人训练我们的官能智慧,一点一滴地去寻求真理,一丝一毫不放过,一铢一两地积起来。这是求真理的唯一法门。"②

胡适认为科学方法主要有三个:

第一,"科学的实验室的态度"。这也就是效果论。暂不展开。

第二,"大胆的假设,小心的求证"。这种方法的展开也就是杜威五步法:"(一) 疑难的境地;(二) 指定疑难之点究竟在什么地方;(三) 假定种种解决疑难的方法;(四) 把每种假定所涵的结果,一一想出来,看那一个假定能够解决这个困难;(五) 证实这种解决使人信用,或证明这种解决的谬误,使人不信用。"③

胡适认为,现代的科学方法有两个基本特征:第一,重假设和验证;第二,归纳法和演绎法的统一。杜威五步法就包含了这些特征。所以,它比培根和弥尔的方法有进步之处。弥尔提炼出归纳法的五种细则,"但是弥尔的区分,依科学家的眼光看来,仍旧不是科学用来发明真理解释自然的方法的全部。弥尔和倍根把演绎法看得太轻了,以为只有归纳法是科学方法。近来的科学家和哲学家渐渐的懂得假设和证验都是科学方法所不可少的主要分子,渐渐明白科学方法不单是归纳法,是演绎和归纳相互为用的。"④

胡适认为,相对而言,中国先秦思想却在一定程度上包含了

----

① 　胡适:《我们对于西洋近代文明的态度》,《胡适全集》第3卷,第5页。

② 　同上。

③ 　胡适:《实验主义》,《胡适全集》第1卷,第307页。

④ 　胡适:《清代学者的治学方法》,《胡适全集》第1卷,第364页。

"五步法"的意思。这主要体现在墨家的思想中。墨家名学从形式的角度看，远远比不上印度的因明和欧洲的逻辑，但是，这些缺陷，未必不是其长处。长处表现在：其一、墨家的名学将推理的一切根本观念都说得明白透彻。这些根本观念包括，"故"、"法"、"类"的观念以及"辩"的方法。胡适认为，中国的学派只有别墨这一派研究物的所以然之故，根据同异有无的道理，提出"效"、"辟"、"牟"、"援"、"推"等方法。他认为，这些方法不单可以在论辩中使用，而且本质上是"科学的方法"。其二、印度因明学、希腊逻辑学比较偏重于演绎，墨家的名学却对演绎和归纳同样重视。胡适认为，墨家论述归纳法，已经达到了现代的高度。自弥尔以来，归纳法的细则分为五种：求同、求异、同异交得、求余、共变。胡适认为，这五种方法其实只有三种，求余就是求异，共变就是同异交得。《墨辩》论述归纳法，只有三种：求同、求异、同异交得，但实质上已经包含了归纳法的全部细则。其三，胡适指出，墨家讨论知识，注重经验和推论，讲究实地验证。① 综合而言，胡适的意思是，在墨学那里，已经讨论了一定的科学方法，提出了归纳法的核心思想，墨家对归纳法和演绎法同等重视，而且重视验证。

胡适认为，墨学唯一略有不足之处恐怕在于怀疑精神的欠缺。庄子倒是有怀疑主义的思想的，但他走得太远，否认了真理是可得的。② 相对而言，墨学肯定了真理是存在的，然而却在某种意义上陷入了僵化的境地。这个不足由庄子思想的另一面——即真理处于发展之中——所弥补。

第三，"拿证据来"。

所谓"拿证据来"，即"严格的不信任一切没有充分证据的东

---

① 参胡适：《中国古代哲学史》，《胡适全集》第5卷，第384—386页。

② 当然，上文已指出，胡适认为庄子的怀疑论有其积极的方面。

西",就是赫胥黎所说的"存疑主义"。① 胡适说:"'科学精神'的四个字就是'拿证据来'。《中庸》上有句话说:'无征不信。'把这句话翻成白话,就是'拿证据来'。"②换而言之,也就是胡适认为先秦思想中也包含了"拿证据来"的观点。

总之,胡适并不认为中国先秦思想中完全没有现代的科学方法。

四、余论:先秦时代的思想自由

不仅如此,胡适还认为先秦时代本质上是一个自由思想的时代。他指出,"古代中国的知识遗产里确有一个'苏格拉底传统'。自由问答,自由讨论,独立思想,怀疑,热心而冷静的求知,都是儒家的传统。"③比如孔子自称"学而不厌,诲人不倦","好古敏以求之","知之为知之,不知为不知";孟子说"尽信书不如无书",表达的都是这些意思。与之相应,胡适认为五四运动主张打倒孔家店,并非打倒孔子,而是要恢复"古代的思想自由"。④ 他认为中国古代并非只有儒家,而是有着老庄墨荀等诸子百家,他们都是了不起的思想家。儒家在先秦也只是百家之一。显然,胡适这么说就意味着思想自由不仅仅是儒家的传统,而且本质上是先秦时期的总体特征。五四新文化运动之后,儒家降为百家之一,无疑有益于在现代复兴先秦时期思想自由的传统。

然而,正是因为先秦是百家争鸣的,所以主张专制的言论自然也少不了。胡适指出,在荀子思想中,已经包含了学问上的"专制

---

① 胡适:《五十年来之世界哲学》,《胡适全集》第2卷,第359—361页。
② 胡适:《科学精神与科学方法》,《胡适全集》第8卷,第179页。
③ 胡适:《中国哲学里的科学精神与方法》,《胡适全集》第8卷,第491页。
④ 胡适:《关于教育问题的答问》,《胡适全集》第20卷,第296页。

的一尊主义"。荀子说:"恶乎止之?曰:止诸至足。曷谓至足?曰:圣王。圣也者,尽伦者也;王也者,尽制者也;两尽者,足以为天下极矣。故学者以圣王为师,案以圣王之制为法。"(《荀子·解蔽》)墨子的"上同"也有这个意思。这种观点,不仅认为真理的追求必须有个止境,肯定了绝对的、普遍的真理的存在;更加要命的是,它们以"圣王"、"天志"作为评判真理的标准,最终将扼杀对真理的追寻和对自由的探寻。这种认识论上的规定必将对政治哲学和伦理学产生消极影响。中国秦代以降的历史就证明了这点。

第二节　潘光旦:"解蔽说"和"位育论"

潘光旦主要以社会学家、优生学家的身份名世。然而,他对中国近代以来的"自由"问题也多有致意,例如其在抗战期间写就的部分文章后来结集出版时即题为《自由之路》。作为一个广义的自由主义知识分子,他的认识自由思想与先秦诸子学之间的关系值得探讨,此尤其体现在他的"解蔽说"和"位育论"上。

(一)解蔽说

在对荀子的态度上,潘光旦和胡适的观点形成了某种对比。他认为,荀子的解蔽说充分地表达了追求认识自由的观点,而且,荀子提出了获得认识自由的一个关键:政治体制的解放。他说:"(《荀子·解蔽》)结论的话很短,而意义却很深长,因为它专说到一点,就是政治的公开或政治领袖的态度宣明未始不是解蔽的一大条件。解蔽的条件虽多,求诸环境的只有这一个。"①这个观点显然为我们作为"两个改变"的自由观做出了某种支持性论证,即政治哲学的辅助对于成功地改变世界从而获得自由是十分重要

---

① 潘光旦:《荀子和斯宾塞论解蔽》,《潘光旦文集》(6),北京大学出版社,1993年,第52页。

的。在潘光旦这里,政治哲学的辅助作用是通过清除认识自由的障碍而发生的。

而且,潘光旦认为先秦古人已经充分表达了解蔽的要求。他指出,"人心惟危,道心惟微,惟精惟一,允执厥中"一类的话就是对此很好的例证。《论语》说到孔子绝四:"毋意,毋必,毋固,毋我",又说到明与远的一番道理,论到周比和同的君子小人之别,都和去除成见及保持客观有一定的关系。

潘光旦指出,《大学》里面的八条目,其中正心、诚意、修身三个条目涉及解蔽:

> 诚意一目所说的,事实上等于对一己的力求客观,不自欺,不掩耳盗铃,就是不自蔽。正心一目提到身有所忿懥、恐惧、好乐、忧患,则不得其正,更显然的与蔽的问题有关。所谓不得其正,就等于说不能客观,或好比天秤称物,不免畸重畸轻之弊。这在今日,我们更直截了当的叫做一时的主体情感之蔽,至修身一目则说得更清楚了:"人之其所亲爱而辟焉,之其所贱恶而辟焉,之其所畏敬而辟焉,之其所哀矜而辟焉,之其所敖惰而辟焉。故好而知其恶,恶而知其美者,天下鲜矣。故谚有之曰,人莫知其子之恶,莫知其苗之硕。"辟,就是蔽。唯其有这许多情感的关系,所以蔽,唯其蔽,所以不知。这些蔽也属于主观情感的一路,和正心一目所说者同,不过正心项下所指的是一时感于物而发生的情绪状态,而修身项下所指的是比较持久的感于人的情绪关系,又显然的很有不同了。修身一目的讨论里,除了去蔽而外,更无别的,足见身之修不修,完全要看蔽之去不去。人我关系从家庭开始,情绪一方面的关系亦以家庭之内为最密切,所以如果能于此早下一些切实的去蔽工夫,则家齐,国治,而天下可平,否则一切都落空。中外古今,不知有过多少哲人说到去蔽的重要,这无疑的是最

严重的一个说法了。①

　　潘光旦认为,荀子将解蔽阐释得最为详细,其贡献尤其体现在解蔽的方法上:

　　　　论解蔽的方法,这一段是全文精要所在,议论最长,又大致可以分为两部分,一是原则的认识,二是方法的推敲。原则的认识包括三种,一是道的整个性,二是人心的本质应须培养,使始终能维持一个所谓虚一而静的状态,三是唯有如此状态的心才能见到道之整体,而非道之一偏,才不至"蔽于一曲,而暗于大理"。方法的推敲也包括两层,一是治心,二是治学。治心的讨论虽长,大旨仍不外《大学》里诚意正心两目所说的那一番精神。治学又细分为两个部门,各有其标准鹄的。一是明理之学,其止境是"圣",是"尽伦",二是致用之学,其止境是"王",是"尽制"。一人不学则已,否则必力求兼赅这两个部门,凡属不以此为鹄的或经不起此标准的盘诘的学与术都是偏颇的,都是蔽的产物,且转而滋长更多的蔽。②

潘光旦继而指出,荀子的这些见解西方直到斯宾塞写作《群学肆言》(严复所译)才表达出来,两者之间具有内在的一致性。在这个意义上,他认为严复在翻译《群学肆言》时所说"我们认为其书实兼《大学》、《中庸》精义,而出之以翔实。以格致诚正为治平根本矣",③指出了此书与《大学》、《中庸》的内在契合性,这是正确的,但又是不够的,因为忽略了《荀子》文本中更加丰富的解蔽思想。

---

　　①　潘光旦:《荀子和斯宾塞论解蔽》,《潘光旦文集》(6),第50页。
　　②　同上书,第51—52页。
　　③　严复语,转引自潘光旦:《荀子和斯宾塞论解蔽》,《潘光旦文集》(6),第54页。

简而言之，潘光旦认为，通过《大学》、《荀子》所指示的解蔽之路，人们能够得到认识自由。

(二) 位育论

当潘光旦提出"理智教育"的时候，一定程度上他就涉及了认识论领域的自由的问题。他喜欢用"位育"来称呼这种自由。"位育"出自《中庸》："致中和，天地位焉，万物育焉。"潘光旦从"中和位育"中提炼出"位育"一词，所指代的正是社会学中的"顺应"（或"适应"）概念。在我们看来，这其实就是在讨论认识论领域的自由，具体内涵则是如何认识世界、改变世界以达到"位育"也即适应的状态。对"位育"一词的使用，显示了潘光旦的认识论思想和先秦思想之间的隐秘联系。

潘光旦肯定了世界有其本然的规律，只要我们认识了这些规律，加以控制，就可以成功地改变世界。他说："物理自有其本然，自有其法则，岂是人力所能违拗？人懂了物理，顺了物理，便可多少加以聚散分合，加以控制纵送，却不能加以强制。"①他还说："人理好比物理，也有其本然，决不容以黑为白，指鹿为马。人力也好比物力，动态与静态之间也有其遵循的法则，可容顺适的安排调遣，合理的控制运用，而绝对不容强制，不容征服，亦即不容剥夺抹杀。"②也就是说，自然世界和社会世界都是有规律可循的。

运用这些规律改变世界，就可以达到较高的调适状态，也即"位育"。潘光旦说："这比较高的调适是怎样来的？是适用了物观的精神来的。科学家，先之以物理的本然的了解，继之以物力的自然的运用，终于教人类在环境中取得了更进一步的安所遂生的程度，安所遂生，就是调适，也就是我经常所说的'位育'。"③此即成

---

① 潘光旦：《一种精神两般适用》，《自由之路》，上海三联书店，2008 年，第 245 页。
② 同上。
③ 同上。

功地改变世界。但是，需要注意的是，潘光旦并不主张使用"征服世界"之类的说法，因此，在我们的论域所说的"改变"世界，在潘光旦那里的说法是"控制"了世界。

需要指出的是，潘光旦对规律的理解是比较深入的。他认为，科学发展到现代，对于规律应该摒弃单纯的因果关系的理解。他说："天下事都有一些因果，而这因果并不单纯，所以事物之间，与其说是有单纯的前因后果的关系，不如说它们有息息相通的关系，有功能上相互依倚的关系，较为妥当。十足单纯的因果论是如今连自然科学都不再谈的。"①潘光旦较为少见地否认了科学认识中因果律的崇高地位，而代替以"关系论"。

可是，潘光旦由此种"关系论"往前多走了一步，他甚至一定程度上否认了规律、真理的存在。他指出："天下的事理，既不容易有斩钉截铁的是非，社会的举措，又不容易有黑白分明的利弊，则一种政令之出，我们势不能取一种求全责备的态度，而说一定要如何如何的合理，如何如何的有利无弊，我们才肯降心相从。"②这里潘光旦明确指出是非之并非黑白分明。也就是说，真理不是那么容易确定，甚至，有无真理还是一个问题。无疑，从肯定规律，到以"关系论"而非"因果论"诠释规律，其间有一条比较连贯的线索，可是，潘光旦恐怕走得远了一点。

这种对规律的认识上的含糊性一定程度上又渗透到了潘光旦对历史必然性的理解之中。他拒绝历史必然性的说法，而主张代之以历史应然性的提法。也就是说，一方面，历史必然性的说法容易导致历史宿命论；另一方面，既然世界上充满了关系论意义上的规律，那么，历史的规律显然离不开人，而人显然是有七情六欲的，因此，历史的发展是人的选择的结果。他说："我相信历史是人造

① 潘光旦：《民主的先决理论》，《自由之路》，第220页。
② 潘光旦：《三论青年的志虑问题》，《自由之路》，第116页。

的，人要控制历史，科学发达以后，我们控制历史的条件，也似乎比以前具备得多了。前途我们究竟能不能控制历史、引导历史，我们不得而知，不过我们应当有这个抱负，这是我们做人、做文明人，应有的权利。历史对我们并没有必然性，但我们对历史有我们所认为合理的应然性。我们要拿这种见地来与青年相勉，决不忍再看他们做'时代'和'历史'一类的巨轮下的新鬼。"①

潘光旦虽然有科学主义的倾向，但是，一方面他对科学的理解也有与众不同的地方，他要求超越所谓的通则，具体地研究个别事物。他说："如果科学文明能肯放弃从文艺复兴时代以来所走的路，而还归到对于具体事物做单纯的个别的观察的大道，形势就可以大变。"②这里面大有阐发的余地。另一方面，潘光旦又拒绝历史必然性、历史命定论的说法："历史对我们并没有必然性"。这里的关键在于，历史是人创造的，因此历史的发展过程中必然有人的因素的参与，而人的需要是多方面的，这就使得外在的、僵化的历史规律的实现具有了多种可能性。因此，真正实现的历史是人们"所认为合理的应然性"的历史。这种在历史领域对人的因素的重视，从某种角度看，又和现代中国人在传统社会被破坏之后亟欲除旧立新的要求相一致。

从某种背景看，潘光旦的这个观点又是先秦时期孟子思想的复活。潘光旦认为，孟子一方面是相信命定论的，但是另一方面又相信意志论，认为命可以改变。他说："现在的乡人一面信命运，一面也信若是一个人存好心，行善事，下苦功夫，这个命是也许可以修改的。孟子当时的心理，恰恰如此！有了这个意志论，他暂时可以把天命论忘了，而从事于改革。"③潘光旦所处的时代几乎又是

---

①　潘光旦：《所谓"历史的巨轮"》，《自由之路》，第93页。

②　潘光旦：《一个思想习惯的改正》，《自由之路》，第70页。

③　潘光旦：《孔门社会哲学的又一方面》，《儒家的社会思想》，北京大学出版社，2010年，第209页。

一个战国时代。他不能接受所谓的"历史巨轮"的说法,因为那意味着接受进化论、阶段论,将中国纳入到整个世界历史的发展中,成为其中的被扬弃的环节。作为一个中国人,他在感情上显然不能接受。因此,他不承认所谓的进化论、阶段论,而是主张演化论:"自然生活里有演化而不一定有进化。""演化只是演化,并没有一定的路线,这路线上更无一定的段落,其间更无所谓进退。"①显然,以上说法是建筑在潘光旦的生物学素养基础上的。而他的历史应然性观点,在逻辑上是从生物学的规律推演出来的:因为并无所谓的进化论或者阶段论,所以,进或者退是从人的价值观的角度看的,也就是说,打上了人的选择的烙印。因此,历史究竟会以什么方式发展,也离不开人的选择。

而人之所以能够选择,潘光旦认为这实质上也是生物演化的结果。他说:"演化一到人类的段落,官能的伸缩力发展得特别强大,因此,对于刺激的接纳,反应的发生,其间也就有了相当大的伸缩性,即其间多少有了一些选择的余地。"②这显然受到了他的生物学学科背景的影响。

综合起来看,潘光旦从其学科背景出发,汲取了先秦诸子有关"力命之争"的思想,既主张认识自然世界,又主张成功地改变人类世界,来达到"位育"的自由状态。此一状态在某种意义上可谓《中庸》思想的现代复活,但其内在机制已经被现代的科学发展丰富了。

第三节　殷海光:通往正确思想之路

殷海光当仁不让地成为中国自由主义的第三代代表人物。

---

① 潘光旦:《所谓"历史的巨轮"》,《自由之路》,第92页。
② 潘光旦:《民主的先决理论》,《自由之路》,第220页。

"自由"几乎就是他诸多论述的关键词。虽然关于自由他的论述主要集中在政治哲学方面,但在宽泛意义上的认识论的层面上,他也在探索一条走向正确思想之路。

这条路是什么?殷海光明确指出就是经验与逻辑。他说:"逻辑乃天下之公器。经验可为天下人所公证。根据逻辑与经验可以接近客观。本此,我在这里所说的正确的思想乃接近客观的思想。只有接近客观的思想,才有希望为大家所公认。科学在这里已为我们提供最明显的证示。"①

在这段话里,殷海光其实已经指示出他一生在认识论方面所致力之处,此即科学和逻辑。因为他明确表示,科学是经验的典型表现。他说:"我们要支持自己的论说,有而且只有诉诸经验和逻辑。这里所说的经验,有两个列指:第一是原手的经验(first hand experience),这是一般人可以凭感官直接得到的。第二是全部经验科学知识,包括行为科学在内。"②意思很明显。我们没有兴趣完整地介绍殷海光的认识论方面的思想,我们关心的是,在殷海光的运思中,这些思想和中国传统尤其是先秦思想的关系。不过同时需要指出的是,殷海光直至临终前才对中国传统有一点同情的了解,在其认识自由思想中,较少讨论到先秦诸子,因此,本节会较多地讨论殷海光一般的认识论思想,在此背景之下引入先秦诸子的相关思想。

一、认识论上中国传统文化的基本特征

殷海光认为,在认识论上,中国传统文化的基本特征就是在追

①　殷海光:《正确思想的评准》,《殷海光文集》(第二卷),湖北人民出版社,2001年,第355页。
②　殷海光:《胡适论〈容忍与自由〉读后》,《殷海光文集》(第一卷),第315页。

求真理的过程中和真理之外的因素发生过多的关联。他指出,"中国社会文化里,情感、交谊、名位以至于利害的考虑,传统都放在是非的前面。任何真理,一碰到这些因素就'此路不通'。所以,中国文化分子迄今未能养成讲纯理的心理习惯。"①

　　那么,"怎样别立是非呢?"②殷海光通过分析严复的言论,得出了以下三点:"平实地说话求真理",要求言论经得起逻辑的分析和事实的证据的检验;真理和敌友无干;真理独立于人事。显然,后面两点意思差不多。殷海光提出这两条,很明显是针对中国传统的特色而发。

　　在更广的背景下,我们可以发现殷海光的如上思想和他所谓的"有颜色的思想"(colorful thinking)的观点密切相关。他说:"我们知道,宗教教条、传统的说法、祖宗底遗训、这种那种主义,都是想象、决意、情绪、意欲、特定的人身等等因素揉合起来的产品。这些东西充满了特殊的色调,没有普遍的效率。我们把它叫做'有颜色的思想'(colorful thinking)。"③显然,和敌友、人事相关的思想更接近"有颜色的思想",殷海光对此表示明确的反对。他认为,"严格的知识是没有颜色的(colorless)。它没有情绪、意欲、个人成分、地域特点……搀杂其间。因此,它有普遍的效准。它是素净的。"④而"有颜色的思想"则"五色令人迷"。⑤ 这种说法令人想起了老子所说"五色令人目迷"的观点。由于殷海光在使用这句话时采用了引号,虽然在具体语句上缺了一个"目"字,仍然可以确定他实际上是采用了老子的说法。从这个角度看,他显然受到了道家哲学的某种影响。差别在于,道家哲学从追求知识的素净性发展

①　殷海光:《中国文化的展望》,上海三联书店,2005年,第179页。
②　殷海光:《中国文化的展望》,第178页。
③　殷海光:《正确思想的评准》,《殷海光文集》(第二卷),第352页。
④　同上书,第354页。
⑤　同上。

到"绝圣弃智"。相比之下,殷海光还是肯定了追求知识的积极意义。所以殷海光说:"如果一个人在致知时,在思考问题时,在谋求实际问题之解决时,他能够这样不受宗教教条、文化传统、祖宗遗训,以及这个那个主义的影响甚至束缚,那么,至少,他便是到达客观的境地。于是,他便是已经达到'正确思想'的边沿了。"①

但毕竟还是"边沿",还不是正确思想的大道。要廓清这条大道,必须阐释殷海光的逻辑思想和科学思想。

二、先秦诸子与纯粹逻辑

殷海光明确表示,中国传统文化中没有逻辑思想的传统。他说:"严格地说,中国只有孔子主义所形成的道统而没有西方意义的学统。假若说中国有其学统,那么这个学统是从属于道统的学统,并不是独立于道统而自行单独发展的学统。这个道统自汉代以迄太平天国之变长期支配着中国历史文化以及精神底发展,于是也就栓桔了学统底发展。因此,中国也没有逻辑传统。先秦时代底名辨与政教伦理搅混在一起。公孙龙及惠施之流底名辨与知识论混同。即使在这些材料里可以分析出纯逻辑成分,像在沙里可以淘出黄金一样,分量不独非常之少,而且在这些辩士之中,有些人底立意是为政教伦理或'是非'底标准预立张本,与西方纯'为学问而学问'的逻辑大异其趣。这个关键非常重要。"②换而言之,殷海光认为,试图在先秦思想中找出纯粹逻辑的存在,无异于缘木求鱼。这种思想显然和殷海光整体上的反传统立场相一致。

问题的复杂性在于,诚如殷海光自己指出的,先秦思想中没有纯粹的逻辑,但至少有知识论,他指出,"公孙龙及惠施之流底名辨

① 殷海光:《正确思想的评准》,《殷海光文集》(第二卷),第354页。
② 殷海光:《逻辑底性质与范围》,《殷海光文集》(第二卷),第24—25页。

与知识论混同",便表明了这点。显然,由于在撰文时殷海光采取某种极而言之的说法,所以举了名家的例子,言外之意是连一向被视为中国传统诡辩集大成者的名家都没有纯粹逻辑,何况其他诸子? 其实,扩而广之,在先秦诸子中,不乏对知识论思想作出了重要贡献的人物。在某种程度上,殷海光对此也是表示承认的。这充分体现在他的科学思想中。

三、科学思想论

正如殷海光所说,经验是走向正确思想的另一条大道,而科学则是经验的典型表现形态。而且,他认为,"'科学的致知模态'(scientific mode of knowing)是没有颜色的思想最具形的范本。"①殷海光认为,依照这个范本来思想,我们可以得到这几种思想模态:不故意求同;不故意求异;不存心非古;不存心尊古;不存心薄今;不存心厚今;不以言为己出而重之;不以言为异己所出而轻之。后两者也就是要求"只问是非,不问人身"。② 殷海光认为,中国传统文化在这方面恰恰是存在不足的。这点前文已说。他还认为,"除了科学方法以外,如果尚有所谓'致知的方法',那么一定是旁门左道,也许能给我们以别方面的满足,但其去真理也益远。"③因此,在讨论其认识自由的思想时,他对科学的观点理应引起我们重视,对他来说这似乎是唯一法门。

首先,殷海光讨论了科学方法、科学的基本性质或者说科学心性的要件。他指出科学具有如下基本性质:④

1. 印证的。值得注意的是,殷海光在此用韩非的话来作为佐

---

① 殷海光:《正确思想的评准》,《殷海光文集》(第二卷),第357—358页。
② 同上书,第358页。
③ 殷海光:《怎样判别是非》,《殷海光文集》(第二卷),第209页。
④ 参殷海光:《论科学与民主》,《殷海光文集》(第一卷)。

证。韩非说:"无参验而必之者,愚也。"(《韩非子·显学》)①

2. 怀疑的。在此,殷海光并不主张无节制的怀疑,他主张借鉴笛卡尔"有系统的怀疑"或者"合理的怀疑"思想。也就是说,先从可怀疑的事物入手,一直怀疑到无可怀疑之处,再以此为起点,逐步建立起确定的知识。换而言之,将怀疑作为科学的起点。

3. 累聚的。

4. 试行的。殷海光说:"在科学知识长期底发展过程中,科学知识之得以累积起来,多少要靠着试行错误(trial and error)……无论人底智慧怎样高,他在求知的长远过程中,是无可避免地要走试行错误之路的。"②注意,这里已经包含了科学知识是可错的(虽然在不断地接近全部正确)这一含义:"摸索前进,错误是免不了的。"③

5. 系统的。殷海光指出,这并不意味科学是"一字不易"的。科学的系统指的是一种工作系统,仅仅是为了研究工作的便利而设定的,它的目的在于安排经验语句,并且试行推论。殷海光认为,这样的工作系统富于弹性,随时可以修正,甚至于放弃。从这样的观点中可以看出,其实殷海光还是承认科学是可错。这个结论很重要。

6. 互为主观的(intersubjective,今日译为"主体间性的")。在此,殷海光主张知识具有公共性。也就是说,科学知识不仅对于一个人的私有知识而言是真的,而且,对于别人的知识而言也是真的:"凡科学知识都须使可公开的,可共知共晓的。任何正常的人,遵循一定的程序,都可对科学知识有所了解,虽爱因斯坦底相对论

---

① 需要注意的是,在原文中,殷海光认为这句话是荀子说的,且表述为:"无验证而必之者,愚也。"但显然在此他的记忆有误(参殷海光:《论科学与民主》,《殷海光文集》(第一卷),第145页)。

② 殷海光:《论科学与民主》,《殷海光文集》(第一卷),第146页。

③ 同上。

亦不例外。"①

　　7. 运作的。殷海光指出,其实这个观念在孔子那里就有了萌芽。孔子说"行以知之"就包含了这个观念,但后来没有得到发展。所谓运作论,指的是知和行不能在事实上加以区分,"知之为何,须依靠行之为何的实际过程而决定。"②这其实是受到了布里奇曼(Percy Williams Bridgman)操作主义的影响。

　　殷海光指出,这些科学的要素从心理的角度考虑,就是一些基本的态度或看法。在这个意义上,它们也就是科学心性的另一种表述。所谓"科学的心性",殷海光认为,"具有科学的心性者注重'实事求是'。详细一点说,科学的心性是:1. 重印证(confirmable);2. 解析的(analytic);3. 重尝试的(tentative);4. 运作的(operational);5. 累进的;6. 自行修正的(self-corrective)。"③这里其实涉及两个方面:一方面是科学方法,即以上六点;另一方面又把包含了这六点的心性理解为科学的心性。后者涉及理智的人。

　　综合起来,科学的基本性质或者科学的心性具有以下要点:印证的;怀疑的;类聚的;试行的(所谓可自我修正的,是试行的另一个说法);运作的;互为主观的(intersubjective),即具有主体间性、公共性。

　　也就是说,科学起于不可怀疑之处,它的发展过程是试行的、积累的;从运作论的角度看,这个过程也就是科学真理自我确立的过程。不过,这并不意味着科学真理是私有的、自我证明的,它还需要具有公共性。同时,它的结果也是可印证的。应该说,对科学的这种理解是相当明智的。

　　其次,殷海光认为我们只能逼近客观实在,而不能完全把

---

①　殷海光:《论科学与民主》,《殷海光文集》(第一卷),第 147 页。
②　同上书,第 148 页。
③　殷海光:《民主底试金石》,《殷海光文集》(第一卷),第 123—124 页。

握它。

殷海光严厉反对"真理绝对主义"。[①] 他说:"自由主义者从来不相信人造的主义是一字不可移易和神圣不可侵犯的天经地义。"[②]他认为人类实际上不能完全获得真理。因为科学真理本质上属于"思想秩序",客观世界则属于"事物秩序":"思想秩序不可能等于事物秩序。人智之所能为力者,只是'逼近'事物秩序。"[③]也就是说,"从认知方面着想,知识乃一逼近的系统(Knowledge is an approximative system)。"[④]这个思想应当引起我们高度重视。它为知识的可错性奠定了理论基础,也为自由主义的政治实践及其主张渐进的改革论奠定了认识论基础。

再次,殷海光讨论了决定论与人的主体性之间的关系。

殷海光区分了决定论和宿命论:"许多人常将决定论(determinism)和宿命论(fatalism)混为一谈,其实二者有根本的差别。我们已经指出,决定论是说,每一事件藉着一个或一个以上的律则与其前在的事件相关联。宿命论则不然。宿命论者说,人底命运乃前定的,早已为巨大的命运之簿记载好了。人底意志不能抗逆命运之前定。因此,如果我们对于世变忧虑,或图有所改变,这是无益的。"[⑤]相反,"决定论并没有这样的说法。决定论既然认为每一事件藉着一个或一个以上的律则与其前在的事件相关联着,于是连人底自发行为在内,也与前在或后在的事件相关联起来。因而,人底自发行为也是决定未来历史的一个因素。"[⑥]

这里,显然还透露出另外一个很重要的思想:在决定论的框

---

① 殷海光:《怎样判别是非》,《殷海光文集》(第二卷),第 208 页。
② 殷海光:《自由主义底蕴涵》,《殷海光文集》(第一卷),第 29 页。
③ 殷海光:《论科学与民主》,《殷海光文集》(第一卷),第 151 页。
④ 殷海光:《后设历史学试论》,《殷海光文集》(第二卷),第 166 页。
⑤ 殷海光:《自由人底反省与再建》,《殷海光文集》(第一卷),第 80—81 页。
⑥ 同上。

架内,"人底自发行为也是决定未来历史的一个因素。"①也就是说,人的自发行为本身也是一个事件,所以它也会和其他事件发生关联。这个思想再往前发展一步,就可以得出人是决定历史发展的重要力量这个结论。这里的要点在于,人的自发行为和自觉行为本质上都是事件。在掌握律则的前提下的行为就是自觉行为,它同样能够决定未来历史的发展。此时,殷海光的这个思想接近于"在认识世界的基础上改变世界"这个观点。

事实上,这个思想也为殷海光自己所明确意识到。他说:"决定乃是一个基础。这一基础乃在记述的层面。自由是一选择,因而它是一个决意。决定的条件好像下棋底规律以及棋底构造。在这基础上,我们怎样构思运子,全凭决意来定夺。在这样的场合,我们常常能够任意布局,极心神变化之妙。……我们并没有感到象棋底规律及其构造对于我们下棋有何不自由之处。"②

殷海光不仅认为认识规律、遵从规律本身可以获得自由,而且,他的思想更进一步。他以为,要求认识这个世界,这一冲动本身其实就是自由精神的表现。他说:"人类自洪荒时代以来,与天灾搏斗。这些行为之内在的动力,就是自主自动的精神。西方人将这种精神发挥得淋漓尽致,驯至成为'人定胜天,人类征服自然'的人生观念。西方底历史特征之一,可以说是人类克服自然的历史。于是西方人藉此逐渐成就了科学。这种自主与自动的精神,从对自然的搏斗转移到对专制政体与暴君的搏斗,以期改善政治生活,于是而成就民主政治,并实现了个体自由。自主自动的精神,是人类推动人类历史前进在行为方面的主动力。只有'行健不息'地发挥这种主动力的人,才配做个自由人。"③

①　殷海光:《自由人底反省与再建》,《殷海光文集》(第一卷),第81页。
②　同上书,第80页。
③　同上书,第81页。

殷海光的这个思想值得高度重视。他把科学、民主、自由人格，都看作是发挥"自主自动精神"的成果。这不仅为其讨论科学和人生之间的关系奠定了基础，也为他关于科学和民主政治之间关系的讨论提供了前提。

四、认识论与政治哲学之关系

前文已说，广义上的自由主义者潘光旦曾有一篇讨论《荀子·解蔽》和斯宾塞认识论思想之间关系的文章当引起我们重视。潘光旦认为，荀子指出"政治局面的开明为解蔽的唯一环境条件，特别在篇末提出来，则更是发前人之所未发；政治必须开明而不隐秘，前人是一贯主张的，尤其是儒家的一路，不过把幽隐之政足以养蔽的一层关系特别加以揭橥，是荀子的创见"。[①]在此，潘光旦借荀子之口表达了认识论和民主政治之间的关系。

如果说潘光旦还必须借助古人之口宣扬道理，那么，自认为"五四之子"的殷海光则没有那么隐晦，他明确继承荀子的论题，要求为真理之路配置民主政治的环境。比荀子进步之处在于，他还认为认识论思想的发展也需要民主政治的环境，认识论和政治哲学之间的关系是良性辩证的："科学是纯理智之运用。理智之运用，可以使我们生活在一个清明的世界里。唯有在民主的空间，理智才能无阻无碍地发展。所以，科学与民主，在实际上，是不可分的。"[②]显然，这里的"清明的世界"指的就是"民主的空间"。

具体而言，首先，殷海光的无知论在某种程度上支持着民主论。因为完全和事物秩序相符合的思想秩序是不存在的，所以那种认为在获得完全的真理之前不能进行民主政治实践的理论是荒

---

① 潘光旦：《荀子和斯宾塞论解蔽》，《潘光旦文集》(6)，第54页。
② 殷海光：《民主底试金石》，《殷海光文集》(第一卷)，第124页。

谬的。其次,殷海光指出"容忍"的态度在科学活动和政治活动上具有相通性:"习于科学思想方法的人最能了解'容忍'在理论技术方面的重要。"①也就是说,对于"容忍"的培养来说,政治活动是一个重要途径,同时,科学活动也有助于培养"容忍"。总而言之,"思想自由实在是一切自由的源泉。"②政治自由也不例外。

---

① 殷海光:《胡适论〈容忍与自由〉读后》,《殷海光文集》(第一卷),第315页。
② 殷海光:《中国文化的展望》,第186页。

第三章　文化保守主义的崛起

五四新文化运动具有多个面向。在自由主义的理路之外，在此期间以现代新儒家为代表的文化保守主义也得以崛起，[①]成为中国现代思想史上不可忽视的一脉。他们认为中国传统文化中存在足以与西学媲美的内容。在认识自由的探索上，他们尤其着意于挖掘儒家思想与现代性的关系。

第一节　梁漱溟：理性的情感化与认识自由

作为现代新儒家的早期代表人物，梁漱溟在五四时期即成名。和马克思主义、自由主义者一样，他也通过和先秦诸子或明或暗的对话，表达了自己的认识自由观。

必须肯定的是，梁漱溟也是追求着认识论意义上的自由的。这种自由的表现就是对于真理、知识以及通过正确的认识而改变世界的设定。梁漱溟曾在《东西文化及其哲学》中讨论过多种"满足"，列于首位的就是通过知识力量能够达到的满足。他说："可满足者此即对于物质世界——已成的我——之奋斗；这时只有知识

---

① 日本学者沟口雄三指出五四运动存在另一面，他以梁漱溟为代表来说明此另一面。参[日]沟口雄三著，李长莉译：《另一个"五四"》，《中国文化》第十五、十六期。显然，这点其实在国内学界已经成为了常识。

力量来不及的时候暂不能满足,而本是可以解决的问题。譬如当初的人要求上天,因为当时的知识力量不及所以不能满足,而自发明轻气球、飞行机之后也可以满足,可见这种性质上可以解决的要求终究是有法子想的。"①这里所说的是"满足",但按照我们的解释理路,其实质是认识论的自由。梁漱溟明确认为"知识"是可以帮助人们获得满足或者自由的。

当然,这里所说的满足或者自由是和西方文化密切相关的,是西方文化意义上的认识自由。梁漱溟认为,传统中国人获取认识自由的方式与西方有差异。他说,中国传统文化"遇到问题不去要求解决、改造局面,就在这种境地上求我自己的满足。譬如屋小而漏,假使照本来的路向一定要求另换一间房屋,而持第二种路向的遇到这种问题,他并不要求另换一间房屋,而就在此种境地之下变换自己的意思而满足,并且一般的有兴趣。这时下手的地方并不在前面,眼睛并不望前看而向旁边看;他并不想奋斗的改造局面,而是回想的随遇而安。他所持应付问题的方法,只是自己意欲的调和罢了。"②换而言之,中国人获得自由的方式是"变换自己的意思",是"随遇而安"。

但这并不表明梁漱溟对中国传统自由观的认识仅止于此。他在《东西文化及其哲学》中一开始就反对那种认为中国传统文化没有任何征服自然之倾向的观点。因为人类只要生存于世,定然需要征服自然,因此,"东西两方面的征服自然不过是程度之差"。③换而言之,他认为中国传统文化某种程度上也包含了西方式的自由。但更重要的理由不在此,而在于梁漱溟认为人类最终的发展方向在于立足于中国传统文化,而吸取西方文化之长,或者说经历

① 梁漱溟:《东西文化及其哲学》,《梁漱溟全集》(1),山东人民出版社,2005年,第380页。
② 梁漱溟:《东西文化及其哲学》,《梁漱溟全集》(1),第381页。
③ 梁漱溟:《东西文化及其哲学》,《梁漱溟全集》(1),第348页。

西方文化的洗礼，同时避免西方文化之短，而达到新的阶段。这就表明，梁漱溟心目中，理想的认识自由当然指向对自然的征服，但又不为已甚。

从另一个角度看，梁漱溟认为孔子所创立的儒家乃至整个中国传统文化在认识论领域的基本特色就是高度推崇"理性"。但这种理性是特殊的。这就表明在根本上中国传统文化并非完全放弃认识论自由的追寻，而是有着自己的特色。这是他的特别贡献。

早期的梁漱溟认为"儒家尽用直觉，绝少来讲理智"。① 但到了写作《中国文化要义》时，他将"直觉"替换为"理性"。然其所说的理性，仍和情感密切相关。梁漱溟说："所谓理性，是指吾人所有平静通达的心理。吾人心里平平静静没有什么事，这个时候，彼此之间无论说什么话，顶容易说得通。这似乎很浅、很寻常，然而这实在是宇宙间顶可宝贵的东西，人之所以异于禽兽者就在这一点。"②梁漱溟指出："理性主义有两种：一是法国的理性主义，是一个冷静分析的理智；一是中国人的理性主义，是平静通晓而有情的。'而有情'三个字最重要，因系指情理而言。"③

而且，理性发达是中国传统文化的特长："如果有人问我：中国文化的特点或长处在那里？我便回答：就在这里，就在能发挥人类的理性。我尝说：中国文化是人类文化的早熟（见《东西文化及其哲学》），现在更正确地指实来说，那就是人类理性开发的早，想明白中国过去的文化，及中国本来的前途，都要先明白这个东西——理性。"④

梁漱溟认为，这种理性是和情感密切联系在一起的。他说："当一个人心里没有事情，你同他讲话最能讲得通的时候，就是理

① 梁漱溟：《东西文化及其哲学》，《梁漱溟全集》(1)，第447—448页。
② 梁漱溟：《乡村建设理论》，《梁漱溟全集》(2)，第181页。
③ 同上书，第314页。
④ 同上书，第181页。

性。理性就是强暴与愚蔽的反面,除了这两样以外的就是理性。所谓理性,即'平静通晓而有情'之谓也。"①

因此,梁漱溟指出,中国人所说的理性,与西洋人之所谓理性不同:"西洋人之所谓理性,当然也是平静通晓,但是只差'而有情'三个字;中国人的理性,就是多'而有情'三个字。在西洋有法国人的'唯理主义'……这些理都是从极冷静处得来的;此时就把情感排出去了。"②

梁漱溟认为,将理性情感化源于周孔教化:"应当更指出古中国人所透露的理性,颇与近代所盛见于西洋人者不大相同,乃为其根源之又一面。根源仍然是一个根源,即周孔教化。三千年来周孔教化的影响作用所贻留给中国人的,要言之不外两面:启发一个人的理性自觉,从而远于宗教迷信和独断是其一面;另一面则培厚一家人彼此间的感情(父慈、子孝、兄友、弟恭等等),并由近以及远,类推之于家庭以外的各种关系方面,亦就依靠于此组成其社会,从而缺乏集团组织纪律生活散漫的由来固在前一面,而其实则更重要的根源恰在后一面。这两面在周孔教化来说,原只是一事而非二。"③

梁漱溟认为,理性包含了"简综"以及"反省"的维度。

"简综"发生于知识产生的过程中。梁漱溟指出:"我们构成知识第一须凭藉现量,但如单凭藉现量——感觉——所得的仍不过杂多零乱的影像,毫没有一点头绪,所以必须还有比量智将种种感觉综合其所同、简别其所异,然后才能构成正确明了的概念。所以知识之成就,都借重于现量、比量的。"④梁漱溟认为知识是由现量、比量、非量综合而成。理智的作用表现为"简综",也即分合,这

---

① 梁漱溟:《乡村建设理论》,《梁漱溟全集》(2),第314页。
② 同上。
③ 梁漱溟:《中国——理性之国》,《梁漱溟全集》(4),第334—335页。
④ 梁漱溟:《东西文化及其哲学》,《梁漱溟全集》(1),第399页。

似乎又失于简单了。

其后，梁漱溟又提出理智包含着观察的环节，这是先秦思想就已经展现了的。他指出，古代中国人早启的理性当中就包含着理智。一方面，理性在社会人事间"现露"种种优美情理，另一方面，理性又通过仰视俯察，获得"物理"。通过持续观察，长期的经验积累，人们就可能避免陷于浅陋迷信之中。他指出，"除去墨子一家外，古时诸子百家普遍流露无神论乃至唯物论的倾向，其故在此。此仰观俯察颇有见于物理者，除散见其他古籍外，《墨经》中汇集最多，现在不是已为学者抉发出来吗？自然科学原早萌苗于我两三千年前，只不过其后萎缩就枯而已。"①

另一方面，理性从其内在特征来讲，又是包含了反省维度的。梁漱溟认为，这个特征从孔子开始就已经具备了："在孔子有他一种精神……这就是他相信人都有理性，而完全信赖人类自己所谓'是非之心，人皆有之'，什么事该作，什么事不该作，从理性上原自明白。一时若不明白，试想一想看，终可明白。因此孔子没有独断的标准给人，而要人自己反省。例如宰我嫌三年丧太久，似乎一周年亦可以了。孔子绝不直斥其非，和婉地问他：'食夫稻，衣夫锦，于汝安乎？'他回答曰'安'，便说：'汝安则为之。夫君子之居丧，食旨不甘，闻乐不乐，居处不安，故不为也。今汝安，则为之！'说明理由，仍让他自己判断。又如子贡欲去告朔之饩羊，孔子亦只婉叹地说：'赐也！尔爱其羊，我爱其礼！'指出彼此之观点，而不作断案。"②

梁漱溟指出，这样的证据在孔子那里是很多的："《论语》中如此之例，还多得很，从可想见距今二千五百年前孔门的教法与学风。他总是教人自己省察，自己用心去想，养成你自己的辨别力。尤其要当心你自己容易错误，而勿甘心于错误。儒家没有什么教

---

① 梁漱溟：《中国——理性之国》，《梁漱溟全集》(4)，第 366 页。
② 梁漱溟：《中国文化要义》，《梁漱溟全集》(3)，第 105 页。

条给人;有之,便是教人反省自求一条而已。除了信赖人自己的理性,不再信赖其他。这是何等精神! 人类便再进步一万年,怕亦不得超过罢!"①

梁漱溟指出中国传统文化中也有讲究理性的内容,这点不错。而且,将理性诠释成直觉,并引进情感的因素,也有其合理性。因为作为认识自由的方法,直觉未必是无效的,它至少也是认识过程的组成环节。随后的贺麟等人就对此作了更加详细的论述。梁漱溟将情感引进理性,虽然从某种角度看打乱了我们一般的认识,但现在的研究似乎更加倾向这种说法,甚至在西方近代哲学的开端培根那里,就已经指出"理智并不是干燥的光,而是有意志和感情灌注在里面的",②它也会受到意志、情感等因素的影响。

如果联系后现代关于默会知识的理解,梁漱溟的这种观点具有特别的意义。他认为:"人的思想中既有知识成分,又受情感的支配。知识虽足以影响情感,有时且转变之,但行止之间恒从乎情感所向。"③一般总是认为理性(知识)左右着情感,④梁漱溟虽然没有明确反对这种说法,因为他还是将知识和行为("行止")作了区分,可是,如果我们承认在改变世界的过程中,知识必须转变为行动,那么这两者之间的区分便不那么显豁。从这个角度看,一方面梁漱溟揭示出了行为和知识之间的背离,另一方面,隐微地传递出一个信息:情感根本上会对知识造成影响。这也和他对理性、人性的认识相一致。

但是,当梁漱溟突出理性的反省维度时,不妨说他其实倒退了。因为我们知道,从康有为、严复开始,就对中国传统文化中的"师心自用"的弊病作出了严厉的批判。而我们不得不说,对于理

---

① 梁漱溟:《中国文化要义》,《梁漱溟全集》(3),第 107 页。
② 《西方哲学原著选读》(上卷),商务印书馆,1981 年,第 351 页。
③ 梁漱溟:《人心与人生》,《梁漱溟全集》(3),第 741 页。
④ 自然,这里的"理性"不是梁漱溟专用意义上的,而是通常所谓。

性的向外的维度，梁漱溟的考察是不够的。

当然，这并不意味着当梁漱溟突出理性的内在维度的时候没有为科学留下余地。梁漱溟充分肯定科学的重要意义。他认为中国传统文化在这方面的缺失是需要弥补的。

梁漱溟认为，传统中国文化认识世界的方式主要是"玄学直观的路"："他持这种态度，对于自然，根本不为解析打碎的观察，而走入玄学直观的路……又不为制驭自然之想，当然无论如何产生不出科学来。"①他又说："征服自然是借着科学才做到的，尤重于经验科学。"②因此，如果要获得认识自由，必须有科学作为辅助。然而中国没有科学。梁漱溟说："我们先来拿西方化的面目同中国化的面目比较着看：第一项，西方化物质生活方面的征服自然，中国是没有的，不及的；第二项，西方化学术思想方面的科学方法，中国又是没有的。"③

那么如何在中国培养科学？梁漱溟认为，科学的立足和发展需要良好的社会组织、社会团体，而后者能够团结友好，一个原因是团体中的人能够内省。"要想引进新科学知识方法，不但不能单派留学生，亦不能单设农业试验场；我们必须找着那个窍。那个窍是什么呢？就是要靠乡村组织使内地乡村社会与外面世界相交通。有了乡村组织，才能内外相交通；内外相交通，一切新知识方法才能引进来。"④于是内省的方式与科学发生了曲折的联系。但无疑，通过这种方式来建设科学，确立科学方法，似乎有点曲折。

----

① 梁漱溟：《东西文化及其哲学》，《梁漱溟全集》(1)，第393页。

② 同上书，第387页。

③ 同上书，第391页。这里需要提请注意的是，梁漱溟在此进行中西比较，但用语上略有区别。在征服自然问题上，他多加了三个字："不及的"。显然，这就表明他不是斩钉截铁地认为中国文化没有征服自然方面的因素。这也是和我们上文的基本判断相一致的。

④ 梁漱溟：《乡村建设大意》，《梁漱溟全集》(1)，第649页。

第二节　熊十力：认识论的两种
进路与先秦诸子

众所周知,熊十力写作了两种版本的《新唯识论》,建立了其本体论。他多次表达了要写作知识论著作即《量论》的愿望,但始终没有成文。从这个角度看,熊十力似乎没有认识论思想。但显然这种论断是错误的。事实上,在其晚年的重要著作《原儒》中,他紧密地结合先秦诸子尤其是儒家的认识论思想,对其整个认识论规划进行了扼要的表述,提出了"比量"和"证量"两种认识论进路,从而凸显了知识型自由和智慧型自由两种认识自由。

一、知识型自由与智慧型自由

在《原儒》中,熊十力将计划中的《量论》划分为两部分:《比量篇》和《证量篇》。所谓比量,显然来自对印度因明的翻译。"比"指的是"比度,含有推求、简择等义",①也即"理智依据实测而作推求,其所得之知曰比量"。② 其最典型的表现就是科学。所谓证量,也即对于本体及其内在于人之相应物性智的认识:"吾人固有炯然炤明离诸杂染之本心,其自明自了,是为默然内证。孔子谓之默识,佛氏说为证量。而此证量,无有能所与内外同异等等虚妄分别相,是造乎无对之境也。"③《比量篇》又分为上下篇:"上篇论辨物正辞,实测以坚其据,推理以尽其用……下篇论穷神知化。"④

显然,证量和比量对应的领域、采取的方法都是不同的。比量

---

① 《原儒》,《熊十力全集》(第六卷),第315页。
② 同上书,第314页。
③ 同上书,第315页。
④ 同上书,第316页。

对应的是科学,发挥的是解析的作用;证量对应的是哲学、玄学,发挥的是证会、体认等作用。熊十力指出:

> 科学成功,却是要致力于支离破碎,此四字,吾先哲之所病,而科学正要如此。但哲学必不可只如此。下一"只"字者,哲学在知识方面,也须用过支离破碎工夫。但不可只是如此而已,必另有功夫在。若只如此,必不可识万化根源。化源者,即所谓一本是也。此处不是各种知识贯穿得到的。正须反求自得。儒之体认,佛之内证,皆非今人所诮为神秘,而是确实证会之境。①

熊十力在此提出了两种认识方式:一种是科学的支离破碎法,其实质是分析法;一种是哲学的认识一本法,熊十力称之为"证会"。后者又表现为"儒之体认"和"佛之内证"等。

对此熊十力有进一步的解释:"哲学不当反知,而毕竟当超知。超知者,证会也。知识推度事物,不能应真,虚妄分别故。知识对于宇宙万象,只是一种图摹,决不与实体相应。故云虚妄。知识总是有封畛的,不能冥契大全。至于证,则与真理为一。易言之,证,即真理呈露,炯然自识也。"②

这里,一方面熊十力继续区分两种认识,另一方面,他又认为知识所能认识的不是大全意义上的真理,在这个意义上,它是虚妄的。换而言之,通过知识不能获得认识的自由。真正的认识自由是本体性的,只能通过证会、体认等方式达到。

然而,仔细分析之下,熊十力的如上表述存在着一些紧张。一

---

① 《十力语要》,《熊十力全集》(第四卷),第5页。
② 同上书,第6页。

方面,他虽然高度强调哲学、玄学是智慧的对象,①将之与一般性的科学知识区分开来,但他还是认为知识是有益于智慧的获得的,只是我们不能停留在对知识的获取上。另一方面,他又认为知识是虚妄的,从而对知识的价值有所抹杀。其实按照两种认识区分的一贯逻辑,我们应该承认哲学和科学知识都能够获得真理,只是两者所对应的真理是不同的,从而两者所对应的认识自由也是不同的。哲学所对应的是智慧,是对大全的把握;科学知识所对应的是一般性的科学规律等等。于是我们成立了两种认识自由,这点务必明确。事实上,熊十力随后也逐渐意识到这个问题,做出了某些修正。他说:"学不究体,治化无基。功利杀夺,何有止期。若真了天地万物本吾一体者,科学知能,皆可用之以自求多福。"②换而言之,在掌握了智慧的前提之下,科学知识并不是虚妄的,而是有助于自由的获得的。③ 在此,与"智慧型自由"相异的"知识型自由"得以逐步呈现。

熊十力将认识自由区分为两种:知识型自由和智慧型自由。他认为儒家其实对于这两种类型均有所关照,因此最值得称赞。他说:

> 儒家于形而上学主体认,于经验界仍注重知识。有体认之功,以主乎知识,则知识不限于琐碎,而有以洞澈事物之本

---

① 这里应该指出,熊十力认为中国哲学侧重体认、证会,西方哲学侧重思辨,从这个角度看,此处之哲学应当指中国哲学。但是,熊十力有时又认为科学侧重于思辨,这点在他解释孟子的"心之官则思"的话语时尤为明显(参下文)。所以,本书把思辨和分析都归入科学方法的领域,而将体认、证会等方法和哲学联系起来,至于中西哲学之异,则暂不作考虑。从另一个角度看,也便是认为西方哲学在方法论上具有和科学相似的方面。

② 《十力语要》,《熊十力全集》(第四卷),第7页。

③ 当然,熊十力此处是在说"自求多福",似乎和自由无关。但按照我们的解释框架,作为认识世界、改变世界的自由必然包含了现实的内容,从这个角度看,"福"也可以包括在认识自由之中。

真；有知识，以辅体认之功，则体认不蹈于空虚，而有以遍观真理之散著。万事万物皆真理之所显。故真理者，从其为事物之本真而言，即说为绝对；从其显现为万事万物而言，即绝对便涵相对。由此而说事物之理即真理之散著，故知识不可排斥，为其遍观事物，而真理之散著可征也。然则儒家其至矣乎！①

正如上文所言，智慧型自由的获得依靠的是"证量"，其中包含了体认、证会等方法。有必要对此略加阐发。

无疑，这首先涉及熊十力的本体论设计。熊十力认为认识本体本质上只需认识自身。他说：

> 本体在人，亦云性智，纯净圆明，而备万理，是为一切知识之源。……证量者，即本体或性智之自明自了。一极如如，炯然自识，而无外驰。佛家所谓正智缘真如，名为证量，应如是解。非可以智为能缘，如为所缘，判之为二也。二之，便是有对，是妄相，非真体呈露，何成证量？故知证量，依本体建立。若本体不立，证量无由成。宋人词曰："众里寻他千百度，回头蓦见那人正在灯火阑珊处。"学者无穷思辨，无限知见，皆灯火也，皆向众里寻他千百度也。"回头蓦见"云云，正是性智炯然自识。真理何待外求？知见熄时，此理已显也。此言理智思辨，终必归于证量，至为剀切。学不知所止，学必至于证，方是《大学》所谓知止。理不究其极，阳明所谓无头的学问，可胜慨哉！②

值得注意的，我们在此大段引用的熊十力本人的言论涉及了大量的佛学言语，但是，我们显然可以发现熊十力总是有意识地将

---

① 《十力语要》，《熊十力全集》（第四卷），第 200—201 页。
② 同上书，第 7—8 页。

他的思想和先秦的思想进行对勘，或者说对后者进行重新解释，从而为他的思想找到先秦之根，而先秦思想也获得了熊十力之特有的印记。而且，从根本上讲，熊十力的认识论是建筑在其本体论的基础之上的，而其本体论虽冠名为"新唯识论"，采取了佛家的术语，但其思想本质还是儒家的。

必须肯定的是，熊十力并不否认知识型自由，他只是认为知识是处于第二位的，需要在智慧的统摄之下。从这个基本立场出发，他对中国哲学中某些过于追求人生修养而忽略知识探索的派别（道家）有所批评。

他在给张东荪的信件里面说：

> 尊论又云："倘使以中国修养的态度来治西方学问，亦必觉得人生除为权利之争以外，毫无安顿处。"此段话，弟亦不无相当赞成，然终嫌太过。兄只为把知识看作与修养绝不相容，所以有这般见解。在西人一意驰求知识，虽成功科学，由中国哲学的眼光观之，固然还可不满足他，谓之玩物丧志，甚至如兄所云权利之争等等。然若有一个不挟偏见的中国学者，他必定不抹煞西人努力知识的成绩，并不反对知识，只须如阳明所谓识得头脑，即由修养以立大本，则如吾前所云，一切知识皆德性之发用，正于此见得万物皆备之实，而何玩物丧志之有？西人知识的学问底流弊，诚有如吾兄所谓权利之争，要其本身不是罪恶的，此万不容忽视。如自然对于人生底种种妨害，以及社会上许多不平的问题，如君民间的不平，贫富间的不平，男女间的不平，如此等类，都缘科学发展乃得逐渐以谋解决。此等权利之争，即正谊所在，正如佛家所谓烦恼即菩提，现代卑劣的中国人，万不可误解此义而谬托于此，千万注意！何可一概屏斥？东方言修养者，唯中国道家反知识，恶奇技淫巧，此在今日不可为训。儒家元不反知，弟前文已说过。印度佛

家本趣寂灭，然及大乘，始言无住涅槃，生死涅槃两无住著，名无住涅槃。小乘只是不住生死，却住着涅槃。及至大乘说两无住，即已接近现世主义。又不弃后得智，彼说后得智是缘事之智，即分辨事物的知识，此从经验得来，故名后得。斯与儒家思想已有渐趋接近之势。然趣寂之旨，究未能舍，此吾之《新论》所由作也。《新论》只把知识另给予一个地位，并不反知。①

请特别注意这句话："西人知识的学问底流弊，诚有如吾兄所谓权利之争，要其本身不是罪恶的，此万不容忽视。如自然对于人生底种种妨害，以及社会上许多不平的问题，如君民间的不平，贫富间的不平，男女间的不平，如此等类，都缘科学发展乃得逐渐以谋解决。"换而言之，科学知识是能够解决现实中的很多问题的，此即我们所说的知识型自由的意思。值得指出的是，熊十力指出儒家也是肯定这种知识型自由的。上文所引说得甚为明白。

二、两种认识自由与先秦之思

在下面的言论中，熊十力将两种认识自由和先秦诸子联系起来了。他说：

《新论》救后儒之弊，尊性智，而未尝遗量智；量智，即理智之异名。性智是体，量智是用。量智推度，其效能有限。以其不得有证量也。存养性智，是孟子所谓立大本之道，陆王有见乎此，然未免轻知识，则遗量智矣。孟子尊思为心。心者，言乎性智也；思者，言乎量智也。遗量智，则废心之官。后儒思辨之用未宏，此《新论》所戒也。归乎证量，而始终尚思辨。证量者，性智之自明自了。思辨，则量智也。学不至

---

① 《十力语要》，《熊十力全集》（第四卷），第112—113页。

于证,则思辨可以习于支离,而迷其本。学唯求证,而不务思辨,则后儒高言体认,而终缺乏圣人智周万物、道济天下之大用。无可为后儒讳也。……性智,即仁体也;证量,即由不为仁,而后得此也。①

意思很清楚。熊十力批评宋明儒学重视性智而忽略量智,他认为在孟子那里性智(心)和量智(思)都得到了重视,并且将性智和儒家之仁等同起来。因此先秦之思具有更大的圆满性。

熊十力还将体认、证会和思辨、分析将先秦思想紧密地联系起来了。他说:

作文与读览,两不能废,两不可废。然真工夫实有在作文读览之外者。《论语》"默而识之",《易》曰:"默而成之,不言而信,存乎德行。"此是何等工夫!贤者大须留意。子曰:"学而不思则罔,思而不学则殆。"此"思"字不是常途所谓思想,此"学"字亦非读书之谓。《论语》"博学于文","文"不谓书册也。凡自然现象皆谓之"文",如云天文与鸟兽之文等。人事亦曰人文。《易系传》言:"仰观于天,俯察于地,近取诸身,远取诸物。"皆博文之谓,皆学之谓也。故学则不外感官经验,而思则不限于感官所得,其默识于不言之地,炯然自明。而万物之理,通于一而莫不毕者,故贞信而无所罔也。此思也,吾亦名为证会。如唯限于感官经验,则可以察物则之分殊,而万化根源终非其所可窥也。②

总之,在性智和量智的关系上,熊十力充分肯定性智对于量智的第一性地位,但他同时认为量智并非可有可无。前儒的错误之

----

① 《十力语要》,《熊十力全集》(第四卷),第12页。
② 同上书,第28—29页。

一就在于仅仅重视性智而忽略量智。熊十力说:"(野蛮人)虽有羞恶、恻隐、是非、辞让等等良知发现,可谓天真,而其识别事物之知识尚未发达,即其良知不得扩充。"①换而言之,知识(量智)有助于扩充良知(性智),使之丰富起来。

事实上,熊十力认为中国哲学的特色就在于较早地切近了性智或者说智慧型自由。他说:

> 中国的哲学不似西哲注重解析。此个问题甚难置答。据我推测,大概中国人生在世界上最广漠清幽的大陆地方,他底头脑深印了那广漠清幽的自然,他底神悟直下透彻了自然的底蕴而消释了他底小我。易言之,他底生命与自然为一。儒家'与天地合其德,与日月合其明',老子底'返朴',庄子底'逍遥游',这些话都是表示他大澈悟大自在的真实境界。因此,他不愿意过计算的生活,不肯把本来浑全的宇宙无端加以解析,不肯把他本来浑一的生命无端分作物我,别了内外。他见到分析是因实际生活方面而起的一种支离破碎的办法。他并不是故意反知,却是超出知识猜度的范围而握住了真理。因此,应该说他是超知识的。我总觉得哲学应该别于科学,有他独立的精神和面目。②

换而言之,儒家的"与天地合其德,与日月合其明",老子的"返朴",庄子的"逍遥游"均是智慧型自由的不同表述。这里重要的是,熊十力在先秦诸子那里发现了他所认定的两种认识自由之一种的表现形态。

一再说过,获得这种认识自由需要证量。证量从另一个角度

---

① 《十力语要》,《熊十力全集》(第四卷),第70页。
② 同上书,第97页。

看就是体认。他说:"体认一词,前儒或泛用之,然语其极,即是证量。"①如果说"证量"还是佛家的用语,那么"体认"就和儒家联系更密切。熊十力认为,体认或证量包含着"克己"、去除束缚的环节。他说:

> 非克己或断障至尽,则性智不显,不得有体认也。性智,即本体之名。体认,即本体之炯然自识。故惟本体呈露,方得有体认也。儒者言克己,佛氏言断障。障之与己,名异而实同。但佛家于此,发挥详尽,儒者却不深析之。己不克尽,障不断尽,则本体受蔽而不显,如何得有体认? 思辨,本性智之发用,然己私与障染未尽,体认未得,则思辨易失其贞明之本然,而有相缚之患。"相缚"一词,本之大乘相宗,意义极深远。相者,相状,为相所缚,曰相缚。②

可见,由于性智是量智的基础,证会是思辨的前提,所以,"克己"不仅在智慧型自由的获得中,而且也在知识型自由的获得中具有重要的意义。

另外我们也可以发现,熊十力立足于儒家此点不假,但这并不意味着他认为先秦儒家是完美无缺的。他认为佛家在"克己"的内在向度的问题上比儒家要细致。这可以看作熊十力援佛入儒、丰富儒学的内涵的努力。

与"克己"相联系,熊十力认为认识本体(性智)不需要情感发挥作用,而是需要发挥最高理性的作用。他认为哲学是超知识的:

> 所谓超知识的也者,本无神秘,亦非怪迂。知识所以度

----

① 《十力语要》,《熊十力全集》(第四卷),第 15 页。
② 同上。

物。而理之极至,不属于部分,乃万化所资始,则不可以物推度,唯反其己,自识本来。情蔽祛,则物我之障都除。识想亡,则内外之执顿尽。识想谓虚妄分别。内外之界,起于分别故。一真无待,当下炯然,瞒昧不得,起想便乖,此非知识所行境界,何消说得?向秀云:"知生于失当。"徇物故有知,可不谓之失当乎?人生役于实际生活,不得不徇物,而知于此起焉,然至徇物而性命亏矣。又哲学与美学及宗教不同者,美学是由情感的鉴赏而融入小己于大自然,此兴趣所至,毕不自识本来面目。宗教是由情感的虔信而皈依宇宙的真宰。这个真宰完全是他底意想所妄构。哲学则是由明智,即最高的理性作用,对于真理的证解,实则这种理性的证解就是真理自身的呈露,故无能所可分,故离意想猜度,故真理不是妄构的境界。①

熊十力认为"反躬"也是认识智慧型自由的途径。他说:"哲学通宇宙、生命、真理、知能而为一,本无内外,故道在反躬,《记》曰,不能反躬,天理灭矣。此义深严。非实践无由证见,故是修养的学问。"②

在上文的讨论中我们已经涉及性智和量智的关系问题。熊十力通过对孟子和老子的解读,对这个问题做出了进一步的回答。他说:

吾前日面谭,一般人不曾自察识他曾否有思维作用,吾子却不肯印可,以谓人都是善用思的,何可如此菲薄人!子之意固厚,然于"思"字未了在。王船山先生《读四书大全说》云:"只思义理便是思,便是心之官。思食思色等,真非心之官,则亦不可谓之思也。孟子曰'先立乎其大者',元只在心上守定

---

① 《十力语要》,《熊十力全集》(第四卷),第97—98页。
② 同上书,第114页。

着用功,不许寄在小体上用,以耳目有不思而得之长技,一寄其思于彼,则未有不被其夺者。"此段话精察入微,才分明显出思之所以为思了。须知思之发虽不能不藉耳目官能为用,此中"用"言,犹云工具。但思确是一心内敛,主宰乎耳目官能,专一融摄义理才叫做思。若心外驰而不得为主,即寄其思于耳目官能,便以小体役其心而夺心之用,小体谓耳目官能。乃为食色安佚等等是殉焉。此殉于食色安佚等等之思,据实则本不是思,只是耳目夺心之用而自逞其技,所以成乎聋盲爽发狂,如老氏所呵也。心不宰乎耳而任耳夺其用,则耳殉没于声而失聪,故聋也;心不宰乎目而任目夺其用,则目殉没于色而失明,故盲也;心不宰乎口而任口夺其用,则口殉没于味而失其正,故爽也;心不宰乎四体而任四体夺其用,则四体殉没于散乱,故发狂。吾子谛察一般人的生活,几曾把握得他底心住,使不被夺于耳目官能,外驰殉物,而能保任其心,以宰制耳目官能,显发思底妙用,融摄万理而无滞耶? 所以,一般人大概没有思维作用,直不自察识耳。①

在此,熊十力一再强调心对于思的统摄作用。但是,当他引进孟子和老子的相关言论对心与思之间的关系作出解读时,一定程度上又忽视了感官在思辨过程中的积极作用。此充分体现在这句话中:"若心外驰而不得为主,即寄其思于耳目官能,便以小体役其心而夺心之用,乃为食色安佚等等是殉焉。此殉于食色安佚等等之思,据实则本不是思,只是耳目夺心之用而自逞其技,所以成乎聋盲爽发狂,如老氏所呵也。"

这不仅使得他的某些言论呈现出一定的紧张——因为他在别处认为虽然我们要重视性智、智慧、哲学,但不能忽视经验,他明确

---

① 《十力语要》,《熊十力全集》(第四卷),第43—44页。

说过要经历一番支离破碎的功夫之后才能真正切入性智——而且其实具有抹杀知识型自由的危险。

三、"科学的真理"与"玄学的真理"

熊十力将认识自由区分为知识型自由和智慧型自由，换个角度看，也即两种认识真理。对此我们在上文讨论具体的认识过程时已经有所涉及，下面从真理的角度再次申说。

熊十力区分了"科学之真理"和"玄学之真理"。他认为科学和玄学的指向对象和展开方式不同："科学以由感官所得经验为依据，非用客观的方法不可。哲学所穷了者为本体，而宇宙本体实即吾人所以生之理，斯非反求与内证不为功。"[①]因此存在两种真理："科学尚析观，析观亦云解析。得宇宙之分殊，而一切如量，即名其所得为科学之真理。于一切法，称实而知，是名如量。玄学尚证会，得宇宙之混全，而一切如理，即名其所得为玄学之真理。于一切法，不取其相，冥证理体，而无虚妄分别，是名如理。"[②]

熊十力结合先秦思想对两种真理做出了刻画。

他指出，"玄学的真理"具有三方面的含义：

> "真理"一词，在玄学上大概有如下之意义：一、是遍为万法实体。亦云宇宙本体。二、是其为物也，真理非物也，而此云物者，不得已而强为指目之词。如《老子》云："道之为物。"法尔本然，法尔，佛书中名词，犹言自然；而不译自然者，意义深故。本谓本来，然谓如此，本来如此，曰本然，不能更问理由。不由想立，哲学家多任思想构画以安立本体，不悟此理周遍圆满，默而存之，炤然现前，岂假想立？一

---

① 《十力语要》，《熊十力全集》（第四卷），第169页。
② 同上书，第184页。

涉乎想，便构成一件物事，所谓捏目生华，早自绝于真理矣。不依诠
显。此理不可以言诠显，言者所以表物故。《易》曰"默而成之，不言而
信"。三、是唯证相应，智与体冥，无有内外、物我等等对待之
相，离分别故，离戏论故。具此三义，方名玄学上之真理。
《易》曰"易简而天下之理得"，即谓此也。①

可见，所谓"玄学的真理"，实质上就是本体。熊十力说："玄学
上'真理'一词乃为实体之代语。"②它的其他两个特征是由第一个
特征自然引发出来的。玄学的真理对应的就是我们所说的智慧型
自由。

与之相对，熊十力指出科学意义上的真理具有六方面的含义：③

1. 一定假设有客观的存在之事物，即存在所谓日常实际生活
的宇宙或经验界，如此科学上之真理方有安足处所。

2. 此理之发见必依据感官经验得有证据。

3. 此理之获得，必由纯客观的方法，又能为一般人所公认。

4. 此理之自身，在其所以存在之条件下，必有不变性，除非其
条件因或种变故而更革或消失，则此理亦随之消失。

5. 此理虽有不变性，而非绝对无变易性。

6. 此理虽说是在物的，是纯客观的，但实际上也有主观的
色彩。

第六点值得略加申说。

熊十力在讨论认识自由时主要将之区分为两个部分，这点他
多次说过，毋庸置疑。不过值得高度注意的是，和当时许多思想家
不同的是，他在认识论的两条进路之外提出了"信"作为贯穿全局

---

①　《十力语要》，《熊十力全集》（第四卷），第 191 页。

②　同上书，第 193 页。

③　以下概括出自《十力语要》，《熊十力全集》（第四卷），第 191—193 页。

的线索。此"信"绝非伦理学意义上的信，而是认识论意义上的信。他说："信、思、证，此三方面之功，不可少其一。始乎思，终于证，彻终始者，信也。人无信不立，自信有力，能得能成。《新论》明心章谈信心所处宜细究。"①

熊十力如此重视"信"，自然是和他将本体论、宇宙论和伦理学统一起来相关。不过，从认识论的角度看，熊十力的这个观点具有革命性的意义。他通过重新解释"人无信不立"等儒家传统观点，提出了认识过程中的非理性因素的作用。② 这和我们在讨论严复、孙中山的认识自由思想时所提及的当今知识论的新近发展的成果有所呼应。当然，熊十力的论述是简单的，而且这种认识无疑来源于传统儒佛两家。

实际上，当熊十力说科学以外在世界为研究对象时，一定程度上已经表达了他所谓的"信"之一种含义。我们必须相信外在世界的存在，才能有进一步的研究。在这个意义上，任何科学活动都首先预设了某种信念。请注意，熊十力一再强调科学真理是"纯客观"的。这种"纯客观"具有多方面的内涵：其一，得到它的科学方法是客观的，不是幻想而来；其二，由于获取方法具有客观性，所以任何正常人都可以获取，这是主体间性意义上的客观；其三，努力避免主观的蒙蔽、差错，等等。然而，相信使用某种方法可以获取科学真理，相信这些方法可以为他人所认同，这无疑也包含了某种信念。③

熊十力认为，其实中国从先秦时代起就已经产生科学真理了。

---

① 《十力语要》，《熊十力全集》（第四卷），第 151 页。

② 当然，熊十力未必把信当做是非理性因素，事实上，他认为在克己的过程中，非理性因素已被克服。但我们一般还是会把信当做是非理性因素。这是研究框架和研究对象之间的背离所造成的，必须说明。

③ 参拙作：《试论非宗教运动的思想史意义》，载《人文教育——文明·价值·传统》，上海人民出版社，2007 年，第 219 页。

他说:"科学思想,中国人非贫乏也。天算、音律与药物诸学,皆远在五帝之世;指南针自周公,必物理知识已有相当基础,而后有此重大发明,未可视为偶然也;工程学在六国时已有秦之李冰,其神巧所臻,今人犹莫能阶也,非斯学讲之有素,岂可一蹴而几乎? 张衡侯风地震仪在东汉初,可知古代算学已精,汉人独未失坠。余以为周世诸子百家之书必多富于科学思想,秦以后渐失其传……余不承认中国古代无科学思想,但以之与希腊比较,则中国古代科学知识,或仅为少数天才之事而非一般人所共尚。"①

熊十力认为,《周易》哲学是中国古代知识论的典范:"大《易》含藏万有,亦是量论之宗。晚周迄宋明诸子之论,各有偏至,要当折中于《易》。"②具体而言,体现在"智周万物"和"小辨于物"的统一上。熊十力说:"《易·系辞传》曰'智周万物',此言知性本自周通万物,非纯由经验而始有知也。而《说卦篇》又云'小辨于物',则不忽视经验亦可知。然大《易》不以虚见为贵,而贵以其周物辨物之知实现之于人生日用,上下与天地同流,及万物皆备于我之践履中。"③

换而言之,如果我们暂且撇开如上引文中所包含的仁智统一的含义之外,熊十力其实在告诉我们中国自先秦时代起并非唯有"玄学的真理"(这似乎毋庸争辩),而是也有"科学的真理"的。

但是,熊十力一方面认为存在两种真理,另一方面又指出,真理本质上只有一个:"实则就真理本身言,元无所谓科学的与玄学的这般名字,唯依学者穷究之方便故,则学问不限一途,而或得其全,或得其分。"④

我们认为,熊十力的这种表述一方面显示了他的宽容的立场,

① 《十力语要初续》,《熊十力全集》(第五卷),第60页。
② 《论六经》,《熊十力全集》(第五卷),第661页。
③ 同上。
④ 《十力语要》,《熊十力全集》(第四卷),第184页。

另一方面似乎也有混淆之嫌。从他对科学和玄学(哲学)或者说量智和性智的不同论述来看,的确存在两种认识论的进路,它们各自所得的真理是有所不同的。具体而言,科学的真理,或者按照我们的说法,知识型自由,重在认识对象世界,采取的主要是思辨、解析等方法。玄学的真理,或曰智慧型自由,重在认识本体世界,采取的主要是证会、体认等方法。当然,熊十力所说也有其缘由,因为他认为本体世界和对象世界本质上是一个世界,前者为体,后者为用,前者为大海水,后者为一沤。但是,虽然最终是一个世界,但从认识的对象、过程、方法和结果来看,由于切入的角度不同,所得的真理也不同。或许也是有见于此,所以熊十力还是说:“……而或得其全,或得其分,由此假说有科学之真理与玄学之真理,于义无妨。”①

这种强调是必要的。中国传统文化似乎并不缺少智慧型自由,它缺少的是知识型自由。虽然从上文可见,熊十力列举了大量的先秦时代的科学真理,但正如他自己所说,由于历史的久远,秦汉专制王朝的禁锢,这些传统被中断了。② 同时,熊十力主张以本体、性智统领现象、量智,实际上还是显示了传统思维的深刻影响,其在科学真理上的见识就有被忽略之嫌。如果说只有一种真理,那么“科学的真理”很容易被“玄学的真理”所替代;知识型自由很容易被智慧型自由所替代。而“玄学的真理”或曰智慧型自由从某种角度看和道德自由问题差别不大,于是现代知识的发展契机又会转入对道德问题的探讨之中。注意,这并不是说道德问题不重要,也不是说知识不能成为研究道德问题的一种进路,而是说,在中国重视道德问题的背景之下,知识问题应该得到格外的关注。

---

① 《十力语要》,《熊十力全集》(第四卷),第 184—185 页。
② 参《十力语要初续》,《熊十力全集》(第五卷),第 60 页。

第三节　冯友兰：论韩非之"理"

在我们所接受的一般性的马克思主义哲学原理的教育中,自由首先被理解成一个认识论领域的范畴。几十年来,自由被诠释成对必然性的认识,然后依照这种必然性展开对世界的改造,或者说,自由就是认识世界、改造世界。解放后,以创立"新理学"闻名于世的冯友兰无疑在一定程度上也接受了这种自由观。众所周知,在"新理学"中,人生境界得以逐步提升的前提是对于自身在世界上的位置的认识。如果仅仅把世界理解成自己本身,那么所得只是自然境界或者功利境界;把世界理解成社会,所得就是道德境界;把世界理解成宇宙,所得就是天地境界。可见,每一种境界都是以对世界的正确认识为前提。冯友兰以"觉解"来表示这种认识。和马克思主义不同的是,"新理学"建立时期的冯友兰并未赋予广义的实践以充分的地位。实践并未成为检验境界的标准。实践只是境界得以展开的领域。它就是"极高明而道中庸"中的"中庸"。然而,或许"新理学"对人生境界说的机制的刻画和马克思主义有着某种内在的相似性①,所以,冯友兰在 1949 年后较快地转向了马克思主义的认识论,并开始自觉地用马克思主义来诠释中国哲学史。②

冯友兰接受了马克思主义的自由观,即自由就是正确地认识

---

①　这种相似性就表现在上面所说的主体对世界的认识及其改造上,不同的是,"新理学"的改造是心灵的改造,实际上只是眼光的变换;马克思主义的改造则是感性的、物质的改造。

②　冯友兰何以会转向马克思主义? 这个问题需要深入的研究。通常以为这是源于外在的政治压力。的确,1949 年后只有极少数学者还保持着原来的学术立场。但是,这种诠释是一种外在说。如果我们考虑到坚定、执着如梁漱溟也转变了学术立场,那么,我们就必须深入思索其背后的内在原因。本文在此只是就冯友兰的转变提供一个非常简单的说明,毕竟这不是本文讨论的主题。

世界,然后在此基础上成功地改变世界。这点充分地体现在他对
《韩非子》的解释中。他认为,韩非子特别强调"理"作为一个哲学
范畴的重要地位,"他并且明确的说明理就是客观的规律,人必须
依照客观的规律做事才能成功,不然就要失败"。①　一切要从道家
的"精气"说起。冯友兰认为,道家非常注重保持精气,但其目的在
于养生,保全生命。到了韩非,他对精气的理解做出了进一步的贡
献。韩非也要求保持精气,其目的在于发挥自己的聪明才智,以操
制自然,战胜敌人。《韩非子》说:"积德而后神静,神静而后和多,
和多而后计得,计得而后能御万物,能御万物则战易胜敌,战易胜
敌而论必盖世,论必盖世故曰无不克。"②显然,冯友兰对《韩非子》
的诠释已和马克思主义的自由观十分接近了。"积德"的目的在于
正确地认识世界,其后果是双方面的:一方面是"能御万物",也就
是能够成功地改造自然世界;另一方面则是"战易胜敌",也就是成
功地改造社会世界。如果我们按照马克思主义,把实践理解成生
产斗争、社会斗争以及科学实验的话,那么,冯友兰对《韩非子》的
理解已经涉及前两个方面。也就是说,《韩非子》已经提出了正确
认识自然世界和社会世界,然后加以成功地改造以获得自由的问
题。此自由便表现为"无不克"。

　　这样的解释需要建筑在对"理"的重新界定的基础上。《韩非
子》说:"凡理者,方圆、短长、粗靡、坚脆之分也,故理定而后物可得
道也。"③冯友兰认为,这就是把理理解成事物所有的性质。这里
需要重视的是"理定而后物可得道也"这句话。显然,事物的存在
是不以人的主观意志为转移的,但是,当事物进入人的认识领域,

---

　　①　冯友兰:《韩非〈解老〉、〈喻老〉篇新释》,《三松堂全集》(第十二卷),河南人民
出版社,2001年,第542页。本段的诠释立足于冯友兰的这篇文章,不一一具引。
　　②　(清)王先慎撰、钟哲点校:《韩非子集解》卷六《解老》,中华书局,1998年,第
140页。
　　③　同上书,第148页。

它们必须就某一方面用思维和语言来加以把握,也只有在这个时候,我们才能说事物是被正确地认识了。"理",也就是事物的某个(些)方面的性质(因为言说——道——不可能把事物的所有性质都说出来)的存在及其被言说("道")成为了我们认识世界的前提,或者说,我们就是以这样一种方式认识世界的:世界被分割成各种各样的"理",同时"理"被"道"出来。

　　只有在世界被"道""理"(道是动词,理是名词)化之后,人们对世界的改造才是可能的。《韩非子》说:"凡物之有形者,易裁也,易割也。何以论之? 有形,则有短长;有短长,则有小大;有小大,则有方圆;有方圆,则有坚脆;有坚脆,则有轻重;有轻重,则有白黑。短长、大小、方圆、坚脆、轻重、白黑之谓理,理定而物易割也。故议于大庭而后言则立,权议之士知之矣。故欲成方圆而随其规矩,则万事之功形矣。而万物莫不有规矩。议言之士,计会规矩也。圣人尽随于万物之规矩,故曰:'不敢为天下先。'不敢为天下先,则事无不事,功无不功,而议必盖世,欲无处大官,其可得乎! 处大官之谓为成事长,是以故曰:'不敢为天下先,故能为成事长。'"①从这里可以更加清晰地看出事物的性质——"理"——的存在是"裁""割"事物的前提:"理定而物易割也。"冯友兰认为,这就是在说:"了解了事物的规律,对于事物就可以制裁。""得了规律之后就要照着规律做事,这样就可以成功。"②而依照规律做事,就是"缘理":"所谓处其实不处其华者,必缘理不径绝也。"③反之,之所以有的人会在改造世界中失败,难以获得自由,原因也在于他们没有按照客观规律办事:"今众人之所以欲成功而反为败者,生于不知

---

　　① (清)王先慎撰、钟哲点校:《韩非子集解》卷六《解老》,第 152 页。
　　② 冯友兰:《韩非〈解老〉、〈喻老〉篇新释》,《三松堂全集》(第十二卷),河南人民出版社,2001 年,第 541 页。
　　③ (清)王先慎撰、钟哲点校:《韩非子集解》卷六《解老》,第 135 页。

道理而不肯问知而听能。"①正是在这个思路的指引下，1989年，在接受《中国青运》记者采访时，冯友兰高度推崇科学精神，他说："科学精神是什么？信真理不信偶像，信实践不信空谈。真理是一个命题，命题与实际符合就是真理。怎么知道一个命题是否与实际符合呢？那就得实践。所以实践是检验真理的唯一标准。"②可见，此时冯友兰在真理标准上持符合论以及效果论。这和他在解放初所写诠释诸子的论文中透露出来的精神是高度一致的。只是晚年的冯友兰在经历了"真理标准大讨论"之后，也采取了当时的话语。

需要注意的是，在真理问题上，解放初的冯友兰主张采取群己之辨的方式。如上所述，自由就是成功地认识世界，然后成功地改造世界。一定程度上后者是前者的证明。但是，前者又是后者的基础。认识和改造（实践）两者之间的关系本身就是辩证的。但是，这并不意味着无论是认识还是改造都是一己的。按照马克思主义的群众观点这点很容易理解。此处从上文所说的"理"的特征来加以诠释。理是客观存在的事物的性质，它其实就是事物为人所认识的方式。离开理，事物当然还存在，但是，它不能为人所认识。同时，理还需要被道出来，即，人对世界的认识还必须用语言来刻画。无疑，即便是相同的语言，对不同的人来说，其意义、意蕴等等都是存在差异的。可见，"理"（性质、规律）和"道"（言说）都打上了人的烙印。这就意味着在认识世界的过程中极易产生"盲人摸象，各得一腿"的情形，甚至由于语言的存在，即便人们所得事实上是同一事物，但在表述出来时却会发生偏离和误会。正是出于这样的考虑，大家就某一问题敞开交流是获得真理、获得自由的前提。真理是人们充分交流之后的产物。这并不是说真理是约定的，也不是说真理和客观事物没任何关系，而是说，只要我们承认

---

① （清）王先慎撰、钟哲点校：《韩非子集解》卷六《解老》，第138页。

② 冯友兰：《对〈中国青运〉记者谈五四》，《三松堂全集》（第十四卷），第223页。

人在认识世界过程中的个体性特征,以及反映这种认识的语言的局限性,那么,我们也要承认真理越辩越明。正是在这个意义上,冯友兰说:"凡是讨论一件事情,最后才可以得到它的规律。"①这也是冯友兰对《韩非子》的"议于大庭而后言则立"这句话的诠释。

在真理问题上坚持群己之辨的方式,这种立场值得珍视和发扬。和我们讨论的自由主题相联系,它意味着自由不再只是对世界的成功认识之后成功改造的结果。我以为,自由始终是和自由感联系在一起的。成功的改造世界之所以是自由的,一方面人们由于成功而获得了想要的结果,比如更多的土地(像围海造田);另一方面,也是人的欲望获得了释放和满足,这也是一种自由感。不过,我们完全可以想象,如果改造世界时所依据的真理源自某个权威的命令,人们或许由于迷信这个权威而在实践这个真理时没有异化感,但其作为人的自由意志却显然受到了严重的打击;而且,真理如果是强制的,外来的,不是通过说服的方式渗入人心的,那么,采纳它的人始终不会"心安理得"。此时,即便在现实世界的改造中的确获得了成功,但作为被强制的个人其心中始终会有那么一点不快。反过来说,即便个人所掌握的是谬误,但是,他是通过自身的实践来证实那是谬误,在一定程度上他也会获得某种自由感,所谓"不见黄河心不死",如今黄河已见,心便死,也即心落回了腔子里。这种感觉比起依据强制的真理而获得的成功来更加自由。可见,大家进行讨论及彼此说服的过程不仅仅是获得真理的一个必要的环节,而且,也是使主体获得自由(感)的一个不可或缺的环节。

第四节　贺麟:三种思想方法协助认识自由

如果说梁漱溟在五四时代开启了现代新儒学,熊十力创立了

---

①　冯友兰:《韩非〈解老〉、〈喻老〉篇新释》,《三松堂全集》(第十二卷),第541页。

"新唯识学",冯友兰创立了"新理学",那么,贺麟则创立了"新心学"。他们构成了现代新儒学多样化的面貌。

贺麟也涉及到认识意义上的自由。他说:"知道机械事实,发现科学定律……就是一种解脱,一种自由。"①这句话便表明了这点。

问题在于,如何获得这种自由?其获得方式与先秦诸子有何关系?

显然,认识方法、思想方法是获得认识自由的重要途径。贺麟提出了三种思想方法。他说:"总结起来说,我们提出的三种思想方法,第一种逻辑的方法,可以给我们条理严密的系统,使我们不致支离散漫;第二种体验的方法,可以使我们的学问有亲切丰富的内容,而不致干燥空疏;第三种玄思的方法,可以使我们有远大圆通的哲学识见,而不致执着一偏。"②这些方法都与先秦思想存在某种联系。

(一) 体验的方法

我们的讨论从"体验的方法"开始。贺麟指出,这种方法包含着两方面的内容:德国文化哲学家如狄尔泰等人所说的"体验"以及法国柏格森所说的"直觉"。贺麟的重点放在对直觉的论述上。

贺麟如此论述直觉:"直觉是一种经验,复是一种方法。所谓直觉是一种经验,广义言之,生活的态度,精神的境界,神契的经验,灵感的启航,知识方面突然的当下的顿悟或触机,均包括在内。所谓直觉是一种方法,意思是谓直觉是一种帮助我们认识真理、把握实在的功能或技术。就直觉之为经验言,是一种事实,可有可无,时有时无。即使素来反对直觉的人,如果忽然有了直觉,他也无法加以反抗,驱之使去。就直觉之为方法言,是种功夫,可用可

---

① 贺麟:《近代唯心论简释》,上海人民出版社,2009年,第165页。

② 贺麟:《文化与人生》,商务印书馆,1988年,第179页。

不用,时有用时无用。这就是说,虽我们事实上客观地承认直觉是一种方法,但我们可以不采用这种方法,而采用别的方法。我们此时可以采用此法,他时亦可以采用别的方法。就直觉之为经验的事实言,可以'有甚高的价值',可以'产生最好的工作',但亦可无甚高价值,不能产生最好的工作,盖直觉经验亦有好坏高下真妄的等差,不可一概认为很好,有价值而系真实也。就直觉之为方法言,亦有利钝巧拙精粗深浅的等差,视应用此法者之学养如何及善于应用与否以为断,不可一概抹杀。善于应用直觉法可以使之紧严而合于理性;犹如不善于应用分析法三段论法等,亦可以陷于支离诡辩而不合理性。"①

　　在此,我们的重点在于讨论贺麟对作为方法的直觉的认识。

　　其一,很显然,作为方法的直觉是指向真理的,也即指向认识自由的:"所谓直觉是一种方法,意思是谓直觉是一种帮助我们认识真理、把握实在的功能或技术。"

　　其二,某种意义上,贺麟是宽容的。他并不像梁漱溟那样把理性直觉化,使得直觉成为认识真理、走向自由的主要途径。"就直觉之为方法言,是种功夫,可用可不用,时有用时无用。这就是说,虽我们事实上客观地承认直觉是一种方法,但我们可以不采用这种方法,而采用别的方法。我们此时可以采用此法,他时亦可以采用别的方法。""直觉与理智各有其用而不相背。无一用直觉方法的哲学家而不兼采形式逻辑及矛盾思辨的。同时亦无一理智的哲学家而不兼用直觉方法及矛盾思辨的。"②这些话的意思十分清楚。

　　那么,直觉和理智以何种方式结合在一起? 对此,贺麟提出了"先理智的直觉"和"后理智的直觉"。他说:"殊不知直觉方法一方

———————

① 贺麟:《近代唯心论简释》,第73页。
② 同上书,第75页。

面是先理智的，一方面又是后理智的。先用直觉方法洞见其全，深入其微，然后以理智分析此全体，以阐明此隐微，此先理智之直觉也。先从事于局部的研究，琐屑的剖析，积久而渐能凭直觉的助力，以窥其全体，洞见其内蕴的意义，此后理智的直觉也。"①这种说法有类于中国传统哲学中所说的"先立乎其大者"和"下学而上达"。

同时，在讨论理智和直觉的关系时，贺麟对一个著名的批评做出了反驳。这个批评认为，主张直觉主义的思想家本人的著作和思想也往往是以理智的方式表达出来的，因此，直觉论存在思想实质和表述方式之间的紧张，直觉主义行不通。贺麟指出，如果从"先理智的直觉"和"后理智的直觉"之区分的角度看，这个批评能够得到反驳。他说："有人谓直觉主义者仍不能不依形式逻辑或科学方法以发抒言论、表达思想，因此遂否认直觉之为方法。譬如斯泡尔丁和罗素这般人，均谓柏格森反对理智、倡导直觉，而他所著的书仍全系根据理智写成，因而遂谓柏氏自相矛盾，而认直觉方法不能成立。殊不知直觉方法一方面是先理智的，一方面又是后理智的。先用直觉方法洞见其全，深入其微，然后以理智分析此全体，以阐明此隐微，此先理智之直觉也。先从事于局部的研究，琐屑的剖析，积久而渐能凭直觉的助力，以窥其全体，洞见其内蕴的意义，此后理智的直觉也。直觉与理智各有其用而不相背。无一用直觉方法的哲学家而不兼采形式逻辑及矛盾思辨的。同时亦无一理智的哲学家而不兼用直觉方法及矛盾思辨的。"②

其三，贺麟在直觉方法内部也作出了细致的层次之分。他说："就直觉之为方法言，亦有利钝巧拙精粗深浅的等差，视应用此法者之学养如何及善于应用与否以为断，不可一概抹杀。善于应用直觉法可以使之紧严而合于理性；犹如不善于应用分析法三段论

①　贺麟：《近代唯心论简释》，第74—75页。
②　同上。

法等,亦可以陷于支离诡辩而不合理性。"①

　　贺麟还说:"不过我们须注意的就是方法本来是一种技术或艺术。哈特曼认矛盾思辨法为一种艺术,其应用之精粗工拙,须视天才之高下、艺术之训练如何为断,而非可以呆板模仿的死方法。我想由此足见直觉法恐怕更是一种基于天才的艺术,而此种艺术之精粗工拙仍须以训练学养之酎熟与否为准。故直觉虽是方法,亦有因运用得不精巧醇熟而发生危险的可能。一如科学的实验方法之为一种艺术,实验不精巧熟练,不惟得不到结果,而且会发生危险。所以关于直觉方法的效准问题,我主张应于运用此法之工拙精粗求之,应于是否滥用与误用此法求之,而不可泛泛指斥直觉方法之尽行不可靠。说到这里,也许我们可以参入一点斯宾诺莎的意思。按斯氏说,我们认识的正确观念愈多,则我们求知的方法愈完善。换言之,直觉的方法是不断在改进中,积理愈多,学识愈增进,涵养愈酎熟,而方法亦随之逐渐愈为完善。"②

　　从中可见,一方面,贺麟认为"直觉法恐怕更是一种基于天才的艺术",另一方面,他同时认为,知识之增多可以推进直觉法的成熟:"说到这里,也许我们可以参入一点斯宾诺莎的意思。按斯氏说,我们认识的正确观念愈多,则我们求知的方法愈完善。换言之,直觉的方法是不断在改进中,积理愈多,学识愈增进,涵养愈酎熟,而方法亦随之逐渐愈为完善。"一定程度上为直觉法的培养寻找到了某种途径。

　　从另一个角度看,贺麟认为直觉可以分为向外的和向内的:"但同一直觉方法可以向外观认,亦可以向内省察。直觉方法的一面,注重用理智的同情以观察外物,如自然、历史、书籍等。直觉方法的另一面,则注重向内反省体察,约略相当于柏格森所谓同情理

　　①　贺麟:《近代唯心论简释》,第73页。
　　②　同上书,第74页。

解自我。一方面是向内反省,一方面是向外透视。认识自己的本心或本性,则有资于反省式的直觉。认识外界的物理或物性,则有资于透视式的直觉。朱子与陆象山的直觉方法,恰好每人代表一面。"①

贺麟认为,直觉法和科学方法还有一个区别:前者可以帮助人们达到理想人格。他说:"直觉的格物法可以使人得到种精神的真理,足以感动人的情志的真理,换言之,直觉法是可以使人得到宋儒所谓'德性之知'或今人所谓'价值的知识'或'规范的知识'的方法。而且只有直觉方法可达到'众物之表里精粗无不到'而'吾心之全体大用无不明'的最高境界。盖只有直觉方法方能深入其里,探究其精,而纵观其全体大用。而科学方法则只求认识其表面的粗的、部分的方面,并没有认识形而上的、里面的、精的、全体大用之职志也。"②

如果说中国传统中也有直觉法,那么,贺麟的工作就在于将它的内涵细致化了。

(二) 逻辑的方法

由上可知,虽然贺麟十分重视直觉,并前所未有地对直觉作了细致的刻画,但他并不否定理智的分析作用。而在理智的功能之中,逻辑显然占有一个重要的地位:"所谓逻辑方法完全是根据数学方法出发,表示理性的基本作用。"③"逻辑方法即是应用数学的方法来研究思想的概念,来理解自然与人生的事实。逻辑方法的目的在能给我们有普遍性、有必然性、有自发性的知识。换言之,逻辑方法要给我们坚实可靠、颠扑不灭、内发而非外铄的知识。必定要这种知识才够得上称为科学知识。"④

---

① 贺麟:《近代唯心论简释》,第 74 页。
② 同上书,第 77—78 页。
③ 贺麟:《文化与人生》,第 179 页。
④ 同上书,第 175 页。

　　贺麟强调中国传统的思维方式是重实用的,在逻辑上是有所欠缺的。这点在儒家经典《论语》、《大学》中就有所体现。他说:"中国人平日已养成只注重一物之实用、目的、结果,而不研究一物之本性的思想习惯。这种习惯或成见,在知的方面,只重末而不重本,重效果而不重原理;在行的方面,便成为重势利、重功用而不重理性或义务的计算道德。譬如,《论语》中很有名的一长段推论,由正名而推到言顺,由言顺推到事成,由事成而推到礼乐兴,由礼乐兴而推到刑罚中,由刑罚中推到民能措手足。这种推论便纯是由效果推效果、由功用推功用的思维方式。据这种说法,正名便有言顺、事成、礼乐兴、刑罚中、民能措手足的结果或效用。而不正名便有心不顺、事不成、礼乐不兴、刑罚不中、民无所措手足的结果。虽然孔子这段对于正名的效果的看法也许很对,但这只是一种实用的观点,而不是逻辑的观点。"①"又如《大学》上的'物格而后知致,知致而后意诚,意诚而后心正,心正而后身修,身修而后家齐,家齐而后国治,国治而后天下平'一大串推论,亦不是纯逻辑的推论,而只是由效果推效果、由功用推功用的方法。照这种推论,格物致知或正心诚意便有治国平天下的效果。但如果不去做效果的推论——因为这种推论是无必然性的,这就是说,格物致知或正心诚意并不必然有家齐国治天下平的效果,而只是或然的或可能的。由可能的效果推可能的效果,其无必然性与普通性,其不能建立严谨的逻辑理论,可想而知。"②

　　与之相对,贺麟指出,逻辑的方法却不是这样的。他说:"逻辑方法与数学方法一样,有一个特点,就是只问本性,不问效用如何、目的何在,或结果好坏、满足个人欲望与否等实用问题。只问理论的由来,不问事实上的由来。譬如,有一三角形于此,数学不问此

---

　　①　贺麟:《近代唯心论简释》,第 97 页。
　　②　同上。

三角形有何用处,不问画此三角形之人的目的何在,不问此三角形是谁画的,是什么时候画的,更不问画三角形、研究三角形有何利益、有何好的结果等。数学只求证明三角之合必等于两直角,就是三角形之所以成为三角形的本性或本质,就是一条有普遍性必然性的真理。所以一个人是否用逻辑方法思想,就看他是否能扫除那偶然性的事实,摆脱实用的目的,而去探讨一物的普遍必然的本质。"①

(三) 玄思的方法

贺麟所说的第三种思想方法"玄思的方法",其实就是通常所说的辩证法。那么,何谓辩证法? 贺麟对此至少有两种解释:

第一种解释指的是以子之矛攻子之盾的辩难法:"是在双方辩论的时候,盘诘对方,使对方陷于自相矛盾因的推翻对方的论据的辩论方法。"②贺麟认为,这种方法在先秦诸子百家争鸣的时代常常为人使用。其要义在于,借助对方的理论来达到为自己的观点辩护的目的:"以对方的理论作前提(即是不一定以真的理论作前提而辩论,乃是以对方所承认的所提出的理论作前提而辩论),加以无穷的诘问,使对方陷于矛盾不通之境,自批其颊,自毁其立场而后已。故这种辩难法有时又叫做穷诘至不通或穷访至不可能之法。"③

贺麟指出其弊端之所在。他说:"这个方法诚是辩论的利器,而常为哲学家所勇用,但每每只是以口舌取胜,不能令人心服,且每只能提出疑难,而不能揭示客观的真理。换言之,这种是形式的、外表的、抽象理智的、消极的辩难法。此法一经滥用便会流为诡辩与怀疑。柏拉图在其《共和国》一书中,一方面发挥辩证法之

---

① 贺麟:《文化与人生》,第 176 页。
② 贺麟:《近代唯心论简释》,第 106 页。
③ 同上书,第 106—107 页。

真实妙用,一方面亦指出误用或滥用辩证法有种种危险:第一,滥用辩证法,使人不守信义,不重法律。持执辩证之理,安谓善恶不分,荣辱无别。换言之,此法年青人习之,足以令其对道德法律怀疑。第二,青年人一尝得辩证法味道时,每每只知以口舌取乐,争胜取巧,而日以驳倒对方为能事,不相信任何东西,甚至不相信哲学。"①

从对辩证法的弊端的批评,贺麟揭示了中国先秦思想中别墨的相关思想所隐含的危险。他说:"希腊芝诺式的辩证法,中国别墨式的辩证法,皆有陷于诡辩与怀疑的趋势,乃历史所昭示的事实。较真正正统的哲学,大都对于此种辩难之法,引为诟病,而严加排斥。所以真正思辨哲学所采用的辩证法,与此种有诡辩怀疑意味的辩证法,实有苗秀朱紫之别。"②

辩证法的第二种解释则为多与一的统一。贺麟指出,辩证法可以理解为"全部观部分"、"部分观全体"。这种观点"发挥黑格尔'真理乃是全体'之说的精义,同时亦即表示柏拉图认辩证法为'一中见多,多中见一'(多指部分,一指全体)之法的原旨。"③贺麟认为,"概括讲来,玄思的方法,或真正的辩证法,实兼具有逻辑方法与体验方法而自成为寻求形而上学的系统知识的方法。"④

因此,贺麟指出:"在哲学史上真正善于应用辩证法的哲学家乃是不世出的天才。真正的由亲切的体验、活泼的识度,能够对于宇宙和人生提出一种辩证的看法,能够切实觑出宇宙间事物的内在的必然的矛盾,并见到其矛盾中的谐和,对立中的统一,也非有能静观宇宙的法则,置身于人世变迁的洪流中,而又能深察其变中

① 贺麟:《近代唯心论简释》,第107页。
② 同上。
③ 贺麟:《文化与人生》,第179页。
④ 同上。

之不变,不变中之变的轨则的慧眼不为功。"①

　　虽然在具体讨论直觉和辩证法时贺麟并未对中国先秦诸子的思想做较多的勾连,但是,如果考虑到贺麟对直觉法的讨论是应对着梁漱溟而一路发展下来,而梁漱溟明确认为儒学的基本特征就是重视直觉,那么,贺麟的无言、少言之中包含着丰富的内涵。他实质上对梁漱溟的说法做出了纠偏。而贺麟对辩证法的诠释,在广义上又和马克思主义者对辩证法的理解形成了某种对话,他对诡辩论的批评是和马克思主义者一致的。但是,他对辩证法的理解显然还比较简单,并没有发现先秦时代丰富的辩证法资源。问题的另一面是,现代新儒家中很多人都把辩证法看作是"变戏法",对之鄙夷、否定,而贺麟所试图发扬的心学也主要以直觉法为主。在此背景下,贺麟对辩证法的强调显然具有思想史的意义。

---

　　①　贺麟:《近代唯心论简释》,第104页。

第四章　中国化马克思主义的成就

马克思主义从五四新文化运动时期起开始了系统化、规模化的中国化进程。从整个 20 世纪的历史来看,尤其是 1949 年之后,它和自由主义、文化保守主义构成了中国三大主流思潮,并且占据了核心位置。而在中国的大地上,新民主主义革命的成功以及社会主义建设的大力推进,都在以实际成绩宣告着中国化马克思主义在追求认识自由问题上的巨大成就。

第一节　陈独秀:认识自由观新探

纵观陈独秀的一生,固然对科学和民主的强调是其最强劲的音调,不过,陈氏自始至终也关注着自由这个现代的价值。他所谓的民主,本质上也就是民众行使其言论自由、思想自由、出版自由、集会自由、罢工自由等自由权。而所谓的科学,本质上也就是追求对世界的真理性认识,这其实也是一种自由。如果细读陈独秀的著作,"自由"一词几乎随处可见,除了上述陈氏不厌其烦地论述的自由权之外,还有恋爱自由、婚姻自由、经济自由、信教自由,等等;很多情况下,自由还成为了修饰词,比如"自由的(地)……"但是,正如陈氏自己所说,他理解的自由"是政治上、法律上有严重意义的术语,不是如通俗的说法,自由自便,即自己爱做什么就做什么"。① 就在《为自由而战》这篇陈氏晚年所作的明确以自由为主题的文章中,他对自由的理解还是侧重于政治自由。本文的目的不在于全面地论述陈独秀的自由观,而是在其对先秦诸子的诠释中,查看他所建构起来的认识自由观念。为了论述方便起见,我们从本体世界、自然世界的角度入手加以阐释。

一、本体世界中的自由

从总体上看,陈独秀认为自由就体现在人类改造、征服世界的过程中。他说:"我们人类文明最大的效果,是利用自然征服自然。"②"人类以技术征服自然,利用以为进化之助,人力胜天,事例最显。"③表达的都是这个意思。

在中国近现代思想史上,主体性的高扬是一个突出现象,它的典型表现就是唯意志论思潮的泛滥。④ 当陈独秀说"人力胜天,事例最显"的时候,他也有点唯意志论的倾向。如果联系他在后文所说的话,这点更加明显。陈氏紧接着说:"其间意志之运用,虽为自然进动之所苞,然以人证物,各从其意,志之欲求,以与自然相抗,而成败别焉。"⑤也就是说,人力主要表现为意志,人与自然的对抗主要是以意志为基础的。

但是,和其他很多唯意志论思想家不同的是,陈氏在强调主体

① 陈独秀:《为自由而战》,《陈独秀著作选编》(第五卷),任建树主编,上海人民出版社,2009年,第227页。

② 陈独秀:《谈政治》,《陈独秀著作选编》(第二卷),第251页。

③ 陈独秀:《抵抗力》,《陈独秀著作选编》(第一卷),第178页。

④ 参高瑞泉:《天命的没落——中国近代唯意志论思潮研究》(修订本),上海人民出版社,2007年。

⑤ 陈独秀:《抵抗力》,《陈独秀著作选编》(第一卷),第178页。

能动性的同时,总是以物质第一性作为基础。① 在面对列强紧逼,国人彷徨无措而以天意、天命来诠释自身的处境的时候,陈氏明确表示:"列位要知道天是一股气,并没有什么私心作主,专要洋人兴旺中国衰败的道理。命是格外荒唐的话,俗话说得好:'祸福无门,为人日招',哪有什么命定的话呢?"②这段话非常重要。它表明,陈独秀接上了中国传统的气论哲学,一方面将天"气"化了,也就是明确地将通常具有神秘意味的天物质化;另一方面,在此前提下又突出了人的主体性力量:"祸福无门,为人日招。"显然,在更广的视野下我们发现陈独秀其实是在现代性的背景下接上了由荀子所凸显、由刘禹锡和柳宗元所继承、由王夫之所集大成的中国古典的唯物论传统。③ 之所以说陈独秀的这种衔接是现代的,原因在于,他明确把劳动并且是无产阶级的劳动放在了重要地位,明确把科学和民主作为重要问题来加以详述。这些都是古典思想所不可能有的特征。

　　但是,在结构和气质上,陈独秀又是和荀子一脉相承的。其要点就在于,荀子相信物质第一性的原理,他在一定程度上摒弃了天的神秘化的维度,此充分体现在"惟圣人不求知天"的命题中。正如众多研究者所指出的,此语并不和荀子一再强调的"制天命而用之"的命题相矛盾。因为前者之"天"指的是神秘化的天,对此荀子主张予以放弃;后者之"天"指的是某种规律和必然性,它恰恰是认识的对象。在坚持物质第一性的基础上,荀子突出了主体能动性:

────────

　　① 不可否认,陈独秀也曾经短暂地受到柏格森的生命哲学的影响。在这个时期,他认为世界的本体是生命。他说:"我们个体的生命,乃是无空间时间区别的全体生命大流中底一滴。"(陈独秀:《自杀论》,《陈独秀著作选编》(第二卷),第152页。)但这种说法很快就被吸收到唯物论的框架之内,而成为主体性的某种表征。

　　② 陈独秀:《亡国篇》,《陈独秀著作选编》(第一卷),第67页。又按:"日"字疑为"自"字之讹,若改为"自"文意更加通顺。

　　③ 冯契:《中国古代哲学的逻辑发展》(上册),上海人民出版社,1983年,第18页。

人不仅能够认识自然世界，而且能够改造社会世界，所谓"天地官而万物役"。之所以能够如此，原因在于人除了具有认识能力（"凡以知，人之性"[《荀子·解蔽》]）之外，还具有"明分使群"的能力。人的主体性既体现在认识世界上，又体现在"明分使群"上，也即能够组织成社会团体，有效地开展改造世界的活动。

显然，将天物质化是主体性得以发挥的本体论前提。"天是一股气。"陈独秀在此虽然只是简单的一句话，但其思想史意义非凡。其后他能够接受马克思主义，这个唯物论的本体论立场是根本前提。

需要注意的是，虽然荀子并没有在陈独秀的论述中频繁出现①，但是，其精神实质已经深入陈氏思想内里。应该说，陈独秀对以荀子为代表中国传统实践唯物论的继承是内在的、精神性的。阅读陈氏的著作，我们往往会为其革命大无畏气概所折服。而这样一种气质，我们在阅读《荀子》时也时常感受到。当然，如果说荀子在认识论上提出了积极的原则的话，②那么在政治哲学上，显然不能要求几千年前的荀子提出现代的民主思想。但就在社会领域发挥主体性而言，荀子和陈独秀有着异曲同工之处。陈独秀所强烈主张的科学和民主，本质上就是主体性在自然世界和社会世界的表现。

与对荀子内在精神的继承相联系的是，陈独秀对老子的虚无主义极其反对。他屡次表达了这个意思。他说："我们中国学术文化不发达，就坏在老子以来虚无的个人主义及任自然主义。现在我们万万不可再提议这些来贻害青年了。因为虚无的个人主义及任自然主义，非把社会回转到原人时代不可实现。我们现在的至

---

①　陈独秀似乎只在提及先秦儒家的非宗教迷信特征时，以及在讨论专制化的儒家的思想源流时提及了荀子。参见陈独秀：《老子传略》、《孔子与现代中国》，《陈独秀著作选编》(第五卷)。

②　当然，按照胡适的观点，荀子在知识论上的态度比较消极。

急需要,是在建立一个比较最适于救济现社会弊病的主义来努力改造社会;虚无主义及任自然主义,都是叫我们空想、颓唐、紊乱、堕落、反古。"①再如:"近来青年中颇流行的无政府主义,并不完全是西洋的安那其,我始终认定是固有的老庄主义复活,是中国式的无政府主义,所以他们还不满于无政府主义,更进而虚无主义而出家而发狂而自杀;意志薄弱不能自杀的,恐怕还要一转而顺世堕落,所以我深恶老庄底虚无思想放任主义,以为是青年底大毒。"②他还邀请胡适来执行批判虚无主义的任务:"我近来觉得中国人的思想,是万国虚无主义——原有的老子学说,印度空观,欧洲形而上学及无政府主义——底总汇。……这攻击老子学说及形而上学的司令,非请吾兄担任不可。"③"吾兄"指的就是胡适。

观陈独秀对于老子的态度,是相当辩证的。一方面,陈氏认为老子主张的毕竟是物质第一性的观点。他肯定了老子区分天道和人道的思想,将天道设定为自然,摒弃了鬼神等超验因素的存在,所谓"天地不仁,以万物为刍狗",这个观点和荀子的天人相分的思想是一致的。另一方面,他认为老子往自然主义的方向多走了一步,变成了否定人力的虚无主义。对此,陈氏大加贬斥。

陈氏提出的拯救之途就在于,在肯定物质第一性的前提下发挥主体能动性。他说:"我敢说虚无思想,是中国多年的病根;我盼望笃行好学的青年,要觉悟到自己的实际生活既然不能否定,别的一切事物也都不能否定;对于社会上一切黑暗,罪恶,只有改造,奋斗,单单否定它是无济于事的,因为单是否定它,仍不能取消实际的存在。"④

那么,一个逻辑上的问题是,如何改造、奋斗才能够成功? 对

---

① 陈独秀:《随感录》,《陈独秀著作选编》(第二卷),第317页。
② 陈独秀:《随感录》,《陈独秀著作选编》(第二卷),第376页。
③ 陈独秀:《致胡适》,《陈独秀著作选编》(第二卷),第242页。
④ 陈独秀:《随感录》,《陈独秀著作选编》(第二卷),第260页。

此的回答就需要涉及陈独秀对自然世界和社会世界的自由观的观点，前者涉及认识论，后者涉及政治哲学。在这里我们对前者进行讨论。

二、自然世界中的自由

当陈独秀提出"天是一股气"，朴素地将天物质化的时候，他就面临着一个任务：如何认识、把握物质化的天？也就是说，如何获得认识论领域的自由？对此的回答和陈氏的科学观、逻辑观、真理观相关。在此主要结合他对先秦诸子的诠释来加以展开。

晚年的陈独秀认为孔子非宗教迷信的态度是"近于科学的"①。

通常说起陈独秀的孔子观、儒学观，总认为他是全盘反对的。这个观点值得商榷。其一，早年陈独秀和晚年陈独秀对儒学的观点略有不同。早年的陈氏揭橥科学和民主的大旗，在此旗帜下，中国的传统文化基本上都遭到了清算。其对荀子的继承也是内在的、精神性的。他也没有指出孔子和科学究竟有什么样的联系。晚年的陈氏却肯定了孔子具有科学精神。其二，陈氏从来没有否定孔子在其所在时代有其独到的价值，那就是提供了组织社会的新原则，试图维系社会稳定，只是从进化论的眼光看来，孔子的政治哲学、组织方法不适合于现代。他说："孔学优点，仆未尝不服膺，惟自汉武以来，学尚一尊，百家废黜，吾族聪明，因之锢弊，流毒至今，未之能解；又孔子祖述儒说阶级纲常之伦理，封锁神州。斯二者，于近世自由平等之新思潮，显相背驰，不于根本上辞而辟之，则人智不张，国力浸削，吾恐其弊将只有孔子而无中国也。"②

---

① 陈独秀：《孔子与现代中国》，《陈独秀著作选编》（第五卷），第171页。
② 陈独秀：《再答常乃惠》，《陈独秀著作选编》（第一卷），第293页。

陈独秀认为,孔子反对宗教迷信,[①]他将上古以至东周的先民宗教、神话、传说一概摒弃,他所倡导的唯有德行、言语、政事、文学四科。孔子说:"未知生,焉知死","子不语怪力乱神","祭如在,祭神如神在","敬鬼神而远之",等等,都显示了这点。故,陈氏说,"重人事而远鬼神,此孔墨之不同也。"[②]

当然,陈氏指出,孔子也在一定程度上论及鬼神和天命。但其意义是功能性的,而不是主张其实有:"孔子之言鬼神,义在祭享,为治天下之本……至于鬼神之果有或无,则视为不可知之事,而非所深究。"[③]"孔子之言天命,乃悬拟一道德上至高无上之鹄的,以制躬行,至于天地之始,万物之母,则非所容心,此孔子之异于道家也。"[④]儒家的神秘化是儒道混合的产物。

虽然陈独秀认为中国文化的主流儒家在先秦的孔孟荀等代表人物那里是近于科学的,但是,在更广的层面上他认为科学是现代西方的产物,古典中国在这方面先天不足。此主要体现在两个方面:

其一,虽然他承认中国的墨学、名家思想当中也有逻辑思想,但是,他认为西方的逻辑学发展得比他们成熟,因此并无必要从墨学、名家思想中挖掘现代逻辑思想。他说:"适之、行严辛辛苦苦的研究墨经与名学,所得仍为西洋逻辑所有,这是何苦!"[⑤]显然,这种态度基本上和陈氏一如既往的否定传统相关。

其二,他认为科学方法的本质是归纳法,中国古典思想则主要

---

① 儒家乃至中国传统文化的这个特点在显示了其近于科学的一面之外,还有另外的涵义,此即宗教性的严重缺失,以及由此导致的情感的薄弱。对此陈独秀也有独到的见解。

② 陈独秀:《孔子与现代中国》,《陈独秀著作选编》(第五卷),第164页。

③ 同上。

④ 同上书,第164—165页。

⑤ 陈独秀:《寸铁》,《国学》,《陈独秀著作选编》(第三卷),第198页。

侧重于演绎法，因此和科学相差甚远。他说："印度因明家言，尽论辩之则，统依三量：一曰自心现量，一曰比较量，一曰圣教量。夫现量乃玄妙难言之境，以之立正破斜，将何以喻众？ 比量乃取众象以求通则，远西归纳论理之术、科学实证之法，是其类也。圣教量者，乃取前代圣贤之言，以为是非之标准也。圣贤之智慧，固加乎并世之常人；能谓其所言无一不周万类而无遗、历万世而不易，有是理乎？ 倘曰未能，则取其言以为演绎论法之前提，保无断论之陷于巨谬乎？ 吾国历代论家，多言圣言而轻比量，学术不进，此亦一大原因也。今欲学术兴、真理明，归纳论理之术、科学实证之法，其必代圣教而兴欤。"[1]意思很清楚。中国古典思想的不足不仅在于它往往使用演绎法，忽略归纳法，更加糟糕的是，其所使用的演绎法的前提不是科学原理，而是"圣贤之言"。

　　这里需要注意的一个小问题是，陈独秀已经认识到"圣贤之言"的有效性是值得质疑的。如果我们进一步询问：为什么圣贤之言不是普遍有效的？ 那么，很可能会推导出一个令陈独秀本人也不大能接受的结论：归纳法是有限的。试问：为什么圣贤之言也可质疑？ 当然是因为并无生而知之者，知识都是后天的。这个观点陈氏也能接受，并且肯定予以支持。那么，圣贤之言只是他们对自身经验的归纳和总结的结果，是他们那个时代的"科学真理"。而按照陈独秀坚信的进化论，世界在进化，过去的情形未必会在将来重演，因此，圣贤之言未必能够有效地规范未来。也就是说，归纳法永远只是过去的总结，并不能对未来发生必然的效果。可是，陈独秀在这个问题上并未多做考虑和停留，而是对归纳法予以完全的信任，这不能不说是一个遗憾。

　　陈独秀对古典时代演绎法的批判并不限于中国。这和他的进化论思想相关。在其尚未受到马克思主义深刻影响之前，尤其是

---

[1]　陈独秀：《圣言与学术》，《陈独秀著作选编》（第一卷），第 427 页。

尚未见到苏俄十月革命成功之前,陈独秀认为历史的发展是一元模式的,即无论什么国家,都将按照一样的道路发展,只有发展速度的快慢,并无超越某些阶段的可能。所以他将演绎法理解为古典社会的方法论特色:"古代人的思想,大都偏于演绎法。"①相反,"到了近代科学发明,多采用归纳法。"②演绎法和归纳法俨然成为了古典和现代在方法论上的基本分野。不过,陈独秀逐渐地也辩证了起来,他认为真正的科学方法是演绎法和归纳法相互为用,但以归纳法为主。他说:"我们自然对于这两种方法,应该互为应用。但是科学发明之后,用归纳法之处为多,因为一个原理成立,必须搜集许多事实之证明,才能成立一个较确实的原理。"③

　　然而,我们不得不说陈独秀对科学方法的理解恐怕还是比较简单的。他说:"科学的精神重在怀疑、研究、分析、归纳、实证这几层功夫。'推之万世而准'这句话,是一种妄想,是演绎法最大的流弊,绝不是科学家脑筋里应有的东西啊!"④陈独秀对科学精神的概括显然缺乏实证主义者(比如严复、胡适)的严密性。"研究"、"分析"两个环节可以作丰富的解释,几乎就是文人写作随意运用的词。虽然陈氏在此展示的也是五步法或者四步法(因为研究和分析可以凝结为一步),但却和实证主义者不同。这种不同除了细致性、严密性方面的区别之外,关键在于"归纳"环节。严复、胡适都认为演绎法应该是科学方法的内在组成部分,实证之前应该是演绎法的应用。在这个意义上,陈氏的"怀疑、研究、分析、归纳、实证"五层功夫随意性比较强,并未组成有机的环节。这点联系前文严复、胡适对科学方法的论述可以更加清晰。

　　同时,陈独秀对科学方法存在误解之处。他说:"欧洲近代以

---

① 陈独秀:《马克思的两大精神》,《陈独秀著作选编》(第二卷),第 453 页。

② 同上。

③ 同上。

④ 陈独秀:《告新文化运动的诸同志》,《陈独秀著作选编》(第二卷),第 171 页。

自然科学证实归纳法。"①此话或有瑕疵。归纳法很难证明。自然
科学的成功是应用归纳法的结果,而不是证明归纳法的手段。即
便从陈独秀自己的思路来说,他的话语也是有问题的,因为按照陈
独秀自己的说法,自然科学的成功是因为贯彻了归纳法,换而言
之,归纳法的有效性必须在自然科学之前即已成立,否则自然科学
所用的方法是可疑的。那么,如何说自然科学证实了归纳法呢?
在更广的背景下我们可以发现,对归纳法的有效性的讨论其后成
为了不仅是中国哲学界(比如金岳霖),而且是世界哲学界(比如卡
尔·波普尔)的论题。其专业性和细致性显然不是在思想道路上
披荆斩棘的勇猛思想家陈独秀所能承担的。

　　尽管如此,这无损于陈独秀对中国传统思想中偏于演绎、科学
方法比较缺失、逻辑思想比较薄弱等弱点的揭示。但是,从另一个
角度看,实用主义者胡适对中国传统思想中科学方法的探索(尽管
有比附的嫌疑)、现代新儒家对传统思想中直觉等非理性认识环节
的重视,也是具有不可忽视的意义的。正是中国现代思想史上这
些重要思潮对于认识环节、科学方法的探索,推进了我们对于认识
自由的把握。

第二节　李大钊:当明是非于天下

　　在《是非篇》这一短小精悍的文章中,中国早期马克思主义的
代表李大钊开门见山地指出,"是非之不明于天下也,久矣!"②因
此如何判断是非、追求真理成为了时代的重要问题。李大钊认为
真理不是由单个的权威所确立的,也不是小团体能够左右的。但
是,他也没有走向另一个极端,即真理论上的多元主义、相对主义

---

①　陈独秀:《马克思的两大精神》,《陈独秀著作选编》(第二卷),第 453 页。
②　李大钊:《是非篇》,《李大钊全集》(第一卷),人民出版社,2006 年,第 57 页。

乃至虚无主义、不可知论。他认为,事实和逻辑以及主体的良知良能是认识真理的标准,理性的论辩是获得真理的良好途径,而真理是绝对性和相对性的统一。他坚信人类能够获得真理。从这样的观点出发,他对庄子、孔子做出了评判。

在《是非篇》中,李大钊对三种认识论观点提出了批评:

第一,权威主义。"豪强霸世,扼抑真机,元恶首虐,僭据崇位。蹴其下者,忍痛弗呻,口诽腹谤,诛夷立至,是其慑之以威者。"①李大钊对此明确反对之。

第二,成见和党同伐异。成见指的是怀有党见之私。李大钊反对以小团体的利益作为评判真理的标准:"今之以言论号召于天下者,多挟其党见之私,黄钟瓦缶,杂然并作,望风捕影,各阿所私。上焉者或无成见存于其间,只以同异之党伐,而正直之灵明,深蔽牢锢,遂不自知其失当,伺瑕蹈隙,抗辩攻讨;下焉者则如桀门之犬,嗷嗷吠尧,不惜出违心之论,肆口罗织,国体之荣辱,人格之保丧,外界之非笑,均所罔顾,惟以博其主人私党之快意。此以是相寻,彼以是相报。是者非之,非者是之。"②

第三,庄子式的多元主义、相对主义。"此亦一是非,彼亦一是非,各是其是,各非其非,真理大义,暗而不明,郁而不彰。"③虽然没有明确点庄子的名,但"此亦一是非,彼亦一是非"这种说法显然来自庄子。

进而,李大钊提出了认识真理的方法。他认为事实和逻辑是判断真理的重要标准。他说:"故吾人执笔以临社会,其当拳拳服膺、严矢勿失者,一在查事之精,一在推论之正。二者交备,则逻辑之用以昭,而二者之中,尤以据乎事实为要。盖背乎逻辑之推论,

---

① 李大钊:《是非篇》,《李大钊全集》(第一卷),人民出版社,2006年,第57页。
② 同上书,第57—58页。
③ 同上书,第58页。

苟为根于事实而设者,视合于逻辑之推论,其所据全属子虚者,厥失为少。盖事实确而推论妄者,有时而或可合,推论正而事实虚者,则永世而无其果。吾人论事析理,亦但求其真实之境而已,一时幻妄之象,虚伪之用,举不足移易吾人真理之主张也。"①

显然,李大钊这种以事实为基础的真理论已经包含了其后中国化马克思主义以实践为评判真理最后标准的观点的萌芽。当然,作为早期的马克思主义者,李大钊尚未来得及对"事实"本身做出更加详细的诠释,但其基本立场是清晰的。

值得注意的是,所谓的逻辑在此主要表现为"推论"。推论既可以是单个认识主体的行为,也可以是认识群体的活动。其中一定程度上包含了群己之辨的维度。事实上,李大钊认为在最大的范围内进行讨论是获得真理的必要环节。他说:"盖真理以辨析而愈明。"②他还说:"但察其是,勿拒其非,纵喜其同,莫禁其异,务使一群秉彝之所好,皆得相当之分,反复辩论,获其中庸之理以去。最后象定之辞,勿得轻用,终极评判之语,勿得漫加。健全之舆论成,而美满之宪政就矣。"③这里具体的背景是在讨论宪政如何才能更加完满,不过李大钊的这种观点在认识论上显然具有普适性。

在群己之辨的环节中,李大钊指出要设置"对面的存立"④,不能用粗暴的方式取消对立面。这是群己之辨的展开,某种意义上也可以看作后来毛泽东所说的"要设置对立面"观点的前身。他说:"我们再回过头来看看我们中国,新的旧的,都是死气沉沉。偶有一二稍稍激昂的议论、稍稍新颖的道理,因为靡有旗鼓相当的对立,也是单调靡有精采,比人家那如火如荼的新潮,那风起潮涌的新人运动,尚不知相差几千万里? 那些旧人见了,尚且鬼鬼祟祟

---

① 李大钊:《真理之权威》,《李大钊全集》(第二卷),第102页。
② 李大钊:《强力与自由政治》,《李大钊全集》(第二卷),第202页。
③ 李大钊:《民彝与政治》,《李大钊全集》(第一卷),第161页。
④ 李大钊:《新旧思潮之激战》,《李大钊全集》(第二卷),第313页。

的,想用道理以外的势力来铲除这刚一萌动的新机。他们总不会堂皇正大的立在道理上来和新的对抗。在政治上相见,就想引政治以外的势力;在学术上相遇,就想引学术以外的势力。我尝追究这个原因,知道病全在惰性太深、奴性太深,总是不肯用自己的理性,维持自己的生存,总想用个巧法,走个捷径,靠他人的势力,摧除对面的存立。这种靠人不靠己,信力不信理的民族性,真正可耻! 真正可羞!"①

在群己之辨的过程中,李大钊提及"一群秉彝之所好",这便涉及其哲学思想中另一个重要的范畴:"民彝"。他认为,"民彝者,凡是真理之权衡也。"②民彝者,类似于民众先天的良知良能。事实上,在《是非篇》中,李大钊便提出是非的辨别奠定在良知与天性的基础上:"本于良知、发于天性。"③

毋庸讳言,这种观点其实很难割舍与孔孟传统的内在联系。其间的差别或许在于,一方面,先秦儒家说及良知良能之时,主要是在伦理学的范畴内讨论问题;发展到陆王心学,良知良能才具有更多的本体论意味。另一方面,李大钊所指的"民彝"其主体是人民之全体。而孟子所说之良知良能虽然也可能人皆有之,但他同时将劳力者和劳心者作了区分,一定程度上贬抑了普通老百姓,而后者正是李大钊试图赋予重要历史地位的。但是,一旦李大钊引进了"民彝"作为评判真理的一个重要标准,如何避免权威主义就成为了一个问题。群己之辨、事实和逻辑能否完全避免权威主义? 这些问题值得思索。

不过,在李大钊的民彝说中有一个特点值得我们高度重视,此即他揭示了非理性因素("自信")和认识自由之间的联系。李大

---

① 李大钊:《新旧思潮之激战》,《李大钊全集》(第二卷),第313页。
② 李大钊:《民彝与政治》,《李大钊全集》(第一卷),第150页。
③ 李大钊:《是非篇》,《李大钊全集》(第一卷),第57页。

钊说：

> 然而宇宙之内万象森列，以一人之智察，而欲洞明一切应
> 有尽有之实体，戛乎其难。即令各人竭其所知，以求真理之所
> 在，而见仁见智，又人人殊，此其为道，不几一分而不可复合，
> 一乱而不可复理，将言真理者愈众，求真理者愈多，而真理之
> 为物愈以湮没而不彰乎？曰此不足以障真理之表显也。吾人
> 各有其知力，即各有其知力所能达之境，达于其境而确将其所
> 信以示之人，此即其人所见之真理也。言真理者之所谓真理，
> 虽未必果为真理，即含有真理而亦未必全为真理。而能依其
> 自信以认识其所谓真理者，即或违于真理，真理亦将介其自信
> 之力以就之。故言论家欲求见信于社会，必先求所以自信社
> 会之人，能自信者众，则此自信之众，即足成其社会之中枢，而
> 能轨范其群于进步向上之途矣。故真理者人生之究竟，而自
> 信者，又人生达于真理之途径也。①

他还说：

> 盖言论而基于自信、本于自由者，虽不必合于真理，而与
> 真理为邻。②

在以上两段话中，我们发现李大钊从另一个角度肯定了群己之辨
作为获得真理的机制的重要性，因为任何一个人都不足以认识宇
宙全体。这点上文已说，这里重要的是，李大钊认为，即便个体不
能认识全体真理，但是，他在进行有限的认识时，即便所得的结果

是错误的,他的自信力也构成了知识的重要组成部分。从今日知识论的发展来看,李大钊其实提出了知识中的默会维度的问题。①当然,在李大钊那里,他的这种主张还有另一重意蕴:真理的获得需要民德作更新,一个虚伪的民族是不可能获得真理的。

在以上引文中,我们还可以得出两个结论:

结论一:李大钊潜在地批评了庄子的不可知论。庄子说:"吾生也有涯,而知也无涯,以有涯随无涯,殆已。"(《庄子·养生主》)庄子以人生之有限和世界之无限为理由来质疑正确认识世界的可能性,李大钊却认为,这并不能成为否定真理的理由。因为"吾人各有其知力,即各有其知力所能达之境,达于其境而确将其所信以示之人,此即其人所见之真理也"。②

结论二:李大钊肯定了真理的有限性。某种意义上,李大钊和庄子都看到并强调了真理的相对性和绝对性。庄子认为真理必须基于认识世界全体的基础之上,而个体的有限性使之不可能认识真理全体。换而言之,在认识论上,庄子表现为相对主义和虚无主义,但是,这恰恰是因为他试图追求真理之绝对性而不可得,所以反其道而行之。当然,庄子没有意识到,真理之绝对性并非单指认识世界的全体,在一定的条件下认识了世界之某一部分,则所达到的也是真理。而李大钊一定程度上肯定了真理的相对性和有限性,他并不奢望认识全部的真理。

但这并不意味着李大钊否定绝对真理的存在。李大钊一定程度上认为真理是相对性和绝对性的统一。他相信有绝对的真理存在。他说:"余信宇宙间有惟一无二之真理。此真理者,乃宇宙之本体,非一人一教所得而私也。"③但是,另一方面,李大钊又认识

---

① 参波兰尼:《个人知识》,贵州人民出版社,2000年。对此,前文讨论严复、孙中山、熊十力时已经有所涉及,可参看。

② 李大钊:《真理之权威》,《李大钊全集》(第二卷),第102页。

③ 李大钊:《真理》,《李大钊全集》(第一卷),第244页。

到真理是有条件的:"盖所谓真理者,亦有从世运而变迁者乎。"①
他认为作为"宇宙本体"的真理"必能基于科学,循其逻辑之境,以
表现于人类各个之智察"。②换而言之,每个个体都能够反映全体
真理之一部分。

从这种真理观出发,李大钊对孔子持辩证的立场。他说:"孔
子之道也,佛法也,耶教也,未尝不本此真理(指宇宙本体的真
理——引者)而成也。然既称为真理,毕竟宇宙之间无古今、无中
外,常有此真实之一境,非孔子、释迦、耶稣辈之私有物也。"③所
以,在当今条件下,李大钊认为孔子不能成为评判真理的标准:
"使孔子而生于今日,或且倡民权自由之大义,亦未可知。而无
如其人已为残骸枯骨,其学说之精神,已不适于今日之时代精神
何也!"④

第三节　毛泽东:中国化马克思主义
认识自由论的高峰

无疑,中国现代的自由思想是多元的。在中国化马克思主义
的阵营中,毛泽东的哲学思想是代表。本节便试图对毛泽东的认
识论领域的自由观做若干考察。不得不说,关于毛泽东的自由思
想,学界讨论得已比较多,我们的重点在于揭示毛泽东的认识自由
思想和先秦诸子之间的内在联系。当然,有很多地方为了使得问
题更加显豁,我们在论述策略上会较多地论述毛泽东的认识论思
想,表面上和先秦诸子无关,但绝非离题。

① 李大钊:《民彝与政治》,《李大钊全集》(第一卷),第160页。
② 李大钊:《真理》,《李大钊全集》(第一卷),第244页。
③ 同上。
④ 李大钊:《自然的伦理观与孔子》,《李大钊全集》(第一卷),第247页。

一、毛泽东对传统和自由的一般看法

　　完全能够想象,主张辩证法的毛泽东不会完全抹杀传统,哪怕在革命语境中那是历史上唯心论的、反面的东西。毛泽东说过一句我们耳熟能详的话:"从孔夫子到孙中山,我们应当给以总结,承继这一份珍贵的遗产。"①他还说:"一切观念论都有其片面真理,孔子也一样。"②再如,毛泽东说:"孔子和蒋介石的书,这些反面的东西,需要读一读。"③这些话都表明毛泽东没有一味地否定传统。而且,从这些话中,可以看出包括孔子在内的传统至少具有两重意义:他们具有片面的真理,有时可以成为反面的教员。这一定程度上构成了毛泽东解读先秦诸子,或者说和先秦诸子之思发生关联的两种方式:挖掘先秦诸子思想中部分有价值的内容,以及先秦诸子思想中和毛泽东的哲学思想相对立的方面。前面一种方式中可能包含更多的复杂性:有的是片面的真理,有的是朴素的雏形。毛泽东对于传统的基本观点赋予了我们将其思想和先秦诸子之思联系起来的文本合法性。

　　解读毛泽东如何通过与先秦诸子对话来阐发其自由观,除了要弄清楚他对传统的基本看法之外,还要知道他对自由的一般性的理解。

　　毛泽东系统地表达了自由是对必然的认识和对世界的改造的观点:"认识世界是为了改造世界,人类历史是人类自己造出的。

---

　　①　毛泽东:《中国共产党在民族战争中的地位》,《毛泽东选集》(第二卷),人民出版社,1991年,第534页。
　　②　毛泽东:《关于〈孔子的哲学思想〉一文给张闻天的信》,《毛泽东文集》(第二卷),中共中央文献研究室编,人民出版社,1993年,第160页。
　　③　毛泽东:《在省市自治区党委书记会议上的讲话》,《毛泽东文集》(第七卷),第193页。

但不认识世界就不能改造世界……必然王国之变为自由王国，是必须经过认识与改造两个过程的。欧洲的旧哲学家，已经懂得'自由是必然的认识'这个真理。马克思的贡献，不是否认这个真理，而是在承认这个真理之后补充了它的不足，加上了根据对必然的认识而'改造世界'这个真理。'自由是必然的认识'——这是旧哲学家的命题。'自由是必然的认识和世界的改造'——这是马克思主义的命题。"①

毛泽东甚至批评恩格斯对自由的认识："恩格斯讲到必然王国到自由王国，讲得不完全，讲了一半。单是理解就自由了？自由是对必然的理解和改造，还要做工作。"②很清楚，毛泽东对自由的理解还加上了"改造世界"这一条。这个观点既有马克思的痕迹——因为毛泽东自己认为这是出自马克思——但恐怕不能否认其也具有中国传统思想的色彩。马克思当然在《论费尔巴哈的提纲》中说过重要的事情是改变这个世界，而不是解释这个世界。但请不要忘记毛泽东并不是一个教条主义者，而且他深受中国传统思想的影响。

如果我们回归中国先秦思想，就会发现它向来重视"行"。在儒家那里表现得尤为明显。此处以先秦儒家浓缩化的文本《大学》和《中庸》来说明这点。

《大学》明确提出了"齐家治国平天下"的策略。这本质上就是改变世界。《中庸》认为，"君子之道费而隐。夫妇之愚，可以与知

---

① 毛泽东：《驳第三次"左"倾路线（节选）》,《毛泽东文集》（第二卷），第343—344页。

② 按照魏斐德的观点，在批评了恩格斯的观点之后，毛泽东还有另外一种表述："自由是必然的理解和必然的创造。"转引自魏斐德：《历史与意志：毛泽东思想的哲学透视》，中国人民大学出版社，2005年，第319页。显然，这种说法将人的主体性提得更高。如果说世界还是偶然性和必然性的结合，那么，明确将世界等同于必然性，把自由理解为改造必然性，甚至创造必然性，无疑是突出了主体性。但问题也更加复杂化了。

焉,及其至也,虽圣人亦有所不知焉。夫妇之不肖,可以能行焉,及其至也,虽圣人亦有所不能焉。"不能否认,《中庸》在此讨论的主要是如何培养理想人格,但我们可以把"君子之道"理解成广义的自由。《中庸》认为,这种自由既是知的问题,又是行的问题。即使是愚夫愚妇,在日常生活中也常常有符合于"道"的行为,尽管他们自己对此并无觉知。如此,儒家的经典文本都突出了实践在获得自由过程中的重要性。

　　差别也是明显的。《大学》将"齐家治国平天下"奠定在"修身"的基础之上,虽然也暗含着认识自己的因素,尤其如果联系"正心诚意格物致知",这点更加明显,但是,"修身"更多的是道德行为。《中庸》的君子之道,愚夫愚妇所追求的,主要是道德领域的理想人格。这就为中国传统中"行"的内转化埋下了伏笔。毛泽东却要扭转这个倾向。众所周知,毛泽东把实践理解为生产斗争、阶级斗争和科学实验三项。这种理解有其狭隘的方面,因为在广义上一切感性活动都是实践,但它至少表露出毛泽东突破传统的道德实践的倾向。然而,从另一个角度看,毛泽东虽然试图突破先秦以来以道德实践为主的实践观,但是,他还是继承了先秦思想中将改变世界作为自由的有机构成的传统。①

　　然而,成功改变世界以获得自由的前提是正确地认识世界。毛泽东说:"必须从实践出发,从没有经验到有经验,从有较少的经验,到有较多的经验,从建设社会主义这个未被认识的必然王国,到逐步地克服盲目性、认识客观规律,从而获得自由,在认识上出

---

　　①　这里要补充说明的一点是,儒家文本中《大学》显然说到了改变世界的问题,但就本文所引的《中庸》的话,似乎《中庸》只是在说改变自己。但是,这里重要的是,《中庸》也是突出了行的,而"自己"本质上也是世界的一部分。必须承认的是,《中庸》过多地关注了人的内在维度,而对外在世界有所忽略。但在《中庸》那里,对内在世界的改造也并非纯粹内省的事,也需要在日用常行中加以实践。就此而言,《中庸》也是主张改变世界的,而不是只关注认识世界。

现一个飞跃,到达自由王国。"①毛泽东还说:"我们对于客观世界的认识,要有一个过程。先是不认识或者不完全认识,经过反复的实践,在实践里面得到成绩,有了胜利,又翻过斤斗,碰了钉子,有了成功和失败的比较,然后才有可能逐步地发展成为完全的认识或者比较完全的认识。到那个时候,我们就比较主动了,比较自由了,就变成比较聪明一些的人了。自由是对必然的认识和对客观世界的改造。只有在认识必然的基础上,人们才有自由的活动。这是自由和必然的辩证规律。所谓必然,就是客观存在的规律性,在没有认识它以前,我们的行动总是不自觉的,带着盲目性的。这时候我们是一些蠢人。"②

反之,如果不正确认识世界,就会在实践中遭受挫折,从而丧失自由。解放后,面对与以往革命工作不同的建设任务,毛泽东主张必须认真学习科学技术,否则就将陷于失败,丧失自由。他说:"过去干的一件事叫革命,现在干的叫建设,是新的事,没有经验。怎么搞工业,比如炼铁、炼钢,过去就不大知道。这是科学技术,是向地球开战,当然这只是向地球上的中国部分开战,不会向你们那里开战。如果对自然界没有认识,或者认识不清楚,就会碰钉子,自然界就会处罚我们,会抵抗。比如水坝,如修得不好,质量不好,就会被水冲垮,将房屋、土地都淹没,这不是处罚吗?"③

注意以上引文中"这时候我们是一些蠢人"这句话。它从一个微妙的角度表明毛泽东所理解的实践具有内在关系。也就是说,一方面人们通过正确认识这个世界,从而成功改变世界;另一方面,实践的主体本身也在改变世界的过程中改变了自己。反之,如果不能正确认识世界、成功改变世界,自我也不会得到改变,反而

---

① 毛泽东:《在扩大的中央工作会议上的讲话》,《毛泽东文集》(第八卷),第300页。
② 毛泽东:《在扩大的中央工作会议上的讲话》,《毛泽东文集》(第八卷),第306页。
③ 毛泽东:《经济建设是科学,要老老实实学习》,《毛泽东文集》(第八卷),第72页。

证明"我们是一些蠢人"。事实上，对实践的内在关系的确认是我们诠释现代自由时的一个基本前提。只是在毛泽东这里，这个特征表现得更加明显。

这样一个特征，我们认为在《大学》里已经得到表达了。《大学》里面说：

> 古之欲明明德于天下者，先治其国；欲治其国者，先齐其家；欲齐其家者，先修其身；欲修其身者，先正其心；欲正其心者，先诚其意；欲诚其意者，先致其知；致知在格物。物格而后知至；知至而后意诚；意诚而后心正；心正而后身修；身修而后家齐；家齐而后国治；国治而后天下平。自天子以至于庶人，壹是皆以修身为本。

我们可以发现，这里《大学》表达了两条线索：一条线索是平天下→治国→齐家→修身→正心→诚意→致知→格物，另一条线索则是第一条线索的反向。仔细想想，这两条线索只是方向不同，从平天下开始到正心诚意，或者反是，其实已将世间所有囊括其中。因为它包括了外在世界和内在世界两个世界，并且通过修身将两个世界联系了起来。可是，《大学》其后又加上了"致知→格物"的环节。那么，何谓格物？如果说致知还可以和正心诚意等同起来，那么格物呢？何谓"物"？难道除了天下、国、家、身、心、意之外还有别的物？答案当然是否定的。在广义上，天下、国、家就是物。于是我们发现《大学》与其说提供了两条线索，不如说提供了一条线索，因为这两条线索只有叙述方向的差别；进而，《大学》与其说提供了一条线索，不如说提供了一个圆圈。也就是说，为了成功地修身齐家治国平天下，必须正心诚意；但是，正心诚意本身也不是单独的行为，它们的实施也不能离开修身齐家治国平天下。正是在这个意义上，我们发现"格"具有内在关系的特征。

因此，毛泽东对认识论领域内自由的理解，无论是他对改变世界的重视，还是他对改变（实践）本身的内在关系的理解，都和先秦思想有着密切的内在联系。同时我们也可以发现，这种内在联系并非意味着对先秦思想的全盘接纳，其中还包括了扬弃的成分。这就对应了他对传统的辩证的立场。

然而，正如毛泽东反复申明的，成功的改变世界是以正确认识世界为前提，那么，如何正确认识世界？正确认识世界之后所得之真理有什么特征？它们又和先秦思想有什么联系？这些就成为我们接下来要考察的内容。

二、真理及其特征

何谓真理？讨论真理之前，必须对世界是什么做出界定。毕竟，真理和世界之间存在对应的关系：我们通常将真理理解为对世界的正确认识。

在其晚年的一次谈话中，毛泽东集中地表达了他对世界的看法。重要的是，他将这种看法和先秦诸子联系了起来。毛泽东认为，世界在时间上、空间上都是无穷无尽的。他指出，在太阳系外有无数个恒星，太阳系和这些恒星组成银河系。银河系外又有无数个"银河系"。宇宙从大的方面看来是无限的，从小的方面看来也是无限的。不但原子可分，原子核也可分，电子也可以分，而且可以无限地分割下去。毛泽东认为，这就是庄子所说的"一尺之捶，日取其半，万世不竭"的意思。[1] 下面我们会讨论毛泽东这种对世界的无限性的判定会给他的认识论造成什么影响，此处按下

---

[1] 参毛泽东：《关于人的认识问题》，《毛泽东文集》（第八卷）。按照魏斐德的观点，庄子是"毛最喜爱的道家圣人"，参魏斐德：《历史与意志：毛泽东思想的哲学透视》，第 318 页。

不表。

那么,何谓真理? 如何判定真理? 毛泽东说:"理论与实践要统一。理论与实践的统一,是马克思主义的一个最基本的原则。按照辩证唯物论,思想必须反映客观实际,并且在客观实践中得到检验,证明是真理,这才算是真理,不然就不算。"①从这段话中可见,毛泽东实际上在用两种标准判断真理。其一是效果论。也就是说,实践是检验真理的标准。其二是符合论:思想必须反映客观实际。

毛泽东的这种观点让我们想起了墨子的"三表法"。《墨子·非命上》说:"何谓三表? 子墨子言曰:有本之者,有原之者,有用之者。于何本之? 上本之古者圣王之事。于何原之? 下原察百姓耳目之实。于何用之? 废(发)以为刑政,观其中国家百姓人民之利。此所谓言有三表也。"我们一般把"下原察百姓耳目之实"理解为真理判定标准上的符合论,而把"废(发)以为刑政,观其中国家百姓人民之利"理解为效果论。在这个意义上,毛泽东对墨子的真理观有着潜在的继承。

然而,问题是复杂的。在前面提到的那次谈话中,毛泽东指出:"人对事物的认识,总要经过多少次反复,要有一个积累的过程。要积累大量的感性材料,才会引起感性认识到理性认识的飞跃。关于从实践到感性认识,再从感性认识到理性认识的飞跃的道理,马克思和恩格斯都没有讲清楚,列宁也没有讲清楚。列宁写的《唯物主义和经验批判主义》,只讲清楚了唯物论,没有完全讲清楚认识论。最近艾思奇在高级党校讲话说到这一点,这是对的。这个道理中国的古人也没有讲清楚。老子、庄子没有讲清楚,墨子

---

① 毛泽东:《增强党的团结,继承党的传统》,《毛泽东文集》(第七卷),第90页。

讲了认识论方面的问题,但也没有讲清楚。"①当然,这里主要说的是认识的过程、真理的获得机制的问题,但是,毛泽东表达了一个基本的意思:我们古代的先哲并没有将问题讲清楚。这是一个基本的判定。

具体而言,以真理问题而论,虽然毛泽东和墨子的思想之间存在较多的相似之处,但是,其间的差异还是很明显的:

第一,墨子的真理观具有教条主义、权威主义的色彩。这突出地表现在墨子的第一个真理判断标准上:"上本之古者圣王之事。"虽然胡适认为这句话也可以理解为符合论或者效果论,因为"古者圣王之事"之所以具有真理性,因为那也是在实践中取得了效果,或者思想和实际相符合了。然而,就这句话而言,不能否认它内涵着权威主义的趋向。也就是说,它可能被理解为"古者圣王之事"本身具有不可置疑的合法性和权威性,后人的作为必须与之相符合,否则就是谬误。由于"古者圣王之事"往往凝结在文本之中,因此这种倾向很容易沦为毛泽东严厉批判、大加反对的"本本主义"。其要害就在于在从特殊走向一般之后,对一般的相对性认识不足,没有看到后来的特殊会对一般形成修正和发展。

第二,墨子的真理观具有经验主义的色彩。这突出地表现在第二个真理判断标准上:"下原察百姓耳目之实。"已经有很多学者注意到,这个标准很容易将老百姓的幻觉和错觉当做正确的认识加以接受,从而导致谬误的产生。但是,毛泽东所主张的符合论中,主观的认识源自经验,但又超越了经验,本质上是理想的认识。他一再表示,正确的认识来源于实践,但必须要从实践发展到理性。

第三,墨子的真理还具有实用主义的色彩。墨子说:"废(发)以为刑政,观其中国家百姓人民之利。"问题在于,这种利是短期的

---

① 毛泽东:《关于人的认识问题》,《毛泽东文集》(第八卷)。

还是长期的？是部分的还是全体的？在这个论断当中，这些都没有得到明确的厘清。

第四，墨子对真理的判定是一劳永逸的，毛泽东则认为真理处于发展之中。这显然和毛泽东对真理的相对性和绝对性的关系的认识相关，也和毛泽东对认识过程的复杂性的认识相关。必须指出，这也是造成墨子的真理观具有以上三个问题的一大原因。由于墨子缺乏相对真理和绝对真理的观念，所以，他眼中一旦为其确认的真理就具有永恒性，不能被后来的事例修正、发展，于是就认为先王的真理具有不容置疑的权威性。墨子也不会看到现在对国家百姓人民有利的结果很可能在将来失效，造成损害。毛泽东认为，"人对事物的认识，总要经过多少次反复，要有一个积累的过程。"墨子却忽视了这个反复，把当下的直接的经验确认为永恒的真理，所以陷入了经验主义。所以，我们可以看到毛泽东之真理观和墨子的"三表法"之间的某种内在的联系，但是，正如他本人所说的，他的真理观的确是发展了先秦以来的认识论的。

行文至此，便涉及毛泽东所理解的真理的性质的问题了。

真理既有相对性也有绝对性，这点毛泽东在《实践论》和《矛盾论》中进行过阐发，也已经写进了我们的马克思主义教科书。在《读苏联〈政治经济学教科书〉的谈话（节选）》中，毛泽东也深入地论述了真理的绝对性和相对性。他说："要从研究特殊中间，看出一般来。特殊规律搞不清楚，一般规律是搞不清楚的。例如要研究动物的一般规律，就必须分别研究脊椎动物、非脊椎动物等等的特殊规律。绝对真理包括在相对真理里面。相对真理的积累，就使人们逐步地接近于绝对真理。不能认为相对真理只是相对真理，不包含任何绝对真理的成分，而到了一天人们忽然找到了绝对真理。"[①]

---

① 毛泽东：《读苏联〈政治经济学教科书〉的谈话（节选）》，《毛泽东文集》（第八卷）。

　　问题的复杂性在于,在 1945 年的一次讲话中,毛泽东一定程度上并不认为我们能够完全地认识世界。他说:"事情总是不完全的,这就给我们一个任务,向比较完全前进,向相对真理前进,但是永远也达不到绝对完全,达不到绝对真理。所以,我们要无穷尽无止境地努力。"①

　　这里的"相对真理"指的是相对过去而言的更加完全的真理,并不是我们现在所说的真理的相对性;这里的"绝对真理"也不是指真理的绝对性,而是指达到了顶点、再无发展可能的真理。

　　毛泽东的这个认识值得我们高度注意。他和恩格斯对真理的认识存在很大区别。一定程度上,恩格斯承认存在绝对的真理,虽然那是需要用整个人类的全部历史(包括将来)来实现、证明的。暂且不论毛的这个思想是否和他在"两论"中表达的思想相一致,因为这是一个很复杂的问题。这里要说的是,显然,就此而言,毛泽东深受先秦思想影响。

　　首先,这是由毛泽东的世界观决定的。如上所述,毛泽东认为世界无论在时间上还是空间上,都是无限的。并且他用庄子的话来加以证明。这种证明,与其说是某种修辞手段,不如说是深入骨髓的世界观。

　　其次,我们可以在先秦思想中发现大量的否定封闭的绝对真理的思想。单以《周易》哲学而言,它便否认存在绝对的真理。差别在于,《周易》哲学以循环论来否定绝对真理,毛泽东则以发展论来论证这个观点。庄子的思想当然是走向了"此亦一是非,彼亦一是非"的相对主义,但是,或许正如胡适所揭示的,庄子的这种怀疑主义反而表明我们对世界的认识是无止境的。②

---

　　①　毛泽东:《中国共产党第七次全国代表大会的工作方针》,《毛泽东文集》(第三卷),第 300 页。

　　②　参本书第二章第一节对胡适认识自由思想的论述。

　　从别的角度看,也许毛泽东对先秦的某些真理观有很大的冲击。这点突出的表现在荀子身上。荀子其实承认存在绝对主义的真理。而且,它们就在"君亲师"的手里。一定程度上可以说,虽然荀子提出了一整套细致的认识论方法,在认识论上大有贡献,但是,他根本上还是承认绝对主义真理的存在。这点中国自由主义的代表胡适、文化保守主义的重镇徐复观在研究荀子时都看到了。由于荀子是以权威的存在来确保绝对主义真理的存在,因此,从这个角度看,毛泽东否认绝对主义的真理,一定程度上对任何权威都形成了批判。

三、如何认识真理

　　既然真理具有如上性质,那么我们该如何认识真理? 在这方面,毛泽东也有丰富的思想,主要涉及辩证法、理性讨论、提高主体修养等方法。

　　首先需要贯彻辩证法。

　　何谓辩证法? 毛泽东认为,辩证法的核心是对立统一规律。对此他反复加以言说。他说:"辩证法最基本的一条叫做矛盾的统一,一个统一的东西可以分为两个方面,比如对的和不对的,不承认这一条,就是不承认辩证法。"[1]在《学习马克思主义的认识论和辩证法》一文中,毛泽东写道:"辩证法的核心是对立统一规律,其他范畴如质量互变、否定之否定、联系、发展等等,都可以在核心规律中予以说明。盖所谓联系就是诸对立物间在时间和空间中互相联系,所谓发展就是诸对立物斗争的结果。至于质量互变、否定之否定,应与现象本质、形式内容等等,在核心规律的指导下予以说明。旧哲学传下来的几个规律并列的方法不妥,这在列宁已基本上解决

---

[1]　毛泽东:《时局问题及其他》,《毛泽东文集》(第三卷),第 255 页。

了,我们的任务是加以解释和发挥。至于各种范畴(可以有十几种),都要以事物的矛盾对立统一去说明。例如什么叫本质,只能说本质是事物的主要矛盾和主要矛盾方面。如此类推。"①毛泽东还指出:"关于辩证法,列宁说过:'可以把辩证法简要地确定为关于对立统一的学说。这样就会抓住辩证法的核心,可是这需要解释和发展。'解释和发展,这就是我们的工作。要解释,我们现在解释太少了。还要发展,我们在革命中有丰富的经验,应当发展这个学说。"②

　　这些言论表明,毛泽东至少从列宁那里继承了一个观点:辩证法是关于对立统一的学说。但是,毛泽东和列宁有显著的不同。如果说列宁还是认为辩证法是关于对立统一的学说,那么毛泽东则认为对立统一是辩证法的核心。这点不同何以发生? 要回答这个问题,恐怕就要联系毛泽东所受到的中国先秦以来的思想传统的深刻影响了。毛泽东明确说:"中国应当是辩证法发展的国家。"③这句话实在值得深入品味。毛泽东在《矛盾论》中也承认,辩证法的宇宙观在古代就发生了,只是具有朴素的性质。这就告诉我们,毛泽东其实继承了先秦以来的辩证法的传统,但那些传统是朴素的。④

　　①　毛泽东:《学习马克思主义的认识论和辩证法》,《毛泽东文集》(第八卷)。

　　②　毛泽东:《在省市自治区党委书记会议上的讲话》,《毛泽东文集》(第七卷),第192—193页。

　　③　毛泽东:《在南京、上海党员干部会议上讲话的提纲》,《毛泽东文集》(第七卷),第291页。注意,着重号原来就有。

　　④　国外毛泽东研究专家施拉姆在《马克思主义者毛泽东》一文里说:"毛本人曾告诉我们,1949年解放后,许多中国人认为他对矛盾的解释更多来自阴阳学说而不是马克思主义。而且可以肯定地说,在毛1918年起,直到其生命的终结为止的著作中,有着古代道教辩证法的余音。"(《外国学者评毛泽东——在历史的天平上》,萧延中编,中国工人出版社,1997年,第28页。)这个观点有其正确性,但是,如果将"道教"改为"道家"则更为准确。

　　显然,毛泽东的辩证法思想深受老子辩证法的影响。他说:"我们必须学会全面地看问题,不但要看到事物的正面,也要看到它的反面。在一定的条件下,坏的东西可以引出好的结果,好的东西也可以引出坏的结果。老子在二千多年以前就说过:'祸兮福所倚,福兮祸所伏。'日本打到中国,日本人叫胜利。中国大片土地被侵占,中国人叫失败。但是在中国的失败里面包含着胜利,在日本的胜利里面包含着失败。历史难道不是这样证明了吗?"①他这方面的论述很多。就这段话而言,还可以看出贯彻辩证法就需要全面地看问题。显然,这突出的是对立统一规律中的统一的方面。

　　我们要指出的是,虽然毛泽东和老子的辩证法之间存在相似性,但两者具有根本的不同。

　　第一,老子的辩证法是雌弱的,毛泽东的则是雄健的。老子看到了世界的转化,因此主张为了把握真理、保全自身就要退守,否则就要走向反面,导致失败。毛泽东却不然。众所周知,他对奋斗情有独钟。所以,他从对立统一观点出发,主张各种形式的斗争,比如说"百家争鸣"就是立足于辩证法提出来的。毛泽东说:"列宁还说:'对立的统一(一致、同一、均势),是有条件的、一时的、暂存的、相对的。互相排斥的对立的斗争则是绝对的,正如发展、运动是绝对的一样。'从这种观点出发,我们提出了百花齐放、百家争鸣这个方针。真理是跟谬误相比较,并且同它作斗争发展起来的。美是跟丑相比较,并且同它作斗争发展起来的。善恶也是这样,善事、善人是跟恶事、恶人相比较,并且同它作斗争发展起来的。总之,香花是跟毒草相比较,并且同它作斗争发展起来的。禁止人们跟谬误、丑恶、敌对的东西见面,跟唯心主义、形而上学的东西见面,跟孔子、老子、蒋介石的东西见面,这样的政策是危险的政策。

---

　　① 毛泽东:《关于正确处理人民内部矛盾的问题》,《毛泽东文集》(第七卷),第238页。

将引导人们思想衰退，单打一，见不得世面，唱不得对台戏。"①这段话既显示了毛泽东对雄健的辩证法的欣赏，表明他和老子的辩证法之间的差异，也指出了如何贯彻辩证法来认识真理：其核心环节就是通过对立面的设置来推进对真理的认识。

第二，老子的辩证法也主张对立统一，但对立面的转化是神秘莫测的，所以主体只能无为，以防转化的发生走向对自己不利的方面。毛泽东主张对立统一，但对立面之间的转化是有条件的。毛泽东说："矛盾着的对立的双方互相斗争的结果，无不在一定条件下互相转化。在这里，条件是重要的。没有一定的条件，斗争着的双方都不会转化。"②

显然，我们还可以在《周易》当中找到关于辩证法，尤其是对立统一规律的更多思想。而且，《周易》哲学是雄健的，毛泽东在这方面与之很像。

然而，更加值得讨论的不是这些我们耳熟能详的材料，而是毛泽东本人对于某些不为我们注意的材料的解读和重视。

其一，毛泽东认为墨子也有辩证法思想。在1939年2月1日《关于〈墨子哲学思想〉一文给陈伯达的信》中，毛泽东称赞陈伯达把墨子等同于西方的赫拉克利特。他说："《墨子哲学思想》看了，这是你的一大功劳，在中国找出赫拉克利特来了。"③也就是说，他同意陈伯达的观点，认为墨子的思想中也有辩证法。这个材料很重要，因为一般我们总是把墨子看作形式逻辑的始祖，胡适、章士钊以及解放后的很多学者都是这么看的。但毛泽东的看法与之

① 毛泽东：《在省市自治区党委书记会议上的讲话》，《毛泽东文集》（第七卷），第192—193页。

② 毛泽东：《关于正确处理人民内部矛盾的问题》，《毛泽东文集》（第七卷），第239页。

③ 毛泽东：《关于〈墨子哲学思想〉一文给陈伯达的信》，《毛泽东文集》（第二卷），第156页。

不同。

　　其二，毛泽东认为先秦那些通常被视为形而上学的哲学家那里一定程度上也有辩证法的因素。这点是体现在他对李达关于"两论"观点的回应中。毛泽东高度推崇李达对"两论"的解读，甚至不易一字。在《〈矛盾论〉解说》中，李达说："中国周秦诸子的学说中，有不少关于辩证法的见解。例如老子的《道德经》，惠施学派的'合同异'学说，公孙龙学派的'离间白'学说，《易传》的'阴阳'学说，墨子学派的《墨经》等，都含有辩证法的因素。"①李达的这种看法很有意思。老子、《易传》、墨子的思想上文已说，但以前主流恰恰认为惠施、公孙龙的思想是形而上学的。何以此处认为他们也有辩证法的因素呢？要点就在于，就辩证法是揭露思维的矛盾以便发现真理而言，惠施、公孙龙无疑是有见于思维的矛盾的，虽然他们纠缠于这些矛盾而没有进一步的推进，可是的确是有助于我们发现真理。我们认为，李达如此高度赞扬惠施、公孙龙，是和对辩证法的认识密切相关的。正因为将辩证法的核心理解为对立统一，对对立面的揭示也就构成了组成辩证法的因素。

　　其次，为了获得真理，需要进行理性讨论。

　　从辩证法的角度说，为了获得真理就需要贯彻辩证法，比如，一分为二地看待问题。这种一分为二，有时更多地表现为对立面的斗争。毛泽东说："马克思主义必须在斗争中才能发展，不但过去是这样，现在是这样，将来也必然还是这样。正确的东西总是在同错误的东西作斗争的过程中发展起来的。真的、善的、美的东西总是在同假的、恶的、丑的东西相比较而存在，相斗争而发展的。当着某一种错误的东西被人类普遍地抛弃，某一种真理被人类普遍地接受的时候，更加新的真理又在同新的错误意见作斗争。这种斗争永远不会完结。这是真理发展的规律，当然也是马克思主

　　①　李达：《〈矛盾论〉解说》，《李达文集》（第四卷），第203页。

义发展的规律。"①斗争是真理发展的手段。毛泽东常说"要设置对立面",表达的也是这个意思。

然而,这并不表明毛泽东完全否定了理性的探讨在获得真理过程中的作用。毛泽东说:"思想这个东西很怪,要去掉那一部分坏的东西,不适合于马列主义的东西,不适合中国情况的东西,就要经过一定的阶段,就要有经验,单靠讲是讲不通的。列宁说'要在经验中来教育人民',因为人民是只信经验不信讲话的。但是讲还是要讲的。"②

毛泽东还说:"对于非马克思主义的思想,应该采取什么方针呢? 对于明显的反革命分子,破坏社会主义事业的分子,事情好办,剥夺他们的言论自由就行了。对于人民内部的错误思想,情形就不相同。禁止这些思想,不允许这些思想有任何发表的机会,行不行呢? 当然不行。对待人民内部的思想问题,对待精神世界的问题,用简单的方法去处理,不但不会收效,而且非常有害。不让发表错误意见,结果错误意见还是存在着。而正确的意见如果是在温室里培养出来的,如果没有见过风雨,没有取得免疫力,遇到错误意见就不能打胜仗。因此,只有采取讨论的方法,批评的方法,说理的方法,才能真正发展正确的意见,克服错误的意见,才能真正解决问题。"③

从这两段话中可见,毛泽东认为,思想的转变是需要理论解释和经验教育的。换而言之,真理的获得需要两个条件:实践检验和理论证明。同时我们可以发现,毛泽东的真理观包含着对列宁

① 毛泽东:《关于正确处理人民内部矛盾的问题》,《毛泽东文集》(第七卷),第230—231页。

② 毛泽东:《在中国共产党第七次全国代表大会上的口头政治报告》,《毛泽东文集》(第三卷),第312页。

③ 毛泽东:《关于正确处理人民内部矛盾的问题》,《毛泽东文集》(第七卷),第232页。

真理观的某种纠正(这不是说列宁不重视获得真理的这两个条件,而是说在此而言,列宁提出的主要是实践检验的问题)。并且,毛泽东提出了发展正确意见的方法:讨论、批评、说理。这表明毛泽东还是接受了中国先秦以来的传统的若干影响。

毛泽东认为,早在先秦时代就有了理性探讨的典范:"'百家争鸣',这是两千年以前就有的事,春秋战国时代,百家争鸣。讲学术,这种学术也可以讲,那种学术也可以讲,不要拿一种学术压倒一切。你讲的如果是真理,信的人势必就会越来越多。"①真理是在百家争鸣这种理性的讨论过程中产生、发展的。虽然历史后来的发展是曲折的,但毛泽东的这个思想显然是正确的。《周易》哲学主张"一致百虑、殊途同归",其中便包含了理性讨论的环节。

最后,为了获得真理,除了要贯彻辩证法、采取理性讨论的方式之外,还需要主体本身提高修养。

毛泽东主张讲真话,不偷、不装、不吹。他说:"什么是不装?就是'知之为知之,不知为不知'。"②这显然是对认识主体的要求,而且和孔子的言论结合了起来。毛泽东认为,本质上,这也就是要求主体要"诚"。无疑,"诚"也是先秦儒家的一个极其重要的范畴。

除此之外,毛泽东主张发扬主体能动性。当然,这是一个贯穿毛泽东哲学思想之始终的特征。从真理获得机制的角度看,又和毛泽东对辩证法的看法密切相关。

比如,在《关于帝国主义和一切反动派是不是真老虎的问题》的名文中,毛泽东说:

> 我们在一九五六年发表的十二年农业发展纲要四十条和

---

① 毛泽东:《在中共中央政治局扩大会议上的总结讲话》,《毛泽东文集》(第七卷),第 54—55 页。

② 毛泽东:《在中国共产党第七次全国代表大会上的口头政治报告》,《毛泽东文集》(第三卷),第 350 页。

十二年科学发展纲要,这些都是从马克思主义关于宇宙发展的两重性,关于事物发展的两重性,关于事物总是当作过程出现而任何一个过程无不包括两重性,这样一个基本观点,对立统一的观点,出发的。一方面,藐视它,轻而易举,不算数,不在乎,可以完成,能打胜仗。一方面,重视它,并非轻而易举,算数的,千万不可以掉以轻心,不经艰苦奋斗,不苦战,就不能胜利。怕与不怕,是一个对立统一法则。一点不怕,无忧无虑,真正单纯的乐神,从来没有。每一个人都是忧患与生俱来。学生们怕考试,儿童怕父母有偏爱,三灾八难,五痨七伤,发烧四十一度,以及"天有不测风云,人有旦夕祸福"之类,不可胜数。阶级斗争,向自然界的斗争,所遇到的困难,更不可胜数。但是,大多的人类,首先是无产阶级,首先是共产党人,除掉怕死鬼以及机会主义的先生们以外,总是将藐视一切,乐观主义,放在他们心目中的首位的。然后才是重视事物,重视每件工作,重视科学研究,分析事物的每一个矛盾侧面,钻进去,逐步地认识自然运动的法则和社会运动的法则。然后就有可能掌握这些法则,比较自由地运用这些法则,一个一个地解决人们面临的问题,处理矛盾,完成任务,使困难向顺利转化,使真老虎向纸老虎转化,使革命的初级阶段向高级阶段转化,使民主革命向社会主义革命转化,使社会主义的集体所有制向社会主义的全民所有制转化,使社会主义的全民所有制向共产主义的全民所有制转化,使年产几百万吨钢向年产几千万吨钢乃至几万万吨钢转化,使亩产一百多斤或者几百斤粮食向亩产几千斤或者甚至几万斤粮食转化。同志们,我们就是做这些转化工作的。同志们,可能性同现实性是两件东西,是统一性的两个对立面。虚假的可能性同现实的可能性又是两件东西,又是统一性的两个对立面。头脑要冷又要热,又是统一性的两个对立面。冲天干劲是热。科学分析是冷。

　　在我国,在目前,有些人太热了一点。他们不想使自己的头脑有一段冷的时间,不愿意做分析,只爱热。同志们,这种态度是不利于做领导工作的,他们可能跌筋斗,这些人应当注意提醒一下自己的头脑。另有一些人爱冷不爱热。他们对一些事,看不惯,跟不上。对这些人,应当使他们的头脑慢慢热起来。①

这段话很重要。在此,毛泽东提出了可能性和现实性的问题,并且将自由的创造机制细化了:"重视事物,重视每件工作,重视科学研究,分析事物的每一个矛盾侧面,钻进去,逐步地认识自然运动的法则和社会运动的法则。然后就有可能掌握这些法则,比较自由地运用这些法则,一个一个地解决人们面临的问题,处理矛盾,完成任务,使困难向顺利转化。"不过,我们特别要重视毛泽东在此所表露出来的重视人的主体性的思想。

　　其一,注意"同志们,我们就是做这些转化工作的"这句话。它表明,毛泽东一方面高度重视客观规律,另一方面,他又高扬主体能动性。然而,其所谓的主体能动性主要局限于认识规律。

　　其二,千万注意毛泽东的措辞。在此,他已经透露出将人的主体性置于前列的思想。他说:"阶级斗争,向自然界的斗争,所遇到的困难,更不可胜数。但是,大多的人类,首先是无产阶级,首先是共产党人,除掉怕死鬼以及机会主义的先生们以外,总是将藐视一切,乐观主义,放在他们心目中的首位的。然后才是重视事物,重视每件工作,重视科学研究,分析事物的每一个矛盾侧面,钻进去,逐步地认识自然运动的法则和社会运动的法则。然后就有可能掌握这些法则,比较自由地运用这些法则,一个一个地解决人们面临

---

　　①　毛泽东:《关于帝国主义和一切反动派是不是真老虎的问题》,《毛泽东文集》(第七卷),第456—457页。

的问题,处理矛盾,完成任务,使困难向顺利转化……"就是说,首先是精神性的东西放在前面,然后才是重视事物! 显然,这已经有过于重视精神而忽略物质存在的倾向了。

在这里,我们可以看到《周易》雄健的哲学、孟子自强不息的精神和辩证唯物主义之间的奇妙的结合。今日再讨论《周易》、孟子是唯心主义还是唯物主义,意义不大,但必须指出,它们都表达了积极的主体能动性的精神。孟子主张培养浩然正气,"自反而不缩,虽褐宽博,吾不惴焉;自反而缩,虽千万人,吾往矣。"(《孟子·公孙丑上》)似乎是把一切困难视为纸老虎的先声。然而,与此不同的是,毛泽东进而主张要重视客观存在,不能一味地突出主体能动性。可见,毛泽东并未走向精神万能论。这和孟子"万物皆备于我"的说法是不同的。

必须指出的是,以上对毛泽东如何结合先秦诸子之思发展其自由思想的讨论是相当简略的,但是,从中我们已可以看出,作为中国化马克思主义思潮的高峰,毛泽东的认识自由观和先秦诸子思想间存在着内在的联系。这种联系表现为直接的肯定、否定,以及曲折的发展、扬弃。

第四节　中国哲学史研究中所见的认识自由观

五四新文化运动之后,自由主义、马克思主义以及文化保守主义三大思潮俨然有三足鼎立之势。先秦诸子与现代中国自由价值的建立有何关系? 这一论题在三大社会思潮中均得到了不同程度的回应和关注。在马克思主义阵营中,我们可以看到以毛泽东为核心的中国共产党人在这方面提出了自己独立的见解,深刻地影响了现代中国自由观的形塑和先秦诸子在现代的面貌。这种影响又是广泛的。事实上,除了官方色彩较浓的诠释之外,在学术界,站在马克思主义立场上的学者也对先秦诸子和中国现代自由之间的关系做出了讨论。当然,必须指出,这种讨论很多时候不是明确的。它们本质上是用马克思主义的基本原理来诠释中国先秦诸子。然而,在马克思主义基本原理本身没有被统一化之前,对此的理解也是多元的,这就导致他们的诠释也是精彩纷呈的。同时需要提请注意的一个问题是,无疑,一旦将马克思主义指导下的中国哲学史研究拉进本书的讨论之中,我们马上会发现材料多到难以想象,因为,1949年后我们的中国哲学史研究的指导思想就是马克思主义。从这个角度看,几十年来我们的中国哲学史研究的一切材料都可以作为我们解读的对象。为了讨论方便起见,在认识论领域,我们选取郭沫若、"侯外庐学派"、张岱年、任继愈、冯契的中国哲学史研究的先秦部分作为研究对象,分别加以讨论。之所以选取这几个人,因为他们的研究分别凸显了"以马解中"的各种维度。

一、郭沫若:社会史还原法视野下的先秦诸子与认识自由

纵观郭沫若的生平,他既是一个历史学家,又是一个考古学家,还是一个文学家兼诗人。这些特征交织在他身上,使得他虽然不是一个像熊十力、冯友兰那样纯粹的哲学家,但其历史研究也充满了思想以及哲学的洞见。而这些洞见的产生,一方面和郭沫若的诗人气质难以分开,另一方面又是其长期而一贯地运用社会史还原研究方法的结果。郭沫若的社会史还原法的核心原理是"经济基础对上层建筑有决定性作用,后者对前者又有反作用"这一马克思主义基本原理,其两翼则为唯物辩证法和阶级分析法。

我们一再表示,所谓认识自由,其主要问题是如何获得真理。在此领域,自由和真理几乎等同:对自由的讨论涉及认识过程中的诸多环节,比如认识论思想的独立化,辩证法和形式逻辑,从反面看,则是反对相对主义、机械主义、形而上学(黑格尔意义上的)。

郭沫若没有写过专门的认识论以及政治哲学方面的著作,但是,在他对先秦思想史的研究中,我们可以从某种角度发现他的相关思想。从认识论的角度看,他贯彻了社会史还原研究方法之后,得出了如下观点:

第一,先秦时期,"名"的自觉已经产生。它不仅事关社会制度的变迁,而且具有独立的认识论意味。

之所以会产生名的自觉,首先是因为社会环境的变迁所导致的刺激。郭沫若认为,在社会比较稳定的时候,一切事物及其关系的称呼基本上是固定的。日积月累,这些固定的称呼就被看作是天经地义的,具有很强的约束人的力量。但是,到了社会发生变革的时代,各种事物发生了变化,一切关系都动摇了起来,甚至天翻地覆了,于是原来的称呼就不能适应新的内容,而新起的称呼都还在尝试之中,没有得到公认。在这个阶段便产生名实之争,所谓"名实之相怨"。比如,"君"这个概念在奴隶制时代指的是奴隶主,但是在从奴隶制转向封建社会的变革时代则指的是由奴隶升起来的首领;相应的,"百姓"在奴隶制社会指的是贵族,后来在封建制度下却指庶民。庶民在以前是贱人,现在却成了国本。郭沫若说:"一切都须得调整,因而在意识形态上的初步反映便必然有'正名'的要求。"[1]

无疑,这种"正名"的要求首先和政治、伦理制度密切相关,但是在其发展过程中"名"获得了某种独立性,从而转变为一个认识论的问题。郭沫若这样描述正名思潮在先秦及汉代的发展:"起初导源于简单的实际要求,即儒者的'正名';其后发展而为各派学说的争辩,一部分的观念论者追逐着观念游戏的偏向,更流为近于纯粹的诡辩;再其后各家的倾向又差不多一致地企图着把这种偏向

---

① 　郭沫若:《十批判书》,东方出版中心,1996年,第236页。

挽回过来,重新又恢复到'正名'的实际。"①可见,从要求政治、伦理上的"正名"的实际出发,名辩思潮逐渐指向了比较纯粹的认识论领域。比如孔子的"正名"要求,一开始指的是名分,但是,"所正的'名'既与'言'为类,正是后起的名辩之名,而不限于所谓名分。故'正名'也就如我们现在小之要厘定学名译名,大之要统一语言文字或企图拼音化那样,在一个社会制度大变革的时代的确是很重要的事。"②换而言之,先秦时代产生了追求认识自由的思潮。

第二,郭沫若认为《周易》表达了夭折的辩证法思想。

辩证法是宇宙观、世界观。郭沫若在《中国古代社会研究》中对《周易》的研究中也是这么认为的。但这并不表明它没有认识论的意蕴。事实上,今日我们讨论辩证法,很重要的一块领域就是探索其对获得真理的积极作用。

郭沫若认为,"(《周易》)把世界看成进化,而且进化的痕迹是取的连环形式,这是值得我们注意的。一切都有个尽头,一切都没有绝对的尽头;一切都是相对,一切都不是绝对的相对;相生相克,相反相成地,这样进展起来……像这样于事物中看出矛盾,于矛盾中看出变化,于变化中看出整个的世界,这种很正确的辩证观念还散见于《易传》的各篇。"③郭沫若认为,《周易》的辩证法可以凝结成三句话:"天下同归而殊途,一致而百虑。"(《系辞下传》)"阴疑于阳必战。"(《坤·文言》)"刚柔相推而生变化。"(《系辞上传》)我们发现,用现在的话说,这三句话正代表着辩证法的三个方面:"天下同归而殊途,一致而百虑"指的是世界是发展和联系的,"归"字表明了发展,但这种发展不是各自为政,老死不相往来,而是在坚持自身的独立性("殊途"、"百虑")的同时主张彼此之间发生联系

---

① 　郭沫若:《十批判书》,东方出版中心,1996年,第236页。
② 　郭沫若:《十批判书》,第91页。
③ 　郭沫若:《中国古代社会研究》,《郭沫若全集》(历史编)(第一卷),第75—76页。

("同归"、"一致")。"阴疑于阳必战"和"刚柔相推而生变化"指的是对立统一，并且揭示了矛盾双方。刚和柔、阴和阳代表的就是矛盾双方，两者之间的关系是对立的，所以"阴疑于阳必战"。但是，"战"绝非永不停歇，"对立"不仅在逻辑上，而且在事实上也会走向统一，此即"变化"之产生。郭沫若认为，《周易》之所以会得出辩证法的结论，不是真有什么天神圣贤灵光一动，计上心来，而是劳动人民在长期的社会实践、劳动实践中所获得的经验的总结。

但是，郭沫若认为《周易》中的辩证法实际上是夭折了的。他说："《易传》的作者把《易》的辩证观展开了，他是约略探寻着自然的理法。假使他向前更进一步，他可以导引出一个必然的革命的实践，就是顺着自然的理法，扶植弱者、被支配者，促进战斗，促进变化。然而他没有走到这一步，他却把方向转换了。……他在'不已'之中看出恒久来，变化尽管变化，但是变化总要变化。变化的形象是相对的，变化这个道理是绝对的。这个绝对的道理是恒久不变。只走到这一步，还不算错误，因为变化本来是绝对的。但这绝对与相对依然相对，就是变化的意义随时在变化。所以变化只能看成相对的绝对，然而他却把它看成绝对的绝对了。"[1]郭沫若明确指出："这个要求，根本是站在支配阶级的立场，想保持支配权的恒久。"[2]

也就是说，正如马克思所说，辩证法是最革命的。《周易》发现了辩证法，不仅赋予了劳动人民以认识世界、认识自身的武器，而且可以指导其改变世界，推翻压迫自身的社会制度。但是，《周易》发现了这个秘密，它在主张辩证法的同时主张"中行之道"，扼杀了辩证法的革命力量，使事物的发展永远不向反面发生变化。"相对的绝对成为绝对的绝对，所以相对的相对也成为绝对的相对。相

---

① 郭沫若：《中国古代社会研究》，《郭沫若全集》(历史编)(第一卷)，第77页。
② 同上。

对物间的推移转变完全停止了。'天尊地卑,乾坤定矣。卑高以陈,贵贱位矣。动静有常,刚柔定矣。'(《系辞上传》)"①

显然,郭沫若不仅将《周易》辩证法的产生看作是社会实践的思想反映,而且,对它的夭折也从社会史的角度寻找原因:那就是统治阶级为了维护自己的统治,不得不自相矛盾,扼杀将导致自己下台的辩证法。

第三,郭沫若严厉地批评了墨子的"三表法",并否定了墨学中的所谓科学。

众所周知,墨学在近现代经历了一次复兴。人们往往从科学、逻辑思想、民主观、革命观以及任侠等理想人格的角度来高度肯定墨学。墨学中的"三表法"更是成为中国古代逻辑发展的奇葩。本书前文已有所论述。有的研究者认为,"三表法"是最科学的方法,因为它有本有原,把经验当成了真理的标准。郭沫若却一反常见,指出:"可惜这个步骤是由上而下的演绎,而不是由下而上的归纳。他那'一本',根本就是问题。"②郭沫若认为,所谓的"圣王之事"本质上是一些奴隶制时代的陈旧历史,它们是渺茫不足为凭的,将之作为论证的出发点最不科学。而所谓的"察百姓耳目之实"很多时候是将错觉、幻觉也当做正确的经验,比如,墨子证明鬼神之有就是以有人见过鬼神为据。"发以为刑政"似乎没有问题,但是,郭沫若质问:所谓的"国家百姓人民之利"究竟是谁的国家?

显然,郭沫若在对"三表法"的批驳之中除了采用一般的逻辑分析法之外,还贯彻了社会史还原法。在归纳法和演绎法两种常用的逻辑方法之中,演绎法当然是必然的,但是,条件是其大前提必须正确无误。郭沫若指出"古者圣王之事"早已渺不可信,实则指出了这个大前提是不足为凭的。但值得注意的是在此郭沫若所

① 郭沫若:《中国古代社会研究》,《郭沫若全集》(历史编)(第一卷),第80页。
② 郭沫若:《十批判书》,第111页。

透露出来的另外一个信息：由于他坚持把中国历史的发展划分为五阶段，所以，"古者圣王之事"实际上发生在远古的奴隶制时代。而坚持人民本位的郭沫若当然不主张历史倒退论。对处于发展过程中的历史时期而言，如何能够以过去时代的事件作为评判标准？① 至于郭沫若对"国家百姓人民之利"究竟是谁的国家的质问，更是一针见血。由于坚持了阶级分析法，他显然认为这里的"国家"是奴隶主的国家。因此，有利于奴隶主的就是不利于奴隶的自由解放的。今日我们或许会感觉被滥用了的社会史还原法及其内部所包含的阶级分析法有点庸俗，甚至令人反感，但是，首先我们不要忘记郭沫若运用这些方法的时代背景，当时这些方法还充满了生命力；其次，通过以上的分析，我们不得不承认这些方法在观点的提出及内涵的揭示上的确会给人耳目一新之感，而且，它们从抽象的义理之中提炼出了某些更为实质的内容，从而对于某些主张给予慎重的对待。

　　同时，郭沫若也否定了为人所称道的墨学中的科学观。某种意义上，科学是真理的严谨的表述。很多研究者在复兴墨学中的逻辑方法之外，对其中所提及的众多科学现象情有独钟。郭沫若指出，很多人把墨学中"一些初步的科学现象撮拾来，尽量地鼓吹夸示，以为是怎样怎样的精深博大。其实那些粗浅的常识，一部分在造字的当时已经是发现了的东西，一部分则已融合于日常生活中而成为了家喻户晓的事，丝毫也值不得夸示。"②考虑到郭沫若在考古学上的深厚学养和杰出成绩，他对墨学中所涉及科学现象性质的判断是需要重视的。他认为，墨子本质上是一个宗教家，其思想中充满了非科学的东西。偶尔有些科学的内容，也不能纠正他是非科学的事实。因为宗教家为了更加顺利地传播其思想，

---

① 　在此，郭沫若已经涉及他对墨学政治哲学的基本判断。
② 　郭沫若：《青铜时代》，中国人民大学出版社，2005 年，第 119 页。

常常掺杂一些所谓的科学知识。① 显然,郭沫若的这种分析是从大处着眼,也是运用其社会史还原法的结果。他不仅将墨学中的科学和它的其他部分联系起来,而且从其社会现实效果上来考虑问题。相比于那些抓住墨学中关于科学的只言片语而将之无限地抬高的做法(比如胡适),郭氏的立场似乎更加辩证、妥当一些。但问题的另一面是,郭沫若似乎走向了另一个极端。实际上,如果联系中国传统社会中素来科学薄弱的现象,墨学中的科学即便只是常识,只是远古的遗留,也是需要珍视的。郭沫若的分析似乎忽略了这个背景。或许,这也是过分运用社会史还原法的一个弊端:由论主的阶级性质决定了他所倡导的一切都是不足道的。无疑,此处,郭沫若的做法中已经埋下了 1949 年后社会史还原法、阶级分析法走向教条主义的伏笔。

第四,郭沫若由批评黄老学派的"静因之道"、墨学的宿命论,肯定了荀子"制天命"的观点,指出了获得真理也即认识论领域的自由的正确途径。

郭沫若批评了黄老学派中宋钘的"静因之道"。所谓静因之道,就是"要使得心就像明镜止水一样,物来则生出反映,不增加一分,不减少一分,就像'影之像形,响之应声'"。② 这种认识方法的问题在于"完全泯却主观,采取纯客观的态度"。③ 但是按照郭沫若的观点,正确的认识途径是在尊重客观现实的基础上,积极发挥主观能动性。

郭沫若进而批评了墨学的有命论乃至宿命论。众所周知,墨子主张"非命"。但是郭沫若认为,墨子"名虽非命而实皈命"。④

---

① 郭沫若:《青铜时代》,第 119 页。
② 郭沫若:《十批判书》,第 111 页。
③ 同上。
④ 郭沫若:《青铜时代》,第 126 页。

　　这里的关键在于,郭沫若认为墨子所反对的"命"是儒家说的"死生有命,富贵在天"的"命",其真实含义不是上帝鬼神,而是某种自然或者自然的理则,是前定的必然性。这种必然性,在儒家的语境中,可以激发人的主体能动性,使其"尽其在我"①。郭沫若认为,儒家主张"死生有命,富贵在天",并不是宿命论,而是叫人藐视权威和财富。生命的长短自有定数,则不须有意求长,也不须存心怕短,因此世俗的生杀之权也就不足以威胁一个人的意志。把富贵视为偶然之物,并不有意求荣,也不存心避辱,因此世俗的予夺之权也就不足于左右一个人的出处。"在这样的信念之下,一个人可以保持着他自我的尊严,可以自由自在地'杀身成仁'而'舍生取义',可以自由自在地不淫于富贵,不移于贫贱,不屈于威武。"②在这个意义上,儒家的天命论正是在叫人努力,不是叫人懈怠。③

　　因此,墨子主张非命,不是在反对上帝鬼神,为唯物主义扫清道路,而是在反对人的主体能动性。其要害在于,墨子不承认在上帝鬼神之外还存在什么必然性或者偶然性,一切生杀予夺之权全部归于上帝鬼神。而王公大人正是上帝鬼神在地上的代理,因此,他们也具有生杀予夺之权。因此,墨子的"非命说"其实在主张对于无形的权威(上帝鬼神)和有形的权威(王公大人)都表示彻底的服从。在这个意义上,在认识论上"非命说"产生了和"静因之道"一样的结果:忽视主体能动性。更加严重的是,"静因之道"至少还承认客观世界本身的真实性,要求对之加以尊重;"非命说"则不仅忽略了主体能动性,而且将真理的评判标准从现实世界那里剥离出来,将其赋予王公大人和上帝鬼神。这在认识论上为专制主义做了辩护。

---

①　郭沫若:《十批判书》,第96页。

②　郭沫若:《青铜时代》,第126页。

③　参郭沫若:《青铜时代》,第127页。

与之相对,郭沫若赞赏的是荀子"制天命"的观点。"制天命"的要义在于,一方面它肯定客观世界存在必然性,从而和墨子的观点形成了对立,即"'非命'是以为自然界或人事界中没有所谓必然性,这是违背现实"①;另一方面,它又不是简单地要求尊重客观现实,就像"静因之道"所要求的那样,而是提出了"勘天"的思想,此即相信人定胜天,从而高扬了主体性。总之,"'制天命'则是一方面承认有必然性,在另一方面却要用人力来左右这种必然性,使它于人有利,所以他要'天地官而万物役'。"②郭沫若称之为"这和近代的科学精神颇能合拍。"③而"制天命"之所以能够成功,原因在于"凡所以知,人之性也,可以知,物之理也"(《荀子·解蔽》),也就是说,"客观的事理有可以知道的关系存在,而人的本性有能够知道客观事理的力量。"④从主客体两方面肯定了真理是可以获得的。不必多说,荀子对主体的认识比宋钘能动得多。

总体来看,郭沫若通过社会史还原法的应用,辩证地批判了先秦诸子的认识论思想,透露出了他的认识论领域的自由观。简而言之,认识的真理,一方面来自于对客观世界的尊重,另一方面则要求发挥主体能动性。而辩证法、形式逻辑的使用既是尊重客观世界的表现,又是发挥主体能动性的表现。这一切都是综合在一起的。忽略客观现实的辩证法只是变戏法,最终会走向夭折。反之,如果形式逻辑的使用过于考虑研究者的利益,则可能在某些环节出错,比如,对演绎法使用的大前提缺少必要的考察。另外,如果因为害怕出错,而过于强调尊重客观现实,甚至忽略主体能动性,那么就会停留在"静因之道"的水平上。以上意思充分体现在郭沫若谈论科学的话语中:"科学的基本要求是利用厚生,为人民

---

①　郭沫若:《十批判书》,第 200 页。
②　同上。
③　同上。
④　同上书,第 208 页。

服务,它首先承认客观世界的真实,静心地去体察,发现一切对象的性质、关系、变化与变化所遵循的规则,进而加以人力的促成、组织、淘汰、提炼,以增加人类生活的幸福。"①我们要补充的只是:如此人类也获得了认识上的自由,并且为实践领域的自由打下了基础。

二、"侯外庐学派":非理性与认识自由

同时倡导社会史还原法并取得巨大成就的是"侯外庐学派"。因其撰写了皇皇巨著《中国思想通史》(五卷六本)而又被称为"中国思想通史学派"。自然,他们对先秦诸子与认识自由之间关系的解读主要也是贯彻了社会史还原法。我们的重点不在此,而是讨论他们在研究先秦诸子时,所表露出来的在获得认识自由过程中非理性具有重要价值的观点。

"侯外庐学派"认为,孔子"学而不思则罔,思而不学则殆"的说法表明他主张学思并重。这点已是常识了。侯外庐也从他的社会史观点出发,对孔子"学"的内容进行了剖析,指出其所学主要是"古",因此还是具有抽象的意义。

在此值得重视的是"侯外庐学派"对孔子之"思"的解释。他们指出,"思是形而上学超乎感觉的体悟"。②《论语》里面说:

> 子曰:"君子有九思,视思明,听思聪,色思温,貌思恭,言思忠,事思敬,疑思简,忿思难,见得思义。"(《季氏》)

① 郭沫若:《学术工作展望》,转引自刘茂林、叶桂生著:《郭沫若的史学生涯》,中国社会科学出版社,1990年,第150页。
② 侯外庐、赵纪彬、杜国庠著:《中国思想通史》(第一卷),人民出版社,1967年,第164页。

"侯外庐学派"认为,从孔子的如上言语中可以看出,视、听、色、貌,是属于感觉的东西;言、事、疑、忿、见得,是属于经验的东西。孔子认为,知识的产生依靠这两组东西和客观世界相接触。问题在于,孔子认为还必须有一个"九思"的中介,知识才能产生,而"九思"是先天的。这种解释是相当独特的。或许,从某种角度看,"侯外庐学派"之所以这么做是为了论证孔子认识论上的唯心主义路线。但是,一旦他们把"思"的地位揭示出来,并且给予了新的解释,那么,我们必须认真应对。从康德哲学的角度看,仅仅凭借外在世界以及感觉经验尚不能产生知识,而必须有所谓先天形式的加入。从这个角度看,"侯外庐学派"似乎将孔子的知识论康德化了;如果撇开唯物唯心的讨论,他们的这种揭示对于孔子认识论的丰富是有价值的。

　　从这个角度看,"侯外庐学派"认为,孔子所说的"默识"、"近思"不是单纯指理智,"而是理智与情操的统一",[①]因而视听等九类复杂的行为,就要服从于先天的范畴,也就是"思"。这里重要的是,他们其实认为孔子把情操的维度引入了认识论。自然,我们会问如此还如何担保认识的客观性和真理性。他们的讨论似乎还没达到这个程度。不过,他们的研究让我们看到非理性的因素在认识过程中具有重要的地位。

　　这一切如何在马克思主义认识论的框架内获得解释? 这是一个值得深入思索的问题。或许,正是在用马克思主义指导中国哲学史研究(不妨简称为"以马解中")的过程中,经典马克思主义认识论本身的局限性得到了一定程度的揭示,而先秦诸子的内在丰富性也得到了肯定。两厢对照之下,新的理论可能呼之欲出。在中国化马克思主义思想家冯契那里,我们也看到过类似的情况。[②]

---

① 　侯外庐、赵纪彬、杜国庠著:《中国思想通史》(第一卷),第 164 页。
② 　参拙文:《马克思主义视野下的逍遥游》,载《人文杂志》2012 年第 2 期。

　　"侯外庐学派"对于认识过程中非理性维度的重视也体现在他们对墨子的研究中。他们指出,墨子著名的"三表法"提出了判断知识的绝对标准。除了我们在别的研究者那里常常看到的对"三表法"的批评之外,"侯外庐学派"尤其指出"三表法"的一个问题是忽略了知识是具体的,即,它是会随着历史的发展而发展,随着具体环境的不同而不同的。比如,从第一表的角度看,古代圣王证明是正确的知识,在今日可能就是错误的;从第二表的角度看,在一定环境之下认为是正确的知识,换了环境可能会认为是错误的。所以,他们指出,墨子提出的这些标准是"形而上学"的,他为了证明知识的客观性,不惜"把人类性向'机械化'方面规定"。① 由此导致他"在知识活动的领域上,错误地否定了人类的感情(六情)作用,以强调他的物仪或思维尺度。"②

　　但是,"侯外庐学派"对此的进一步说明却比较晦涩。③ 这里说的是仁义的客观尺度只有去除六情之后才能显出实用来,并不是对认识论本身的说明。不过,"侯外庐学派"多次指出认识过程中包含的非理性因素的积极作用,的确让人耳目一新。这可谓他们对于认识自由思想的重要贡献。

　　除此之外,侯外庐学派也对先秦诸子思想中一般的认识自由内容做出了论述。

　　人们通常总是把庄子看作是在追求精神性的绝对自由,"侯外庐学派"认为这种观点是皮相之见。因为所谓的自由是对必然的把握。他们认为,庄子不仅认为人不能把握必然,而且还认为只有放弃对自然的把握,才能得到所谓道德的自由。"侯外庐学派"指出,"这在本质上却是自由的否定。"④

---

① 侯外庐、赵纪彬、杜国庠著:《中国思想通史》(第一卷),第235页。
② 同上。
③ 同上书,第236页。
④ 同上书,第325页。

　　"侯外庐学派"批评曾子、子思一系的内省的方法,认为这将走向唯我论。① 这种内省方法发展到孟子更演变为先验的知识论。其特征就在于首先肯定先验观念的存在,排除感性认识,片面强调理性的认识。于是将认识理解为"寻回我之所固有,自然就不得不放松了对于客观事物的把握;更严格地说来,就是不得不抹杀把握客观事物的可能性内置必要性"。② 他们指出,正是因为孟子的知识论是先验的,所以他的逻辑方法是"无类比附"。③ "侯外庐学派"对此加以了细致的证明。此处不展开。这里要说的是,从"侯外庐学派"对思孟一系的论述和批评来看,他们实际上认为思孟学派虽然也主张天人合一,但那是宗教的、神秘的;根子就在于他们的知识论和方法论并不建立在对感性的全面把握上,而一味地强调理性的作用。根据这样的认识论策略,是不能获得认识自由的。

　　由以上简略的论述可知,"侯外庐学派"也是继承了马克思主义"自由是对必然的认识和应用"的基本观点,并以此衡量先秦诸子的相关思想。问题的另一面是,先秦诸子思想中有一些一时难以为经典马克思主义所判别的观点逼迫研究者进行创造性解读,这既构成了马克思主义中国化的一个环节,又激发了先秦诸子引而不彰的某些思想,促进了中国现代认识自由的发展。

三、张岱年:"真知三表"与多元的视角

　　与郭沫若、"侯外庐学派"主要以社会史还原法解读中国哲学史同时,提出了"解析的辩证唯物论"的张岱年则以问题为中心写作了《中国哲学大纲》,创立了以"天人五论"为核心的哲学体系,构

---

① 侯外庐、赵纪彬、杜国庠著:《中国思想通史》(第一卷),第 399 页。
② 同上书,第 412 页。
③ 同上书,第 402 页。

成了马克思主义中国化的另一种形态。在认识自由的观点上,张岱年的特出处在于提出了"真知三表"和多元的认识方法。

张岱年模仿墨子的"三表法",对真理的标准提出自己的观点,即所谓"真知三表":①

> 何以辨别知之真妄,则有三表,即三个标准。(昔墨子言三表,为关于真知学说之一大贡献,今师其意而略改之。)真知三表:一曰自语贯通;二曰与感觉经验之内容相应;三曰依之实践,结果如所预期。简言之,即一言之成理,二持之有故,三行之有成。②

按照现在的说法,张岱年的这三个标准分别接近于真理的融贯论、符合论以及效果论。但还是略有差别。

真理的融贯论强调的是理论系统本身内部的一致性,至于理论与外部实际之间是什么关系,则不作考量。因此融贯论很容易演变为一种"自圆其说"的"胡说八道"。张岱年之所以主张真理的一个标准是"自语贯通",却是和他的辩证唯物主义立场相一致的。他承认从辩证法的角度说,事物都存在矛盾,但是,这并不意味着表述这些事物的理论可以矛盾,"分析之极,在同一点之上必不可能自相矛盾,故事物是矛盾的,又是自己一致的;既包含对立而又有其短暂的统一。真知摹拟事物之实况,必自相贯通而不应自语相违。"③

张岱年所主张的真理的符合论更加明显地超越了墨子的"三表说"。墨子认为真理的一个标准是和"百姓耳目之实"相符合,对此,很多研究者已经指出,这种观点在尊重群众意见的同时,对于

---

① 以下分析根据张岱年:《天人五论》,《张岱年全集》(第三卷),第 222—223 页。
② 张岱年:《天人五论》,《张岱年全集》(第三卷),第 222 页。
③ 同上。

感觉经验给予了过多的信任而走向了某个极端——因为感觉经验可能出现错觉、幻觉。因此,张岱年指出了克服的方法:"感觉可有误,且常有误,然感觉之误,可由一人多次感觉之相互勘正,或多人多次感觉之相互勘正而知之。不应由感觉之有误而以感觉为不可凭信。人类感官乃通内外之具而非隔内外之具。"①在此,张岱年继续坚持唯物主义的立场,强调感觉经验是知识的起点。同时,他一定程度上引进了认识论上的群己之辨的机制。因为一个人的单次感觉可能出现错误,但在群体之中,经过反复验证的感觉出现错误的可能性就要小很多。

第三个标准则引进了假设和验证的环节。张岱年的意思是,因为真理具有普遍性,不仅是对过去经验的概括,而且指示着未来。因此,如果按照某个理论做出某种预期,经过实践获得了相应的结果,那么,那个理论就是真理,反之则不是。在此,张岱年并不是简单地套用效果论,直接地宣称实践是检验真理的标准,而是一定程度上将之细化了,将理论的结果预先用假设命题表达出来,然后通过实践来检验其真假。

从较广的视野来看,张岱年的特色尤在于他主张多元化的认识方法论。② 在《中国哲学大纲》的"致知论"中,张岱年认为,中国哲学中,从孔子开始就有关于致知方法的研讨。孔子的方法包含了以后各个哲学家的方法之萌芽,而无所偏重。孔子以后的哲学家们所用的方法,大致说来,有六种:③

一、验行。即以实际活动或实际应用为依据的方法,这是墨子的方法。

---

① 张岱年:《天人五论》,《张岱年全集》(第三卷),第 222 页。
② 张岱年对先秦诸子的知识论的解读相比于后来的任继愈等人,的确比较初步;有的观点还比较接近于胡适:比如对名家的"火不热"等命题的诠释,突出了认识心的作用。不过,张岱年的解读之中还是有很多值得进一步思索和阐发的地方。
③ 张岱年:《中国哲学大纲》,《张岱年全集》(第二卷),第 555—556 页。

二、体道。即直接的体会宇宙根本之道，是一种直觉法，这是老子、庄子的方法。

三、析物。即对于外物加以观察辨析，这是惠子、公孙龙及后期墨家的方法。

四、体物或穷理。即由对物的考察以获得对于宇宙根木原理之直觉，兼重直觉与思辨，可以说是体道与析物两法之会综。此方法可谓导原于荀子及《易传》。

五、尽心。即以发明此心为方法，也是一种直觉法。这是孟子所推崇的。

六、两一或辩证。中国哲学中论反复两一的现象与规律者颇多，而将反复两一作为一种方法而加以论述的，较少；只有庄子与《易传》论之较详。其发端在于老子。

张岱年认为，在中国哲学中，辩证方法的运用不是独立的，哲学家用此方法，都是以其他方法为主而兼用此法。他还指出，体道与尽心都是直觉的方法，不过一个向外一个向内；析物是理智的方法；体物或穷理则是直觉与理智合用的方法；验行是实验的方法；"两一"则与西洋哲学中的辩证法有类似之点。

在对中国传统哲学中的方法论做出一般的刻画之后，张岱年细致地结合先秦诸子，具体地对以上观点加以了展开。这里暂且从略。我们论述这些观点的目的在于说明，在张岱年看来，先秦认识论、方法论思想中，并非只存在辩证法或者对辩证法的偏离，而前者是需要继承的，后者是需要批判的，如后来的正统的马克思主义，尤其是狭隘化、教条化的马克思主义中国哲学史所展现的那样。先秦诸子包含着丰富的认识论、方法论思想。有的时候他们的确走向了诡辩，比如，张岱年认为，庄子的"以明"思想指的是"反复相明"，"以对立者之反复相明，以见对立者之齐一。"①这种"以

---

① 张岱年：《中国哲学人纲》，《张岱年全集》（第二卷），第560页。

明"的方法,主要目的在于揭示出"对立之相待相生、交参互函的关系"。① 但是,最终庄子走向了诡辩论:"揭示对立两方面的相待相生、交参互函的关系,这是辩证法;以为对立两方面彼此无别,完全齐等,这就陷于诡辩论了。"②不过,不能认为先秦诸子的思想要么是正宗的辩证法的,要么是曲解了的辩证法的,要么是构成了辩证法的某个环节的。

从张岱年对先秦诸子认识方法论的六个方面的揭示来看,他的观点相当通融。他似乎认为,获取真理的方法有很多种,并非只有华山一条道。这种观点,一方面显示了对传统文化的高度重视和坚强的文化自信心;另一方面,似乎又显示出张岱年深受中国先秦以来传统文化的影响。众所周知,《庄子》认为道无所不在,甚至"道在屎溺"。这个观点并非真的主张道存在于庄子所说的某个具体存在物之中,因为具体的存在物总是列举不尽的;而是说,道存在于任何地方。那么,如何把握道? 其实"道无所不在"的主张内在地要求把握道的方法的多元化,因为具体的存在总是多元的,那么怎么能要求以一种方式来把握道呢? 当然,就庄子而言,其思想的走向,在方法论上更多的是一元论,即必须采用其所说的"以明"、"心斋"、"坐忘"等方法。先秦思想中这种认识方法论上的多元化的倾向,到了《易传》则化为了现实。《易传》说:"天下同归而殊途,一致而百虑。"也就是说,无论人们采取什么方法,最后都能够获得真理,从而获得自由。值得注意的是,这种观点本身内在地包含着一元论的意思,因为它毕竟承认"一致"的存在;但是,从另一个角度看,它还是肯定了获得真理的途径的多元化。

行文至此,有一个问题需要讨论:张岱年把中国传统哲学的方法论分为六种,这六种方法之间是什么关系? 对于这个问题,在

---

① 张岱年:《中国哲学大纲》,《张岱年全集》(第二卷),第560页。
② 同上书,第561页。

《中国哲学大纲》中,张岱年似乎缺乏进一步的考量。其实这是一个很重要的问题。比如,光靠"析物"如何证明所获取的就是真理?从这个角度看,要求全面、系统地分析对象,并且把理论和实践相统一起来的认识论还是有其优势的。这就内在地蕴含着以唯物辩证法为核心,其他方法为辅助的认识论观点的产生。

四、任继愈：先秦诸子与唯物辩证法

任继愈主编、写作了多种版本的中国哲学通史。我们以其主编的、出版于1980年代的《中国哲学发展史》(先秦)(下文简称《发展史》)为基本材料,剖析他所代表的一批学者关于先秦诸子和现代认识自由之间关系的观点。

对于自由,《发展史》的作者们有着自己的观点。他们说:"什么是自由? 人通过实践使自己的目的在客观世界实现,这就是自由。因此自由的一个不可缺少的要素是人的目的,人改造客观世界、满足自己要求的意向。自由属于有意志的主体——人,不属于无意志的客体——人要改造的对象。自由的另一个不可缺少的要素是客观必然性,就是说人的目的和实现目的手段必须符合客观规律,只有这样目的才能实现。"①

这种对自由的理解包含着三个方面:对客观必然性的正确认识,对主体目的的正确把握,以及主体对客体的改造。自由是合目的性和合规律性的统一。虽然在广义上,对人的目的、意志的认识也是一种认识,属于对世界的认识,但是,像《发展史》这样明确将对主体的目的的认识这一方面的内容提出来,还是显示了中国化马克思主义对自由的认识的进步。同时需要指出的是,在以此为标准对中国先秦哲学史展开论述时,很多时候作者并未完全将之

① 任继愈主编:《中国哲学发展史》(先秦),人民出版社,1983年,第454页。

贯彻;他们基本上还是从对客体的正确认识的角度来阐释认识论领域内的自由思想。

《发展史》在诠释先秦诸子和现代自由之间的关系的观点时,主要评判标准有二:历史唯物主义和辩证唯物主义;前者主要表现为阶级分析法,后者主要表现为唯物辩证法。在此我们主要从第二个角度来加以阐述。基本上可以说,《发展史》以马克思主义认识论(主要是唯物辩证法)为原则来解读先秦诸子,判断他们是违背了马克思主义认识论的原则,还是为这个原则贡献了若干的环节,或者比较接近这些原则,只是在某些地方需要修补:

第一,老子和《易传》的辩证法是比较接近于马克思主义认识论的辩证法的,但也有其不足。

《发展史》认为,中国哲学史中包含着丰富的辩证法传统:"中国哲学史上的辩证法传统也是世界上封建社会中少有的。辩证法的传统在我国有两大思想体系:一是以老子为代表的贵柔体系,一是以《周易》为代表的刚健体系。这两大体系经历数千年交相融摄,不断丰富中国哲学的辩证法内容,从而使中国古代的辩证法思想达到了朴素辩证法的高峰。"[1]同时,作者指出:"当然,我们也应看到,中国古代的朴素唯物主义和朴素辩证法思想毕竟是近代科学以前的产物,它们的水平也是近代科学以前的水平,缺乏科学实验的可靠基础,而带有极大的臆测性、直观性。它们不但与马克思主义哲学的辩证唯物主义不可同日而语,与法国的机械唯物主义和德国古典哲学家黑格尔的造诣也差着一个历史阶段,是不能相比的。"[2]这些话在今日看来似乎是老生常谈,但其价值就在于,它们表明中国先秦思想中就包含着如何正确认识世界的方法论雏

---

[1] 任继愈主编:《中国哲学发展史》(先秦),《导言》,第36页。
[2] 同上。

形。这个判断几乎适合所有"以马解中"的著述。

《发展史》对辩证法的理解,基本上是我们比较熟悉的毛泽东辩证法思想,它充分地体现在《矛盾论》和《实践论》之中。然而,以此为标准评判先秦思想时,有时候会出现包含张力的问题。例如,作者批评老子思想中对辩证法的偏离时,似乎难以解释为什么这种偏离没有导致辩证法的瓦解,反而构成了传统辩证法的一大形态。作者说:

> 由于老子的"道",没有讲得明确、清晰,不够圆满,也给唯心主义留下了很多的可乘之隙。特别在认识论方面,老子不重视感觉经验,甚至认为感觉经验不但无助于认识,反而对认识有害,"其出弥远,其知弥少"(四十七章),还说"圣人不行而知",这就堵死了认识外界事物的道路。由于他不重视感性认识,提出反经验的"玄览"的认识方法,这就给以后的唯心主义认识论开了先例。他主张"为学日益,为道日损,损之又损,以至于无为"(四十八章)。这就是说认识道和求学问走着截然不同的两种道路。这样发展下去,势必把科学与哲学强行割裂。后期庄学所标榜的"堕肢体,黜聪明"的修养方法,是直接来自老子的。①

就在此提及的老子的相关论述而言,我们可以说他提出了直觉性的认识论道路。不过,《发展史》是从反面来理解这条道路的。这就给我们提出了一个有趣的问题:一方面《发展史》认为老子不重视感觉经验和理性认识,走向了重视直觉的道路;另一方面又认为老子是主张辩证法的。这里的紧张就在于,除非认为老子的辩证法只是本体论的辩证法,和认识论无关,否则,很难解释缺乏感性、

---

① 任继愈主编:《中国哲学发展史》(先秦),第267页。

理性基础的辩证法是如何可能的。而这种紧张之所以出现,是和坚持用马克思主义的认识论思想来诠释老子联系在一起的。

反过来,如果我们立足于老子思想本身,虽然我们也可以说他的思想内部可能存在紧张,但是,或许他为我们的思考提供了新的启发。在这个问题上,我们可以这样问:直觉性的认识和辩证法有什么关系? 我们可以发现,"为学日益,为道日损,损之又损,以至于无为",也许可以解释成认识论的辩证法。因为老子主张祸福、损益的辩证法,所以他相信走向无为的过程就是获得真知的过程,事情会发生倒转。

《发展史》对老子辩证法思想的其他批评,很多是我们所熟悉的。比如,辩证法强调对立面的相互转化,但是,老子忽视了转化所需要的条件。"老子只看到事物向它对立面转化的事实,没有注意条件在转化中的重要作用,因而在祸福、得失面前显得缩手缩脚,在变化中显得无能为力。"[1]老子的辩证法还不可能认识量和质的辩证关系,也缺乏从低级到高级的发展观念。还有:"注重柔弱,反对进取,不敢迎接新事物,脱离了条件讲变化,没有摆脱循环论的影响。老子的辩证法还有过分强调矛盾对立面的统一性而忽视矛盾对立面的斗争性的一方面,因而包含有走向相对主义的可能……这些消极因素,在一定程度上妨碍了老子的朴素的辩证法的正常发展。"[2]

《发展史》认为,在先秦还有另一个辩证法的传统,此即《易传》刚健的辩证法。值得注意的是,作者并不认为这两种辩证法传统一个正确,一个错误;并不认为刚健的传统必然就比柔弱的传统好。他们认为:《易传》和老子的这两种不同形态的辩证法思想,不能简单地用消极倒退和积极进步这样一些字眼来概括,而应该

---

[1]　任继愈主编:《中国哲学发展史》(先秦),第270页。

[2]　同上书,第272页。

从认识论的角度把它们看作是人们观察现实、接近现实的两种不同的途径。因为在现实生活中,事物矛盾着的两个方面,必有一方居于支配的地位,而另一方则居于被支配的地位。居于支配地位的一方可以是刚强的,也可以是柔弱的,因而可以表现为刚强胜柔弱,也可以表现为柔弱胜刚强。《易传》和老子一样,看到了这种刚柔的地位不是一成不变的,而是永远相互推移,不断地转换位置。但是,刚柔转化的具体情况是非常复杂的,有时确实是柔弱胜刚强,弱小的一方能够战胜强大的一方;有时如果刚强的一方不使自己走过了头,能够"知微知彰,知柔知刚",而保持"刚健中正",就能够使刚健势力居于支配的地位,而不致被柔弱所战胜。老子强调前者,《易传》则强调后者,他们根据各自的所见,把刚柔相互转化的某些具体情况发展成整个哲学体系,虽然都带有一定程度的片面性,但是应当承认,这两个哲学体系都有观察现实、接近现实的成分,反映了活生生的、多方面的辩证法的不同的侧面。[①] 注意这里作者的态度。这种态度是宽容的,它承认在认识论上接近自由是有不同的途径的。这种态度比起原先对雄健的、斗争的辩证法的单向度坚持,已经有很大的进步。这个特征应当引起我们的注意。不过,总体上作者还是认为唯有辩证法才是掌握真理、获取认识自由的不二法门。

　　当然,辩证法也有多种形态。而且,作者最后又结合阶级分析法,指出:"《易传》的辩证法思想也带有自己的片面性,它根据新兴地主阶级建立封建等级制度的需要,在事物矛盾着的两个方面中,把居于支配地位的一方确定为尊者贵者,把居于被支配地位的一方确定为卑者贱者。虽然它也认为二者的地位是可以相互转化的,但是它却力图避免这种转化,把尊者贵者支配卑者贱者的现象看作是正常的合理的,而把卑者贱者上升到支配地位的现象看作

---

　　①　任继愈主编:《中国哲学发展史》(先秦),第 639 页。

是反常的不合理的。这样一来,《易传》的辩证法思想就打上了鲜明的阶级烙印,成为新兴地主阶级处理阶级矛盾、调整内部关系、建立封建等级制度的理论工具。"①很清楚,作者深受阶级分析法的影响。从认识自由的获得的角度说,这段分析意味着什么? 意味着《周易》哲学对认识自由的追求的失败。本来,通过转化可以获得自由,但最终又扼杀了这种转化。这可以和郭沫若对《周易》的判断结合起来考察。

第二,墨子学派也是比较接近于马克思主义认识论的。

《发展史》对墨子的认识论思想作了深入的研究。他们认为,墨子"和他的弟子们有较丰富的生产经验和科学知识,强调群众耳目见闻的重要性,重视认识的客观社会效果,对于人在实践中的主观能动性有所论述,并且看到了理性思维在探索事物因果规律时的作用。这些思想是很光辉的,它对古代朴素唯物主义认识论的形成起了推动作用"。② 他们认为墨子的认识论具有唯物主义经验论的倾向:他所强调的经验,指的是群众的生产经验和实际生活经验,而不是儒家的道德体验;他十分重视言论的社会效果,主张言而必行。这些都是唯物主义的成分。

《发展史》同时指出,墨子的认识论里也有若干唯心主义成分,阻碍了认识自由的获得。这突出地表现在墨子借以判断真理的"三表法"之中:

> 何谓三表? 子墨子言曰:有本之者,有原之者,有用之者。于何本之? 上本之于古者圣王之事;于何原之? 下原察百姓耳目之实;于何用之? 发以为刑政,观其中国家百姓人民之利。(《墨子·非命上》)

---

① 任继愈主编:《中国哲学发展史》(先秦),第 640—641 页。
② 同上书,第 223 页。

《发展史》认为，第一条标准"上本之于古者圣王之事"，说明墨子重视借鉴历史事件的经验教训，这是值得肯定的。但是，墨子在回顾历史时，眼光常常局限在"古者圣王"身上，对他们盲目崇拜、全盘肯定；他还把保存下来的古代文献，看成是完全可信的事实和真理，全部接受下来。《发展史》认为，墨子对于历史的科学态度和非科学态度的同时并存，使之从历史经验中，既吸收了不少积极有益的思想营养，也继承了若干宗教迷信和其他有害的东西。

第二条标准"下原察百姓耳目之实"，也是利弊参半。《发展史》指出，人民群众是社会实践的承担者，群众的耳目感官经验是获取科学知识不可缺少的条件。从这个角度看，墨子的这条标准值得高度肯定。但是，《发展史》指出，单纯凭直接感觉经验，即使是人民群众的集体经验，也不能最终证明认识的客观真理性，因为经验并不等于实践，感性认识往往含有表面性和主观性，不能把握事物的规律。从《墨子》的文本来看，"百姓耳目之实"既可以用来证明科学的认识，亦可以用来证明宗教迷信。

第三条标准"发以为刑政，观其中国家百姓人民之利"，也有同样的问题。这是从社会效果来衡量理论、学说的是非曲直。墨子一向反对抽象地议论是非善恶，厌恶不着边际的空谈；他认为一种好的思想或主张，必须应用于治理社会，使广大人民群众得到实惠。这是从后果论来考察思想的真理性。不过，《发展史》指出，墨子以"国家百姓人民之利"来衡量言论的价值，有两个缺点：一是从历史唯物论的角度看，那时的国家还是剥削阶级的国家，它与百姓人民的利益经常相矛盾，要使上下同利，是不可能的；一是从认识论本身的学理来看，墨子把是非与利害当成了一回事，想用这同一个标准既解决认识的正确与否的问题，又解决认识对于社会有益与否的问题。实际上，一种理论的真理性与它的社会作用并不总是一致的。墨子笼统地讲是非利害之辨，容易把看来对社会有益的说法都当成科学真理。

　　可见,《发展史》认为,墨子的"三表法"作为判断真理的标准,既有接近马克思主义认识论的成分,又有偏离它的地方。这就意味着,《发展史》的作者们认为,以墨子的方法获取的真理并不是真正的真理,因此,所获得的认识自由也是有限度的。但是,有趣的是,在评判墨子的思想时,某种程度上作者们也对马克思主义的认识论做出了某种反思。比如,在评判第二条标准时,《发展史》指出,单纯凭直接感觉经验,即使是人民群众的集体经验,也不能最终证明认识的客观真理性。最重要的是,因为感性认识有待于上升为理性认识,这其实为群己之辨引入了感性理性之辨的维度。马克思主义认识论向来强调理性认识的重要性,但有的时候,的确会过于重视群众的经验。因此,《发展史》的这个强调应该得到重视。再如,在评判第三条标准时,《发展史》指出,不能将是非之辨和利害之辨混淆起来。这其实是对马克思主义认识论原则的再一次重申。是非和利害显然是不同的,但是,在"实践是检验真理的标准"的提法及运用过程中,我们往往会将理论所造成的结果挪为是非的标准。但是,我们必须要承认的是,如果我们承认实践是检验真理的一个标准,并且把利看成是检验成功的结果,把害看成是检验失败的结果,那么,是非和利害总是难分难解地纠缠在一起。这个问题需要进一步的辨析。

　　《发展史》高度赞扬后期墨家,认为在认识论上他们有一个决定性的突破:解决了真理的本质是主观认识要与客观对象相"当"这个根本问题,全面考察了认识过程,真正达到了唯物主义反映论的水平。①

　　《发展史》认为,《墨经》首先肯定人类自身具有获取外部知识的能力:"知,材也"(《墨子·经上》),这里以"材"释"知"。"材"指认识能力、知觉作用,它是人类在长期实践中形成的生理机能,是

---

　　①　任继愈主编:《中国哲学发展史》(先秦),第236页。

认识活动的主观生理条件。《墨经》又说:"虑,求也"(《墨子·经说上》)。有了认识能力,还要使用这种能力去寻求知识,"虑"便指求知的活动。《墨经》又说:"知,接也"(同上)。如何求知? 要使感官与外物相接触,"以其知遇物而能貌之"(同上),人的知觉接于外物,并加以描绘,形成印象("貌之")。这说明知识来源于外界,认识过程是知觉对客观事物进行反映的过程。《墨经》说:"恕,明也"(《经上》),"恕也者,以其知论物,而其知之也著,若明"(《经说上》),也就是说认识由遇物而貌之到论物而明,逐渐深化。"恕"是古"智"字,"知"下加"心"字,表示思维参与了认识活动。思维对于知觉得到的外部印象,加以推论审度,从感性的知识提炼出明确的结论,一个认识过程才算完成。《发展史》指出,上述诸条,把认识的主客观条件、认识过程的两个阶段都讲到了。像这样仔细地研究认识过程和规律,在中国认识论史上是第一次,因此值得高度重视。《发展史》也指出,《墨经》不了解认识的多次性,只讲了认识的一次过程,这是旧唯物主义反映论的通病。[1] 在此,我们可以清晰地看出,《发展史》所用以评判的标准显然是毛泽东思想:毛泽东反复说马克思主义的认识论强调认识的多次性。

我们还可以看出,似乎是为了呼应毛泽东的主张,《发展史》认为《墨经》中也有辩证法思想。这点和以后我们把墨子学派的思想主要看成是形式逻辑有所不同,这也是需要我们注意的。

《发展史》认为,《墨经》的辩证法思想突出地表现在量的范畴的初步发现。它指出,后期墨家分析问题注意事物的度量界限和事物存在、变化的具体条件,对于质与量的辩证关系有所认识。它初步看到,量的多少(适量与否)能影响到事物的性质,量的变化超过一定限度,则引起事物质的变化。它用"宜"的概念来表示适当的量和条件。《墨经》举了一些例子来加以说明。比如,后期墨家

---

[1]　任继愈主编:《中国哲学发展史》(先秦),第537页。

反对把五行关系固定化的形而上学观点,认为五行相胜不是永远按一个顺序进行,有时会出现相反的情况,那是由于五行之间的数量比例关系发生了变化。《经下》说:"五行毋常胜,说在宜。"《经说下》举例说"火烁金,火多也;金靡炭,金多也。"火诚能熔金,可是当金多火(炭)少时,金也能将炭火熄灭。可见量的增减能使两者的相互关系发生根本性的变化,"说在宜"的"宜"表示适当的量。还比如,关于人的欲望好恶是否有益的问题,在战国时期也存在不同的看法。后期墨家主张要具体对待这个问题。《经下》说:"无欲恶之为益损也,说在宜。"就是说,无欲恶有益还是有害,要视情况而定。《经说下》列举了三种情况:一是欲恶伤生损寿,这是要反对的;二是"谁(唯)爱也,尝多粟",欲望表现为爱人,给别人许多粮食,这是好事,需要肯定。三是"或者欲不有能伤也,若酒之于人也",有些欲望爱好加以节制,如饮酒适度,亦可无碍健康。后期墨家认为,人既要有理智,也要有正当的感情、爱好,这才有利于人民和国家。

在对《墨经》的认识过程、辩证法思想的论述中,我们可以看出《发展史》所受到的马克思主义认识论的影响。《墨经》成为了马克思主义认识论视野下接受剖析的对象,其本身似乎处于客体的地位,不能提供任何超出马克思主义认识论的东西。但是,随着21世纪初中国哲学合法性、自觉性问题的兴起,这种讨论方式越来越受到质疑。事实上,即便在堪称"以马解中"的一个典范的《中国哲学发展史》之中,也可以看出其解释当中存在的某种紧张。这突出地表现在对知识的来源和种类的探讨中。

《发展史》指出,《墨经》认为,在通常情况下,人要从外界得到知识,必须经由五种感官的通道,"惟以五路智"(《经说下》),"五路"就是耳、目、口、鼻、肤。这就表明《墨经》坚持感觉经验是知识的来源。但它认为有一种特别的知识之获得不需通过五官:"知而不以五路,说在久。"(《经下》)有的人把"不以五路"之知,说成是

《墨经》主张有一种先天的神秘的认识能力（胡适就持这种观点）。《发展史》认为，这种知识本质上还是来自实践经验的。它指出，"说在久"给我们提示了理解此条的要领。"久"是时间，只有花费相当的时间才能形成这种知识，这里实际上指的是在丰富的经验基础上形成的熟练的工艺技能。《发展史》以《经说下》对视觉的论述为例："以目见，而目以火见，而火不见"，这是说眼睛靠光照耀，才能在夜晚看到东西。可是"久不当以目见，若以火见"（《经说下》），意思是，时间长了，人对于某物的形象位置已十分熟知，夜晚即使不用眼睛也能准确地指示该物形状位置，如同有光照耀时一样。可见，这种知识并非超感觉的，它只是在当时不必直接运用五官而已。就其根本来源而言，还是离不开实践经验的。

　　我们认为，《发展史》在此讨论了两个问题：一个问题是，是否有超越实践经验、感觉的知识？回答是没有。任何知识都来源于实践经验、感觉。也不妨说，很多知识，无论它们是不是工艺技能，都能够在长时间的练习之后，摆脱感觉经验的限制。另一个问题是，工艺技能类知识的提出，一定程度上为马克思主义认识论的发展提供了新的契机。[1] 按照一般的思路，长时间训练之后形成的知识是理性知识，它是超越了"五路"的，"说在久"也可以这么解释。但是，《发展史》却引进了"工艺技能"的说法，并且指出，《庄子·养生主》里讲庖丁解牛时所说"臣以神遇，而不以目视，官知止而神欲行"就是"知而不以五路，说在久"的例证。[2] 而我们都知道，现在的研究已经表明，庖丁解牛就是所谓的默会知识。对此，我们也在别处进行过讨论。[3]

　　为什么会出现这个契机？这是《发展史》所采取的历史唯物论

---

　　① 　任继愈主编：《中国哲学发展史》（先秦），第539—540页。

　　② 　同上书，第540页。

　　③ 　参我们对严复、孙中山、熊十力、李大钊以及下文中对冯契的认识自由观点的讨论。

的立场所提供的。它指出,"后期墨家许多成员是手工业者,他们有娴熟和精湛的技艺,将这种技艺的获得提到认识论的高度加以说明以突出其特点,是很自然的事情。"①然而,或许不得不说,一旦这么解释,某种程度上就对马克思主义认识论形成了某种挑战。这似乎从一个角度表明,马克思主义的知识观在解释中国传统文献时遇到了一点困难。中国传统和马克思主义认识论相互对勘时会有意想不到的成果产生。

第三,庄子、名家贡献了马克思主义认识论原则的若干环节。

《发展史》对《庄子》的解读具有很多新颖之处。作者认为《庄子·外篇》才表达了庄子的真实思想,《内篇》是后期庄学的思想。从这个基本判断出发,《发展史》认为庄子在以下几方面贡献了思想,构成了辩证法的内在环节。

首先,庄子是个可知论者。《发展史》举了著名的"濠上之辩"为例。一般的观点认为这个故事表达了庄子不可知论的思想。《发展史》却认为,这表明:"庄子认为,世界是可知的,认识者与认识对象不同,并不妨碍认识的进行。"②

其次,庄子主张从感性认识上升到理性认识。《发展史》指出,庄子重视自然,认真考虑过自然科学问题,因此在认识论上有不少朴素的唯物主义的看法。他给认识下了一个很好的定义:"知者接也,知者漠也。"(《庄子·庚桑楚》)这就是说,认识是对认识对象的接触,没有接触就不可能有所认识。但是这还不够,还要进行思考。庄子重视感觉,又不局限于感觉,这是很可贵的。③

再次,庄子看到了相对真理。尽管他也局限于此,没有认识到相对真理的颗粒能组成绝对真理,这是一大不足。但他毕竟批评

---

① 　任继愈主编:《中国哲学发展史》(先秦),第 540 页。
② 　同上书,第 411 页。
③ 　同上。

了将真理权威化、独断化的做法。

复次，庄子认识到在客观必然性和人的主观愿望之间，必须使后者服从于前者才能获得自由，但是，他由此而完全泯灭人的主体能动性。这表明庄子过于肯定外在世界。《发展史》以《庄子·达生》里的寓言来说明这点：孔子向一位游泳术极高明的人求教。他问道："请问，蹈水有道乎?"那人答道："亡，吾无道。吾始乎故，长乎性，成乎命。与齐俱入，与汩偕出，从水之道而不为私焉。此吾所以蹈之也。"这个故事表明，游泳者完全顺从水之道，撇除个人的主观因素，这就使他的游泳本领达到惊人地步。《发展史》认为，在这则寓言中，庄子指出自由不是对客观必然性的否定，而是对它的了解和适应，这与当时人的认识水平相比，有它深刻的地方。但是庄子做得过了头，以为遵循客观规律就是把个人主观能动性全部否定。这就导致认识自由的丧失，因为人们是为了达到一定目的而运用客观规律的，如果取消目的，完全随波逐流，也无所谓自由。①

综上，马克思主义认识论一方面肯定外在的世界是可以被认识的，认识的自由是可以获得的，而认识的过程是从感性发展到理性，从相对真理发展到绝对真理；另一方面，自由是主客观的统一，在尊重客观规律的前提之下，还要发挥主体能动性。《发展史》肯定了庄子为真理的获得、认识自由的获得提供了若干环节。

《发展史》指出，与庄子处于同样地位的是名家。惠施的"历物十事"之说绝非单纯的形而上学，它们是有积极作用的：破除了为恩格斯所批评的"非此即彼"的简单化的思维方式，在人们看来是界限分明、不可逾越的对立事物之间搭上沟通彼此的桥梁，把对立面统一起来，承认矛盾是事物的客观性质。这在理论上是一大进步，它标志着人们思想上的解放，是人的认识前进过程中的一个里

---

① 任继愈主编：《中国哲学发展史》(先秦)，第420—421页。

程碑。当然,《发展史》也承认,惠施在向形而上学思维和传统观念冲击时,也有过头和片面的地方;但他对思维科学做出的贡献,大大超出了他所犯的错误。①

《发展史》也是如此评价"辩者二十一事"在哲学史上的价值的。它指出,这二十一个命题都是由对立的因素构成的,都在一定程度上触到了事物的矛盾性质,并用形象化的描述方式,将种种内在矛盾揭示出来。它们有的强调矛盾的同一性,有的强调对立面的相互排斥,有的比较简单浅近,有的相当复杂深刻,有的含有很明显的片面性错误,有的是比较全面的辩证逻辑的判断。这些都需要加以具体分析,分别作出评价,不应当斥为诡辩术而简单地抹杀。②

《发展史》也是如此看待著名的且有著作留存于世的名家公孙龙。它承认公孙龙为了纠正惠施学派过于强调转化而忽略差异的缺点,在许多地方矫枉过正,走到否认转化、将差异固定化的极端。在有些问题上,他犯了唯心论的错误。但是,《发展史》明确指出,应当看到,公孙龙在事物与属性的关系问题上,在个别与一般的关系问题上,在概念、判断等思维形式的性质问题上,都触及事物的矛盾运动,并有自己独到的见解。尤其是个别与一般的关系问题,是哲学史上的一大难题。公孙龙虽然也没有真正弄清这些问题,但他在这方面有所发现就很不容易。因此,公孙龙是个深思熟虑的哲学家,他思考过的问题和他思考问题的方法,足以启人智慧、发人深省。③

总之,《中国哲学发展史》从历史唯物论和唯物辩证法出发,充分肯定了庄子和名家的思想价值,指出他们的思想分别从某些方

---

①　任继愈主编:《中国哲学发展史》(先秦),第 488—489 页。

②　同上书,第 496 页。

③　同上书,第 513 页。

面构成了辩证法的环节,从而为真理和自由的获得贡献了自己的价值。还要指出一点:《发展史》如此肯定庄子和名辨思潮,令我们想起了毛泽东。毛泽东也是肯定惠施等名家诸子的,而且理由也是如此。

五、冯契:辩证逻辑的视角与马克思主义认识论发展的新契机

(一)中国古代哲学的逻辑发展

和其他运用马克思主义来研究中国哲学史的思想家相比,冯契的特点在于,他一方面把中国哲学史看作是"逻辑发展";另一方面,他着重研究了中国哲学史中认识论、方法论的因素。前者为我们对认识自由的讨论提供了宏观的视野,后者则比较具体地刻画出先秦哲学中构成了辩证方法的因素,而辩证法在冯契看来,是认识论、方法论和逻辑学的统一,换而言之,是获得真理、达到认识自由的不二法门。

冯契认为,围绕着思维和存在的关系这个哲学的根本问题,哲学史发展出了三对基本的范畴:感性和理性,绝对和相对,唯物论和辩证法。这些范畴是普遍的,是所有的哲学史都具有的必要环节。从这个立场出发,冯契对中国先秦哲学史的发展做出了刻画:

> 中国古代哲学开始于原始的阴阳说,到春秋战国,百家争鸣,墨子用经验论来反对孔子的先验论,而老子想要超越经验论和先验论,提出"反者道之动"的命题,有辩证法思想。这一段哲学包含着感性和理性的对立。继老子之后出现的黄老之学的唯物论和法家的唯物论,都带有独断论的色彩,孟子的唯心主义也是一种独断论,而庄子则用相对主义来反对这些独断论。名家的两派——"离坚白"、"合同异",也是绝对主义和

相对主义的论战。接着,《墨经》建立了唯物主义的逻辑学和认识论体系,荀子对"天人"之辩和"名实"之辩作了比较全面、正确的总结。在这里,我们不仅看到了绝对和相对的对立,而且也看到唯物论与辩证法到荀子那里达到了统一(这特别表现在荀子提出"明于天人之分"和"制天命而用之"的论点,比较正确地解决了客观自然规律和人的主观能动性之间的关系)。荀子之后,韩非强调斗争,《吕氏春秋》则强调统一,他们都把朴素辩证法引向形而上学。《易传》有丰富的辩证法,但它建立了一个唯心主义的体系,为后来汉代形而上学的唯心主义神学开了先河。总起来说,我们可以把先秦哲学的发展过程看作一个圆圈,经过曲折的发展,经过唯物主义与唯心主义的反复斗争,到荀子那里达到了朴素唯物论与朴素辩证法的统一。而这个圆圈又包括两个小的圆圈:前一个是从原始的阴阳说起,经孔子、墨子到老子,后一个是从《管子》经孟子、庄子到荀子。哲学继续前进,从荀子经《吕氏春秋》、韩非到《易传》,又是一个小的圆圈。[1]

这里引用冯契的论述,目的不全是为了展示他对哲学史以及中国先秦哲学史的理解;主要是为了说明,在冯契的研究中,从某种角度看,先秦哲学史成为一个逻辑环节克服另一个逻辑环节,最终形成一个逻辑的圈的发展过程,这个圈最终帮助人们获得自由。具体而言,就是历史发展到荀子那里,他"比较正确地解决了客观自然规律和人的主观能动性之间的关系",而先前的各个哲学家,对于这个问题的解决都有所偏向。换而言之,先前的哲学家在获得认识自由的问题上都走向了一偏,实际上并不能真正获得自由。

---

　　[1]　冯契:《中国古代哲学的逻辑发展》(上册),上海人民出版社,1983年,第24—25页。

在此可以看出以下几点：

第一，和张岱年、任继愈等人相比，冯契的特点就在于提出了中国古代哲学的逻辑发展的观点。任继愈等人某种程度上也认为先秦的很多哲学家都只是提出了获得自由的某个环节。但是，他们并没有将先秦哲学的发展划成一个完整的逻辑圆圈；张岱年的观点比较通融、多元，他也认为先秦的各个哲学家都提出了认识真理、获得自由的认识论方法，但他并不认为这些方法的实质只是某个更加完整的方法的构成部分。

第二，冯契的观点某种程度上是对张岱年、任继愈等人观点的综合。从某种角度看，张岱年的观点存在一个问题：多元的认识方法之间究竟是什么关系？后来的任继愈等人的观点是对这个问题的初步回答：这些多元的认识方法本身并不是毫无瑕疵的，它们或多或少构成了正确的认识方法的某个环节。但这里其实也存在一个问题：既然它们都是某种正确的认识方法的某个环节，那么，它们的整合是否就是正确的认识方法？仔细地看，任继愈等人的研究预设了某种正确的认识方法，相比于它，历史的具体存在都只是偶然性；反过来看，历史也就没有提供任何必然的东西。冯契则进一步回答了任继愈等人的问题：历史具有偶然性，但是，如果我们弄清楚这些偶然的、外在的因素，就可以看到历史的必然性，此即历史与逻辑相统一。

第三，这么说并不意味着冯契的观点中没有先验性的痕迹。如果说在任继愈等人那里，先验性是以某种原理的方式表现出来的，似乎外在于历史，先验的原理成为了评判历史的标准；那么，在冯契那里，先验性表现为某种坚定的信念，甚至具有历史目的论的倾向：人类的思想史尽管是复杂的，但我们可以将之区分为必然的和偶然的，内在的和外在的，它最终会走向某个完美的结局。换而言之，在冯契那里，先验性和历史性是纠缠在一起的。这种先验性也就是冯契所说的"逻辑"。

　　如果说多年以前我们会对任继愈等人以及冯契的论述表示无可置疑的接受,那么,时至今日,我们很可能会询问:历史果然可以区分为必然和偶然吗? 究竟哪些是偶然,哪些是必然? 它们是泾渭分明的吗? 相对而言,张岱年的所谓缺乏历史发展的观点①反而更加具有历史的具体性和丰富性。但这并不意味着张岱年在中国哲学史研究中所揭示的认识方法都是正确的,因为,这些方法之间是一种什么关系,这的确是一个重要的问题。虽然我们不承认方法是唯一的,但我们还是认为,有些方法本身是不能独立的,需要和其他方法结合起来才能有效地展开工作。比如,"析物",本质上是观察、归纳和演绎,但如果不付之以印证,所得是否就是真理? 值得怀疑。也许名家就是一个典型的例子,他们以自身的失败对此做出了历史的论证。再如"直觉",它能否单独运作? 我们认为直觉不是神秘的,它必须以实践、感觉经验作为基础。如果粗陋地看,张岱年所说的六种方法的确都可以成为获得真理的方法,但是,它们之间还是存在先后之分。如果能够结合起来,那自然更佳。可是,我们又不能走向另一个极端,认为历史提供这些失败的案例是为了最终推出一个完美的方案。比较完美的方案或许存在,但那不是历史本身发展的结果,即,没有先验的、无人的历史;比较完美的方案是思想家进行综合之后的产物,是发挥主体能动性之后的结果。它或许比较完美,但也不意味着历史是以它为目的的。和我们研究的主题相关,以上讨论旨在明确,先秦哲学史所提供的认识真理、获得自由的方法论的根本性质。

　　必须再多说一句:如果先秦哲学只是某种先验的认识方法的历史展开,那么,在获取真理、掌握认识自由这个问题上,其价值不

---

　　① 很有趣的是,张岱年自己在《中国哲学大纲》的"新序"中自我批判他在写作该书时缺乏历史的视野。(中国社会科学出版社,1982年,第8页)虽然他的意思是说他没有研究历史哲学,但历史哲学和历史之间的内在相通性使得我们对此不禁报之以会心一笑。

大,因为那种先验的认识方法本身就已经能够完成这个目标了,而历史展现的只是缺陷和不足,甚至是笑料。那么,先秦哲学的价值何在? 因此,我们必须重视先秦哲学本身所提供的达到认识自由的思想,在无法摆脱以某种框架诠释对象这种工作方法的前提之下,更加重要的是在两厢对话之中所出现的紧张和盲点,这为我们的进一步思考带来了契机。

(二) 逻辑思维的辩证法与先秦诸子

在对中国哲学史的逻辑发展做出宏观的论述之后,冯契对于认识论、方法论给予了高度的关注。我们以为,方法是正确认识世界、成功改变世界从而获得自由(首先主要是认识论领域内的自由)的保障,在这个意义上,方法和认识自由具有紧密的联系。因此,对方法的理解构成了获得认识自由的有机组成部分。

冯契对于方法(论)也有深刻的论述,他认为,所谓方法就是以得自现实的理论还治现实之身,因此,最根本的方法有两条:一条是理论与实践的统一;另一条是分析和综合相统一。[1] 冯契结合列宁的观点,认为方法包含着以下几大环节:首先,从实际出发;其次,分析和综合相结合,这是辩证法的核心,与之相伴随的是抽象与具体的统一;再次,归纳与演绎的统一;复次,逻辑的方法与历史的方法的统一。贯穿于整个过程的是理论和实践的统一,表现为假设和检验相结合。[2] 下文在对这些方法论环节作初步阐释的基础上,再结合先秦诸子加以深化。

所谓从实际出发,就是要强调观察的客观性,借用列宁的话说就是,所观察的对象不是枝节之论,不是单纯的实例,而是自在之物本身。在观察的过程中,需要有正确的世界观即辩证唯物主义

---

[1]　冯契:《逻辑思维的辩证法》,华东师范大学出版社,1996年,第407页。

[2]　冯契:《逻辑思维的辩证法》,第412页。

作指导,需要尊重客观对象,就"对象本身来考察对象"。① 冯契指出,任何观察都具有两重性,一方面是被动性,即面对客观对象,另一方面则是主动性,即在观察的时候具有先入之见。因此,在尊重客观对象的前提下,对先入之见本身保持充分的警醒是十分必要的。冯契认为,必须用辩证唯物主义的世界观来观察客观对象,也就是说,在先入之见无法摆脱的前提下,辩证唯物主义是正确的先入之见;而这种先入之见,其主要特征恰恰在于要求充分地尊重客观对象。②

冯契认为,正确的方法的第二步是分析与综合相统一,它是辩证法的核心。所谓分析,就是分析出客观对象的各个方面和基本属性,并赋予它们以抽象的形式,给予抽象的名词;所谓综合,就是以概念为工具来规范事物,从一个综合的统一体系的角度来把握对象的多元性和具体性。冯契认为分析和综合是相统一的,虽然在哲学史上各个哲学家可能会分别强调某一项。他认为,分析与综合相统一的过程同时也就是抽象与具体相结合的过程。所谓抽象,就是对事实材料进行去粗取精、去伪存真、由此及彼、由表及里的改造制作,就是撇开事物的非本质的东西而把本质的东西抽取出来,形成概念,并用概念来概括一类事物的全体。但要真正把握事物的全体、经验和整体,却又不能停留在抽象,而应该把这些概念联系起来,构成科学的理论体系,从而使抽象的规定在思维的行程中导致具体的再现。可见,正确的认识是由具体到抽象,再由抽象上升到具体的一个发展过程。

在这个过程中其实已经涉及到归纳与演绎的统一。归纳就是

---

① 冯契:《逻辑思维的辩证法》,第414页。

② 随着诠释学、后现代科学哲学的兴起,我们现在更加清楚,撇开"先入之见"(暂时不管这个词语所包含的贬义色彩)是多么的困难。如何在理论(先入之见)和观察的客观性之间形成某种积极的互动,是一个值得深入思索的问题。

从特殊上升到一般,演绎就是用一般的原理、规律来规范特殊。在归纳法的问题上,冯契的贡献就在于从某种角度阐释了为什么可以从归纳获得普遍有效的命题也即真理。他认为,之所以能够到达这一点,是因为归纳是通过分析和综合达到事物本质的过程,而所得的结果又是经过实践反复检验的。换而言之,归纳法本身并不能单独作用,而且最后所获得的结果也是相对真理和绝对真理的统一。在演绎的问题上,冯契也有新见,他批评了通常所说的演绎万能论和"演绎不能推出新知识"的观点。冯契说,演绎的材料来源于现实,它本身并不是万能的;而且,根据哥德尔不完全性定理,单靠公理和演绎是不可能获得完全的、比较复杂的公理系统的。这些都是在批评演绎万能论的说法。另外,冯契认为,在演绎的过程中,即便结论早已包含在前提之中,也是需要演绎才能获得清晰的表达,在这个意义上,演绎能够产生新知识;而且,在演绎的过程中,如果出现矛盾,就意味着有未知的领域向我们敞开,这就为我们提供了获得新知识的契机。

接下来是历史的方法与逻辑的方法的统一。所谓历史的方法,就是要弄清楚所研究的对象的主要历史线索,看它在历史上是怎么产生的,根据是什么,经历了哪些阶段,今后发展的趋势又是什么。历史的方法的要点在于把握事物发展的因果联系,冯契认为,要真正把握历史中的因果联系,就要把历史看作是矛盾运动的展开,因此,历史的方法内在地就是逻辑的方法。所谓逻辑的方法,就是从最基本的、原始的关系出发,考察矛盾的运动发展。因此,逻辑的方法也就是历史的方法,只是撇开了历史当中的偶然性和非本质的因素。

在以上方法中一以贯之的是理论与实践的统一,冯契着重从假设与验证的统一的角度来加以讨论。在客观地观察对象的基础上,通过分析和综合、演绎和归纳等方法的探究,产生"理性的直觉",也就是通常所说的灵感,提出假设。但是,假设需要验证。验证既包括事实的检验，又包括逻辑的验证，此时又需要以上方法的运用。冯契指出，归根到底，实践是检验理论正确与否的唯一标准。

无疑，这些方法本身就是值得深入讨论的。这里要强调的是，冯契在论述这些方法的时候既充分借鉴了马克思主义的辩证法思想，又对中国现代认识论、方法论思想做了某种程度的综合。而且，在此更加重要的是，他也深入地结合先秦诸子之思来阐发这些方法论环节。

冯契认为，荀子说："凡论者，贵其有辨合，有符验。故坐而言之，起而可设，张而可施行。"（《荀子·性恶》）这里的"辨合"就是分析与综合相统一，"符验"就是理论与实践相统一。那么，如何进行"辨合"和符验？这就需要运用逻辑范畴，就要用到"类"、"故"、"理"三大逻辑范畴。冯契认为墨子在中国哲学史上是第一个提出"类"、"故"、"理"逻辑范畴的，[①]这为真理的探寻提供了系统的道路。所谓"类"指的是类别，所谓"故"在墨子那里指的是事物的原因和行动的目的。冯契认为，在墨子的思想中，当一个人能够"知类"（进行正确的类推）和"辩故"（立论有根据），就有了"取舍、是非之理"。逻辑思维之"理"，亦即墨子所谓"出言谈之道"。[②] 而哲学史发展到荀子，对这三大逻辑范畴作了更加精细的讨论。

冯契指出，荀子常讲的"以一知万"、"以一行万"，包括两层意思：一方面，"壹于道而以赞稽物。"（《荀子·解蔽》）就是要从统一的正道来考察万事万物，这里讲的是从一般到特殊的演绎。另一方面，"欲观千岁，则数今日；欲知亿万，则审一二。"（《荀子·非相》）就是说，对一两个典型事物作了审察、研究，就可以从个别上升到一般，这里讲的是归纳。这两方面的统一就是"以道观之"和"以类度类"的统一，也就是演绎和归纳的统一。

---

①　冯契：《中国古代哲学的逻辑发展》（上册），第 109 页。
②　同上书，第 111 页。

　　冯契认为,从某种角度看,荀子所主张的解蔽思想突出地表达了观察要从客观实际出发的观点。荀子说:"故为蔽:欲为蔽,恶为蔽;始为蔽,终为蔽;远为蔽,近为蔽;博为蔽,浅为蔽;古为蔽,今为蔽。凡万物异则莫不相为蔽,此心术之公患也。"(《荀子·解蔽》)这就是说,客观上有欲与恶、始与终、远与近、博与浅、古与今的差异,这些就是矛盾,因而容易使人只见一面而不见另一面。同时,在主观上,人们又往往会偏爱自己的知识和经验的积累。这些因素就产生蒙蔽。只有清除这些造成蒙蔽的因素,才能客观全面地看待世界。

　　冯契认为在先秦思想中早已包含着辩证法的环节,但总体上他认为这些环节是朴素的,根本原因在于缺乏现代科学的洗礼。同时,先秦思想中的辩证法也是瑕瑜互见。比如,辩证法强调真理是相对性和绝对性的统一,也就是说,真理是一个无止境的发展过程,但是,在荀子那里,他主张圣人掌握了完全的真理,并且否定民众具有理性讨论的能力,走向了封建专制主义。冯契说:"荀子在逻辑学上的贡献是巨大的,但也有其局限性。他所谓的'解蔽'是以封建主义的'道'来批判各家学说,并把'道'说成是永恒的,以为真理到了圣人手里就可以一劳永逸了,这是形而上学的观点。……他以为对老百姓易于用'道'来统一他们的思想,而难于用辩说来让大家了解所以然之故,所以贤明的君主依靠政治权力,运用行政命令和刑罚,引导大家走上正道,而用不着进行辩说。这是封建专制主义的观点。"[1]显然,冯契对荀子思想中的权威主义内容的揭示,是和远在海外、持有另一政治立场的现代新儒家徐复观的观点相一致的,也和上文潘光旦所说荀子的解蔽思想阻碍了政治环境的解放的观点形成了对话。[2]

---

[1]　冯契:《中国古代哲学的逻辑发展》(上册),第305页。

[2]　参本书第二章第二节。

（三）马克思主义视野下的"逍遥游"——兼论马克思主义认识论发展的新契机

1. 认识的自由与辩证法

冯契对庄子情有独钟。早年，他以庄子的思想为主干，结合实证主义，创作了《智慧》一文，成为其"智慧说"的雏形。1949 年后的冯契则显然是一个马克思主义哲学家，他明确地"试图用马克思主义的辩证方法来研究中国古代哲学史"。① 在其运用马克思主义认识论思想解读《庄子》的过程中，《庄子》得以被深度剖析，展示出了自由的多个面向；同时，马克思主义认识论也获得了新的发展契机。

冯契认为，庄子已经意识到"人的自由就在于与自然的必然性为一"，②问题在于，庄子主要是通过审美的方式达到这一点（具体下文再述），在认识论上，庄子陷入了相对主义的困境，不过他从反面提出的问题却引领我们进一步思考，给予我们深刻的启发。也就是说，冯契认为，庄子在认识论上其实走向了自由的反面，之所以如此，原因就在于庄子没有运用辩证法，不能解决认识主体和认识对象之间如何达到一致的问题。换而言之，虽然庄子一再地追求"真人"，但是，在认识论上庄子否定了真理，从而否定了认识自由的可能性。

首先，冯契认为庄子否定了通过感性、理性获得真理的可能性。庄子在《齐物论》中说：

> 民湿寝则腰疾偏死，鳅然乎哉？木处则惴慄恂惧，猨猴然乎哉？三者孰知正处？民食刍豢，麋鹿食荐，蝍蛆甘带，鸱鸦耆鼠，四者孰知正味？猨猵狙以为雌，麋与鹿交，鳅与鱼游。

---

① 冯契：《中国古代哲学的逻辑发展》（上册），绪论，第 1 页。
② 同上书，第 219 页。

毛嫱、丽姬,人之所美也,鱼见之深入,鸟见之高飞,麋鹿见之
决骤。四者孰知天下之正色哉?自我观之,仁义之端,是非之
涂,樊然殽乱,吾恶能知其辩!(《庄子·齐物论》)

冯契的解读是,"这就是说,色、味的'正'与'邪'是依认识主体的感
觉经验如何而决定的,但感觉经验是千差万别的,因而'正'、'邪'
并无客观标准。"不仅感觉经验如此,而且理论思维也如此:"善和
恶,是和非的界限是无法辩明的。"①
　　庄子的相对主义还突出地表现在所谓"辩无胜"的故事中:

　　　　既使我与若辩矣,若胜我,我不若胜,若果是也,我果非也
邪?我胜若,若不吾胜,我果是也,而果非也邪?其或是也,其
或非也邪?其俱是也,其俱非也邪?我与若不能相知也,则人
固黮闇。吾谁使正之?使同乎若者正之?既与若同矣,恶能
正之!使同乎我者正之?既同乎我矣,恶能正之!使异乎我
与若者正之?既异乎我与若矣,恶能正之!使同乎我与若者
正之?既同乎我与若矣,恶能正之!然则我与若与人俱不能
相知也,而待彼也邪?(《庄子·齐物论》)

就是说,我和你辩论,无论是我赢还是你赢,都不能证明你我观点
本身的正确与否。事实上,谁对谁错这件事谁也不能知道。如果
我们请第三人来做评判,那么,无论这个人是和我的观点一致还是
和你的观点一致,或者他有他的观点,和你我都不同,都不能证明
谁的观点是正确的。这里的关键在于人和人之间是不能相知的。
冯契评判道:"它否定了真理的客观标准,断定人与人之间'俱不能
相知',每个人的认识都成了把自己与客观世界隔绝的屏障,这当

---

① 冯契:《中国古代哲学的逻辑发展》(上册),第204页。

然是荒谬的。"①显然,相信真理存在客观标准,相信人与人之间是可以相通的,人的认识是连接自己和客观世界的纽带,这个立场显然是接近于马克思主义的。之所以说是接近,因为与实证主义关系甚深的金岳霖先生虽然不是马克思主义者,但他对以上这点也持肯定的立场。

其次,冯契认为庄子从反面揭示了,通过辩证法人们是可以获得真理的。

逻辑思维和语言之间的关系是一个值得深入考察的问题。两者之间是否必然——对应?聚讼纷纭。但毋庸置疑的是,如果我们的认识成果需要用语言来加以表述,那么,两者之间还是存在着紧密的对应性的。也就是说,如果语言在表述认识成果方面具有某种困难,那么,逻辑思维是否能够把握真理也就成为一个问题。冯契认为,庄子凭借其诗人的天赋,轻易地发现了逻辑思维在把握认识真理方面存在的不足,这主要体现在语言和世界的矛盾性上。不过,庄子夸大了这种矛盾性,走向了不可知论。但是按照马克思主义原理,语言(即其内在实质而言则是逻辑思维)和世界之间的这种矛盾性可以通过辩证法获得解决。冯契指出,庄子主要从三个方面揭示了语言和世界的矛盾性:

第一,庄子认为抽象的"名言"不能把握具体事物。庄子说:"道未始有封,言未始有常。"(《庄子·齐物论》)即语言总是抽象的,而事物是具体的,为了把握事物,语言就要把具体的事物分割开来;而一旦加以分割,具体的事物就不再是整体的事物了。庄子坚信有些事物只能意会,难以言传。这点下文讲到庖丁解牛的典故时会更加清楚。

第二,庄子认为概念是静止的,而世界是变化的,静止的概念无法表达变化。他说:"夫言非吹也,言者有言;其所言者,特未定

---

① 冯契:《中国古代哲学的逻辑发展》(上册),第204—205页。

也。"(《庄子·齐物论》)也就是说,语言总是涉及对象,但对象总是处于不停的变动之中,而语言本身却是静止的。所以,庄子认为要用语言来表达和对象相符合的认识是不可能的。即便表述出来了,所说之对象也已经发生了变化,而表述出来的语言却凝固化了。

第三,庄子认为有限的概念不能表达无限的世界。庄子说:"天地与我并生,而万物与我为一。既已为一矣,且得有言乎? 既已谓之一矣,且得无言乎? 一与言为二,二与一为三。自此以往,巧历不能得,而况其凡乎! 故自无适有以至于三,而况自有适有乎! 无适焉,因是已。"(《庄子·齐物论》)冯契的解释是,一旦用语言("一")来表达世界("一"),那么就产生了语言和世界之间的对立,就需要用"二"来表达这个对立,这个对立和世界又成为了"三"。这样无穷递进,即便是最会计数的人也计算不清。所以用语言来把握世界是不可能的。这个论证的关键在于每一次新表述出来的语言本身也应该被算作世界的组成部分,可是在上一次表述的过程中它没有被囊括进世界,因此需要重新表述,如此无穷递进,以至于无限。

冯契认为,庄子对逻辑思维及其表征语言和世界之间的矛盾性的揭示是有贡献的,但是不能因此往前多走一步,否认它们能够把握世界:"从逻辑思维说,人的概念要反映对象,必须和对象有一一对应关系,因而有相对静止的状态,但将概念的稳定状态绝对化,就要走向形而上学。为了把握宇宙发展规律,概念必须是经过琢磨的、灵活的、能动的、对立统一的。"[1]也就是说,通过批评庄子的相对主义和形而上学,冯契相信人们通过辩证法是可以认识世界的,是能够达到主客观的统一而获得真理的,是可以获得认识论上的自由的。

---

① 　冯契:《中国古代哲学的逻辑发展》(上册),第216—217页。

2."劳动创造了美"与马克思主义认识论的新契机

冯契认为,庄子虽然否定了通过认识论获得自由的进路,但是在根本上他还是相信人是能够获得自由的。庄子说:"天地有大美而不言。"(《庄子·知北游》)可见,庄子肯定了天地之间有大美,此即自由,但是,"天地之大美非名言、知识所能把握,却可以用诗、寓言来暗示。"[①]冯契认为庄子此处的意思不仅是指诗、寓言这些和概念式语言相异的别的语言形式可以把握世界,而且还是在主张天地之间的大美可以通过劳动这种实践形式来加以把握。这充分体现在庖丁解牛的寓言中:

> 庖丁为文惠君解牛,手之所触,肩之所倚,足之所履,膝之所踦,砉然响然,奏刀騞然,莫不中音。合于桑林之舞,乃中经首之会。文惠君曰:"嘻,善哉!技盖至此乎?"庖丁释刀对曰:"臣之所好者道也,进乎技矣。始臣之解牛之时,所见无非牛者。三年之后,未尝见全牛也。方今之时,臣以神遇而不以目视,官知止而神欲行。依乎天理,批大郤,导大窾,因其固然。技经肯綮之未尝,而况大軱乎!良庖岁更刀,割也;族庖月更刀,折也。今臣之刀十九年矣,所解数千牛矣,而刀刃若新发于硎。彼节者有间,而刀刃者无厚;以无厚入有间,恢恢乎其于游刃必有余地矣,是以十九年而刀刃若新发于硎。虽然,每至于族,吾见其难为,怵然为戒,视为止,行为迟,动刀甚微,謋然已解,如土委地。提刀而立,为之四顾,为之踌躇满志,善刀而藏之。"文惠君曰:"善哉!吾闻庖丁之言,得养生焉。"(《庄子·养生主》)

冯契指出,这里庄子显然是在说"劳动的技艺达到神化的境界,成

---

① 冯契:《中国古代哲学的逻辑发展》(上册),第220页。

了完全自由的劳动,成了美的享受"。① 显然,这个观点是建立在马克思主义的"劳动创造了美"这个原理的基础之上的。不过,它又呈现出自己的特点:②

第一,冯契在解读庖丁解牛的寓言时将马克思主义的美学观点和庄子的自然主义结合了起来。马克思主义认为,劳动创造了美。冯契在诠释、应用这个观点时认为劳动意味着庄子所指的"人为",美则和庄子所赞赏的"自然"相类。通常以为庄子完全反对人为,坚持纯然的自然主义。冯契却指出,在庖丁解牛的寓言中,庄子并不反对人为,而是主张更进一步,要求人为回到自然,也即由技进于道。

第二,冯契在解读如上故事时还是贯彻了马克思主义认识论的基本原则,对庄子之美的获得做出了诠释,同时,这种诠释又迫使冯契必须引进新的认识论观点,给马克思主义认识论的发展创造了契机。

众所周知,马克思主义的"劳动创造了美"的原理要求真善美的统一,也即要求在认识论领域获得真理,否则最终所得将是丑陋、滑稽、荒诞等等背离了和谐之美的审美形态。按照庄子对逻辑思维和世界之间根本矛盾的揭露,庄子否认了在认识论上获得真理的可能性。也就是说,按照庄子的原则和理路,庖丁解牛并不能毫无争议地被诠释成劳动创造了美。冯契之能做出这样的诠释,完全是坚持了马克思主义认识论基本原则的结果。他认为,庖丁之所以能够通过解牛的方式获得自由,原因在于他经过了长期的锻炼,达到"以神遇不以目视"(《庄子·养生主》)的境界,是长期"用志不分,乃凝于神"(《庄子·达生》)的结果。也即长时间地集

---

① 冯契:《中国古代哲学的逻辑发展》(上册),第220页。

② 关于冯契立足于马克思主义的立场对审美自由的获得所作出的理论说明,参见拙作:《金刚何以怒目?——冯契美学思想初论》,载《华东师范大学学报》(哲社版)2005年第2期。

中注意力,执着于解牛这件事,不断地锻炼,通过掌握解牛的内在规律而获得如何解牛的真理,所以才可能达到神出鬼没的境界。换而言之,通过冯契的解读,我们发现虽然按照庄子的认识论原则,庖丁本人不可能认识解牛的真理,不过,庖丁在实践过程中还是掌握了真理。虽然冯契认为,在此庄子还是贯彻了"自由是对必然的认识"的原则,不过显而易见,庖丁的认识并非通常所谓的认识,而更多的是一种默会之知。但无论如何,冯契还是认为庖丁是在认识必然的基础上达到审美自由的高峰的,只是这种认识是不能够用逻辑思维和语言表达出来的。

这点联系冯契对轮扁斫轮的故事的解读可以更加明了。《庄子·天道》里面说:"斫轮,徐则甘而不固,疾则苦而不入。不徐不疾,得之于手而应于心,口不能言,有数存焉于其间。"冯契的解释是,"这种不快不慢、得心应手的斫轮技巧,是无法用言语说明的,父亲('轮扁')也无法讲给儿子听。"①如果遵从逻辑的严格性,既然轮扁斫轮的故事说明"抽象概念无法把握具体的道"②,那么,认识真理就是不可能获得的,所以轮扁斫轮和庖丁解牛都不可能在实践的过程中获得审美的自由。但对于两者之获得这种自由冯契都表示肯定,并且认为还是贯彻了"自由是对必然的认识"的原则,那么,我们发现,冯契对两个故事的解读还是坚持了马克思主义美学的基本原则,同时,他通过解读《庄子》而对马克思主义的认识论有所拓展,那实际上就是引进了默会知识的维度。③ 我们认为,这当中包含着马克思主义认识论发展的新契机,它是先秦思想与马克思主义基本原理相对话所产生的积极成果。

---

① 冯契:《中国古代哲学的逻辑发展》(上册),第211页。

② 同上书,第210页。

③ 应该说冯契本人对此还没有一种十分自觉的认识,不过,到了冯门弟子郁振华先生那里,这种意识逐渐明确化、主题化。郁先生目前的学术兴奋点正是默会知识的探索。参郁振华:《人类知识的默会维度》,北京大学出版社,2012年。

征引文献举要

（注：此处所列举的，主要是文中涉及或者征引的文献。至于构成知识背景的文献，无论多么重要，都不列入。）

一、古籍文献类

李学勤主编：《十三经注疏》，北京大学出版社，1999年。

国学整理社编：《诸子集成》，中华书局，2006年。

黎翔凤撰，梁运华整理：《管子校注》，中华书局，2004年。

程树德撰，程俊英、蒋见元点校：《论语集释》，中华书局，1990年。

（清）孙诒让撰，孙启治点校：《墨子间诂》，中华书局，2001年。

杨丙安校注：《十一家注孙子校理》，中华书局，1999年。

（清）郭庆藩撰，王孝鱼点校：《庄子集释》，中华书局，2004年。

陈鼓应注译：《庄子今注今译》，中华书局，1983年。

谢希深注：《公孙龙子》，中华书局，1991年。

（清）王先谦撰，沈啸寰、王星贤点校：《荀子集解》，中华书局，1988年。

蒋礼鸿撰：《商君书锥指》，中华书局，2001年。

（清）王先慎撰，钟哲点校：《韩非子集解》，中华书局，1998年。

许维遹撰：《吕氏春秋集释》，中华书局，2009年。

（清）苏舆撰，钟哲点校：《春秋繁露义证》，中华书局，1992年。

（宋）朱熹撰：《四书章句集注》，中华书局，1983年。

吴可为编校整理：《聂豹集》，凤凰出版社，2007年。

（清）章学诚：《章学诚遗书》，文物出版社，1985年。

二、中国现代哲学史、思想史原著类

1. 戊戌、辛亥时期

姜义华、张荣华编校：《康有为全集》(全十二集)，中国人民大学出版社，2007年。

王栻编：《严复集》(全五册)，中华书局，1986年。

吴松等点校：《饮冰室文集点校》(全六集)，云南教育出版社，2001年。

梁启超：《先秦政治思想史》，东方出版社，1996年。

梁启超：《清代学术概论》，上海古籍出版社，1998年。

广东省社会科学院历史研究室等编：《孙中山全集》(全十一卷)，中华书局，1985年。

《章太炎全集》(全八册)，上海人民出版社，1982—1986年。

马勇编：《章太炎讲演集》，河北人民出版社，2004年。

章太炎撰，虞云国整理：《菿汉三言》，辽宁教育出版社，2000年。

章太炎撰：《国故论衡》，上海古籍出版社，2003年。

张昭军编：《章太炎讲国学》，东方出版社，2007年。

章太炎讲演，曹聚仁记录：《国学概论》，上海古籍出版社，1997年。

刘梦溪主编：《中国现代学术经典——章太炎卷》，河北教育出版社，1996年。

马勇编：《章太炎书信集》，河北人民出版社，2003年。

2. 自由主义思潮

季羡林主编：《胡适全集》(全四十四卷)，安徽教育出版社，2003年。

《潘光旦文集》，北京大学出版社，1993年。

潘光旦撰：《自由之路》，上海三联书店，2008年。

潘光旦撰：《儒家的社会思想》，北京大学出版社，2010年。

张竟无编：《储安平集》，东方出版社，2011年。

张斌峰、何卓恩编：《殷海光文集》(全五卷)，湖北人民出版社，2001年。

贺照田编：《殷海光书信集》，2005年。

殷海光撰：《中国文化的展望》，上海三联书店，2005年。

陈鼓应撰：《老庄新论》(修订版)，商务印书馆，2008年。

3. 文化保守主义思潮

《梁漱溟全集》(全八卷)，山东人民出版社，2005年。

《熊十力全集》(全十卷)，湖北教育出版社，2001年。

冯友兰:《三松堂全集》(全十四卷),河南人民出版社,2001年。

贺麟撰:《文化与人生》,商务印书馆,1988年。

贺麟撰:《近代唯心论简释》,上海人民出版社,2009年。

4. 中国化马克思主义思潮

任建树主编:《陈独秀著作选编》(全六卷),上海人民出版社,2009年。

中国李大钊研究会编注:《李大钊全集》(全五卷),人民出版社,2006年。

《毛泽东选集》(全四卷),人民出版社,1991年。

中共中央文献研究室编:《毛泽东文集》(全八卷),人民出版社,1993年。

《艾思奇全书》(全八卷),人民出版社,2006年。

郭沫若撰:《十批判书》,东方出版中心,1996年。

郭沫若撰:《中国古代社会研究》,收于《郭沫若全集》(历史编)(第一卷),人民出版社,1982年。

郭沫若撰:《青铜时代》,中国人民大学出版社,2005年。

侯外庐、赵纪彬、杜国庠著:《中国思想通史》(第一卷),人民出版社,1967年。

吕振羽撰:《中国政治思想史》,人民出版社,1961年。

任继愈主编:《中国哲学发展史》(先秦),人民出版社,1983年。

《张岱年全集》(全八册),河北人民出版社,1996年。

冯契撰:《人的自由和真善美》,华东师范大学出版社,1996年。

冯契撰:《中国古代哲学的逻辑发展》(上中下),上海人民出版社,1983年。

冯契撰:《逻辑思维的辩证法》,华东师范大学出版社,1996年。

冯契撰:《智慧的探索》,华东师范大学出版社,1997年。

三、参考文献类

[澳]佩迪特著,刘训练译:《共和主义:一种关于自由与政府的理论》,江苏人民出版社,2006年。

[德]康德著,韦卓民译:《纯粹理性批判》,华中师范大学出版社,2000年。

[德]马克思、恩格斯著,中央编译局译:《共产党宣言》,中央编译出版社,2005年。

[美]史华慈著,陈玮译:《中国的共产主义与毛泽东的崛起》,中国人民大学出版社,2006年。

〔美〕魏斐德著,李君如等译:《历史与意志:毛泽东思想的哲学透视》,中国人民大学出版社,2005年。

〔美〕罗尔斯著,万俊人译:《政治自由主义》,译林出版社,2002年。

〔美〕本杰明·巴伯著,彭斌、吴润洲译:《强势民主》,吉林人民出版社,2006年。

〔美〕狄百瑞著,黄水婴译:《儒家的困境》,北京大学出版社,2009年。

〔美〕布坎南、瓦格纳著,刘廷安、罗光译:《赤字中的民主》,北京经济学院出版社,1988年。

〔美〕沃勒斯坦撰:《三种还是一种意识形态?——关于现代性的虚假争论》,收于汪民安、陈永国、张云鹏主编:《现代性基本读本》(上册),河南大学出版社,2005年。

〔日〕河合荣治郎著,高叔康译:《自由主义的历史与理论》,台北:中华文化出版事业委员会,1955年。

〔日〕岛田虔次撰:《孙中山宣扬儒教的动机论》,收于中国孙中山研究学会编:《孙中山和他的时代》(下册),中华书局,1989年。

〔日〕沟口雄三著,李长莉译:《另一个"五四"》,载《中国文化》第十五、十六期。

〔英〕阿巴拉斯特著,曹海军译:《西方自由主义的兴衰》,吉林人民出版社,2004年。

〔英〕密尔著,程崇华译:《论自由》,商务印书馆,1959年。

〔英〕波兰尼著,许泽民译:《个人知识》,贵州人民出版社,2000年。

蔡志栋撰:《金刚何为怒目?》,华东师范大学硕士论文,2004年。

蔡志栋撰:《金刚何为怒目?——冯契美学思想初论》,载《华东师范大学学报》(哲社版),2005年第2期。

蔡志栋撰:《现代和谐的哲学基础——以冯契为例》,收于《上海市社联学术年会(2007)青年学者文集》,上海人民出版社,2007年。

蔡志栋撰:《试论非宗教运动的思想史意义》,收于《人文教育——文明·价值·传统》,上海人民出版社,2007年。

蔡志栋撰:《试论章太炎对科学的反思》,载《杭州师范大学学报》(社科版),2009年第4期。

蔡志栋撰:《"恢廓民权"的尝试——试论章太炎对直接民主的探索》,收于《中国的立场》,上海人民出版社,2009年。

蔡志栋撰：《一场夭折了的哲学革命》，载《学术月刊》，2010 年第 7 期。

蔡志栋撰：《马克思主义视野下的"逍遥游"》，载《人文杂志》，2012 年第 2 期。

蔡志栋撰：《论"道家自由主义"三相》，载《华东师范大学学报》（哲社版），2013 年第 3 期。

蔡志栋著：《章太炎后期哲学思想研究》，上海社会科学院出版社，2013 年。

陈卫平撰：《宽容、批评、反思——我读于丹〈论语心得〉》，收于《上海市社会科学界第五届学术年会文集》（2007 年度）（哲学·历史·人文学科卷），上海人民出版社，2007 年。

崔宜明撰：《个人自由与国家富强》，载《上海师范大学学报》（哲社版），2011 年第 3 期。

方勇撰：《新子学构想》，载《光明日报》，2012 年 10 月 22 日。

冯契主编：《中国近代哲学史》（上下册），上海人民出版社，1989 年。

冯契著：《中国近代哲学的革命进程》，上海人民出版社，1989 年。

高瑞泉著：《中国现代精神传统》（增补本），上海古籍出版社，2005 年。

高瑞泉著：《天命的没落——中国近代唯意志论思潮研究》（修订本），上海人民出版社，2007 年。

高瑞泉著：《智慧之境》，上海古籍出版社，2008 年。

耿云志著：《胡适研究论稿》，四川人民出版社，1985 年。

龚兵著：《孙中山的活动与思想》，中山大学出版社，2001 年。

黄克武撰：《梁启超与康德》，载《中研院近代史研究所集刊》第三十期，第 108 页。

李泽厚著：《中国近代思想史论》，安徽文艺出版社，1999 年。

刘茂林、叶桂生著：《郭沫若的史学生涯》，中国社会科学出版社，1990 年。

刘泽华著：《中国政治思想史集》第一卷《先秦政治思想史》，人民出版社，2008 年。

刘泽华撰：《关于倡导国学几个问题的质疑》，载《历史教学（高教版）》，2009 年第 5 期。

丘为君著：《戴震学的形成》，新星出版社，2006 年。

王东撰：《五四精神新论——我的六个新观点》，收于《五四运动与民族复兴——纪念五四运动 90 周年暨李大钊诞辰 120 周年理论研讨会学术论文集》，北京大学出版社，2009 年。

王思睿、何家栋撰:《民族民主主义在中国》,载《博览群书》,2003年第12期。

北京大学哲学系外国哲学史教研室编:《西方哲学原著选读》(上卷),商务印书馆,1981年。

萧延中主编:《外国学者评毛泽东——在历史的天平上》(第一卷),中国工人出版社,1997年。

许纪霖著:《当代中国的启蒙和反启蒙》,社会科学文献出版社,2011年。

许全兴著:《毛泽东与孔夫子》,人民出版社,2003年。

杨伯峻著:《论语译注》,中华书局,1980年。

杨国荣著:《从严复到金岳霖——实证论与中国近代哲学》,高等教育出版社,1996年。

郁振华撰:《形上的智慧如何可能?——中国现代哲学的沉思》,华东师范大学出版社,2000年。

郁振华撰:《默会知识论视野中的科学主义和人本主义之争——论波兰尼对斯诺问题的回应》,载《复旦学报》(社会科学版),2002年第4期。

郁振华撰:《从表达问题看默会知识》,载《哲学研究》,2003年第5期。

郁振华著:《人类知识的默会维度》,北京大学出版社,2012年。

张磊撰:《孙中山研究述评》,载《广东社会科学》,1991年第3期。

周昌龙著:《超越西潮:胡适与中国传统》,北京大学出版社,2011年。

四、西文文献类

Michael Polanyi, *Personal Knowledge*. Taylor & Francis e-Library. 2005.

Charles T. Sprading, *Liberty and the Great Libertarians*. Golden Press. 1913.

David Miller, *Nationalism*. The Oxford Handbook Of Political Theory. Edited by John S. Dryzek, Bonnie Honig & Anne Phillips. Oxford University Press. 2006.

后　记

本书从 2013 年底初稿完成到出版,历时四年多。

它是作者所要阐发的"中国现代自由论"三部曲之第一部,主要讲的是认识自由论。已经出版的《"圣人"的退场》(上海三联书店,2016 年)则是三部曲的第三部。尚剩第二部即政治自由论也将在近期出版。由于是三部曲之一,所以共享《"圣人"的退场》的部分导论。

本书的出版得到了以下课题的资助,也是其中期成果:

1. 上海社会科学院哲学研究所何锡蓉老师主持的国家社科基金重点项目"社会主义核心价值观的传统文化根基研究"(批准号:14AZ005)。非常感谢何老师的支持!

2. 华东师范大学中国现代思想文化研究所承担的教育部人文社会科学基地重大项目"通过—超过:古今中西之争视域下的冯契哲学研究"(16JJD720005)。在此,要感谢郁振华老师、老同学刘梁剑教授以及课题的主持者贡华南教授的支持。

3. 刘梁剑教授主持的国家社科基金一般项目"'汉语言哲学'视域下中国哲学话语创建的理论和实践"(17BZX059)。

同时,本书还是上海哲社规划一般课题"新世纪以来中国社会思潮跟踪研究"(批准号:2015BZX003)、国家社科基金重大项目"冯契哲学文献整理和思想研究"(项目号:15ZDB012)的阶段性成果。它从认识论的侧面涉及了部分当代中国社会思潮,也是对冯契先生"智慧说"哲学体系的创造性运用——将其拓展性的成果运用到中国现代认识论的研究上。

2006年9月,我义无反顾地开始我的读博生涯,真正从事思想的事业。然而,正如我的导师高瑞泉教授二十多年前在其博士论文的出版后记中所说的,人要做成一件事是不容易的。此书的出版历程无疑就是一个证明。恰恰与我的第一本专著《章太炎后期哲学思想研究》的出版形成鲜明对比。人又是健忘的,我又有一个大毛病:容易忘记人性的幽暗。特此多写几句,提醒自己这段时间正正经经进行学术研究的不易。

上海古籍出版社黎大伟先生认真细致的编辑工作令我十分感动,特此致谢! 自然,黄晓峰师兄的牵线搭桥也是功不可没的!

蔡志栋 于沪上康桥
2017年9月25日初稿
2018年3月8日修改